롤랑 바르트가 쓴
롤랑 바르트

Roland Barthes par Roland Barthes

Copyright © Éditions du Seuil, 1975 et 1995
Korean translation copyright © 2025 by Book21 Publishing Group
Korean translation rights arranged with Éditions du Seuil.

이 책의 한국어판 저작권은 Éditions du Seuil와 독점 계약한 (주)북이십일에 있습니다.
저작권법에 의하여 한국 내에서 보호를 받는 저작물이므로
무단전재 및 복제를 금합니다.

롤랑 바르트가 쓴
롤랑 바르트

ROLAND BARTHES
PAR ROLAND BARTHES

나를 쓰다,
나를 읽다

롤랑 바르트 지음 류재화 옮김

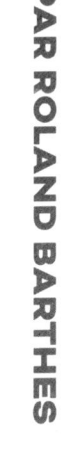

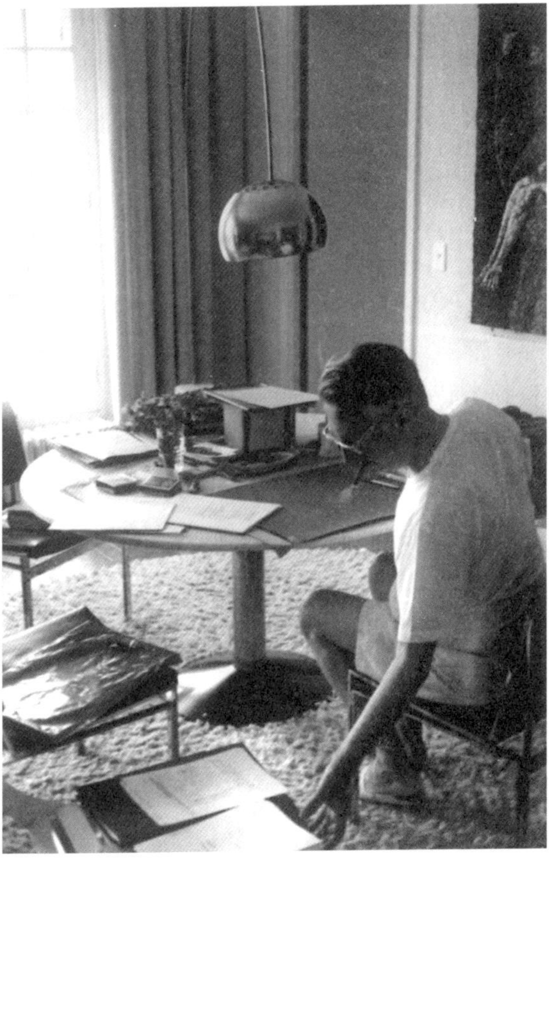

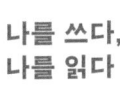

21세기북스

일러두기

1. 이 책은 2002년 11월 출간된 롤랑 바르트 전집 5권(Éditions du Seuil, 1975 et novembre 2002 pour la présente édition tirée des OEuvres complètes V)의 "Roland Barthes"(1975년 "Roland Barthes par Roland Barthes"라는 제목으로 Seuil 출판사에서 처음 출간되었다)를 번역한 것이다. 통상적인 기존의 자서전 형식을 따르고 있지 않지만 일종의 자서전인 이 책은 저자명과 책명이 동일하다.
2. 원문에는 주가 없다. 본문의 각주는 모두 옮긴이가 붙인 것이다.
3. 원문에서 강조된 이탤릭체는 굵은 고딕 서체로 표시했다.
4. 줄표나 괄호 등은 저자가 본문에서 언급하고 있듯이 수사적 요소이므로 원문 그대로 살렸다. 다만 괄호의 순서는 가독성을 고려하여 앞 또는 뒤에 배치했다.
5. 바르트가 만든 신조어나 언어학 및 기호학 용어는 원어를 병기하거나 원어 그대로 음독하기도 했다. 필요한 경우, 한자어나 프랑스어 원어를 아래첨자로 병기했다.
6. 본문 중 단행본은 『 』, 잡지나 단편은 「 」, 영화와 회화 작품 등은 < >로 묶어 표기했다.

---

* 프랑스 남동쪽 프로방스-알프-코트다쥐르에 있는 도시.

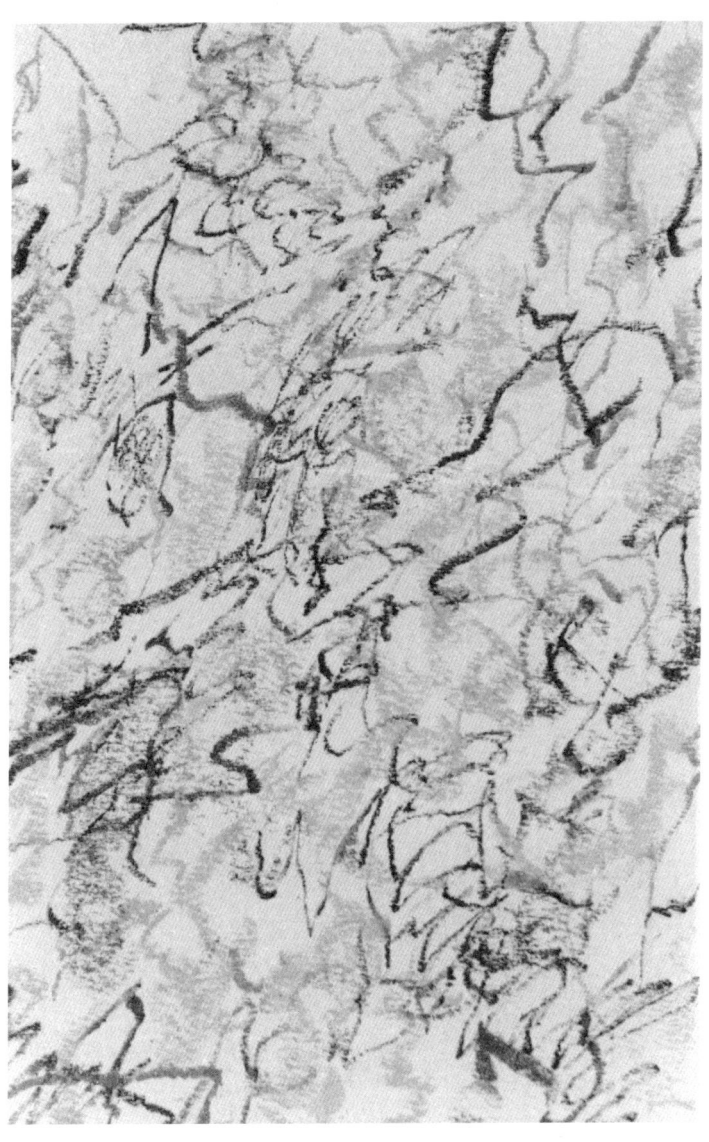

롤랑 바르트, 쥐앙-레-팽*을 추억하며, 1974년 여름

Tout ceci doit être considéré comme dit par un personnage de roman.

이것은 다 소설적 인물이 말하는 것으로 간주되어야 한다.

이 책을 준비하는 동안
나를 도와준 친구분들께 감사드린다.
텍스트에 도움을 준 분들.
장 루이 부트, 톨랑 아바스, 프랑수아 발.
사진 및 이미지 자료에 도움을 준 분들.
자크 아장자, 유세프 바쿠슈, 이자벨 바르데,
알랭 벵사야, 미리암 드 라비냐, 드니 로슈.

**롤랑 바르트가 쓴
롤랑 바르트**

목차

능동적/반응적	61	R. B.에 대한 브레히트식의 비난	81
형용사	61	이론에 대한 협박 공갈	84
편함	62	채플린	84
유사성이라는 악귀	62	영화의 꽉 찬 화면	85
검은 칠판	64	결구	86
돈	65	우연의 일치	89
아르고호	66	비교는 이성이다	92
오만	68	진실과 정합성	94
점술가의 동작	70	무엇과 동시대인?	94
선택이 아니라 찬동	70	계약에 대한 모호한 찬사	95
진실과 단언	72	역기습	96
아토피아	72	내 몸은 다만……	97
자기지시	74	복수의 몸	98
개방형 객차	75	갈비뼈	98
내가 술래잡기 놀이를 했을 때……	75	이마고의 미친 곡선	100
		단어-가치라는 한 쌍	100
고유명사	76	이중의 날것	102
바보상자를 도저히 난……	78	분해하다/파괴하다	103
어떤 아이디어에 대한 사랑	79	H라는 여신	104
젊은 부르주아 아가씨	80	친구들	105
아마추어	80	우선적 관계	108

위반의 위반	108	
2도와 그 밖의 것들	109	
언어의 진실로서의 외연	110	
그의 목소리	112	
떼어놓기	114	
변증법	114	
복수, 차이, 갈등	115	
분할의 취향	117	
피아노 운지법……	118	
나쁜 오브제	119	
독사와 파라독사	119	
나비처럼	120	
양가적 모호어법	122	
붕대를 비스듬히 매듯	126	
공명실	127	
글쓰기는 문체로 시작된다	129	
유토피아는 어디에 쓰는 물건인고		131
환상으로서의 작가	134	
새로운 주체, 새로운 과학	134	
당신이군요, 엘리즈……	135	

타원형적 생략	136
표장, 개그	138
발신자들의 사회	139
일과표	139
사생활	141
사실은……	142
에로스와 연극	144
미학적 담론	145
민족학에 끌리는 마음	146
어원학	147
폭력, 명명백백, 자연	148
배제	148
셀린과 플로라	151
의미의 면제	152
꿈이 아니라 환상	154
저속한 환상	155
소극 같은 회귀	155
피로와 신선함	156
픽션	159
이중 형상	160
사랑, 광기	161

ROLAND BARTHES PAR ROLAND BARTHES

단조술	162	문장	185
푸리에 아니면 플로베르?	164	이데올로기와 심미	185
파편들의 순환	164	상상계	186
환상으로서의 파편적 단상	168	댄디	188
파편적 단상에서 일기로	169	영향이란 무엇인가?	189
딸기주	170	미묘한 도구	190
프랑스인	172	잠시 휴식, 기왕증	191
오타	172	바보짓	196
의미의 떨림	173	글 쓰는 기계	196
질주하는 귀납	174	단식	198
왼손잡이	175	질랄리의 편지	198
몸짓 착상	177	쾌락 같은 패러독스	200
압그룬트	177	환희의 담론	200
알고리즘 취향	178	충만함	202
그런데 만일 내가 읽지 않았다면……	180	단어 작업	202
		언어의 두려움	203
헤테롤로지와 폭력	180	모국어	204
고독의 상상계	181	불순한 어휘부	206
위선?	182	나는 좋아한다,	
쾌락으로서의 관념	183	나는 좋아하지 않는다	206
인정받지 못한 개념들	184	구조와 자유	209

수용적	210	단어-마나	234
읽을 수 있는, 쓸 수 있는 그리고 그 너머	211	과도적 단어	234
		평균적 단어	236
마테시스로서의 문학	212	자연적인	236
'나'의 책	214	새로 산/새로운	239
달변	216	중립	240
명철성	216	능동적/수동적	242
결혼	217	조정	244
어린 시절의 추억	218	누멘	244
새벽의 판타지	218	담론에서 오브제들의 통행	245
메두사	219	냄새들	248
아부 노바스와 메타포	222	글쓰기에서 작품으로	249
언어적 알레고리	222	"알다시피"	251
편두통	224	불투명과 투명	252
시대에 뒤떨어진	226	안티테제	253
큰 단어들의 물렁함	226	기원론에서 탈퇴	253
댄서의 장딴지	228	가치의 흔들림	254
정치/도덕	228	파라독사	254
단어-모드	230	편집증의 가벼운 동력	256
단어-가치	231	말하다/키스하다	256
단어-색	233	지나가는 몸들	258

ROLAND BARTHES PAR ROLAND BARTHES

놀이, 혼성 모방	259
패치워크	260
색깔	260
이분된 인격?	261
부분 관사	263
바타유, 공포	264
단계들	265
문장의 좋은 효과	266
정치적인 텍스트	267
알파벳	267
내가 더 이상 기억하지 못하는 순서	268
잡록과 작품	269
언어-사제	271
예측 가능한 담론	272
책 프로젝트	273
정신분석학과의 상관성	274
정신분석학과 심리학	274
"그게 무슨 의미예요?"	275
도대체 어떤 논법?	276
퇴행	277
구조적 반사	279
지배와 승리	280
가치 지배의 폐지	281
재현의 한계는 무엇인가?	282
울림	282
성공한 것/실패한 것	283
옷을 고르듯이	283
리듬	285
알려지기를	286
살라망크와 발라돌리드 사이에서	288
연습문제	288
지식과 글쓰기	289
가치와 지식	290
장면	290
극화된 과학	292
나는 언어를 본다	295
세드 콘트라	296
오징어와 먹물	296
성에 관한 한 권의 책을 기획하며	297

ROLAND BARTHES PAR ROLAND BARTHES

섹시함	298
성의 행복한 종말?	299
유토피아로서의 시프터	300
의미작용 속의 세 가지	303
간략주의 철학	303
원숭이들 사이에 원숭이	304
사회적 분열	305
나, 나	305
나쁜 정치적 주체	309
과잉결정	309
자기 말은 못 듣는	311
국가라는 상징주의	312
징후적 텍스트	312
체계/체계적인	313
전술/전략	313
나중에	314
텔 켈	318
날씨	319
약속된 땅	320
흐리멍덩해진 내 머리	320
연극	321

테마	323
가치에서 이론으로의 전향	324
격언	326
전체성이라는 괴물	327

———

옮긴이의 말	329
주	338
롤랑 바르트 연보	341
롤랑 바르트 저작물	343
찾아보기	350
본문 도판 설명	353

글을 시작하기 앞서 보여줄 몇 개의 이미지들이 있다. 이것은 이 책의 저자가 책을 끝내며 자신에게 주고 싶었던 기쁨이기도 하다. 우선 이 기쁨은 매혹에서 오는 기쁨이다(그래서 조금은 이기적이다). 그 이유는 잘 모르겠지만(아니 모르기 때문에 생기는 매혹이다. 각 이미지에 대해 앞으로 말하겠지만, 이는 순전히 상상적인 것이다), 날 아연실색[*]하게 만드는 것들만을 골랐다.

그런데 인정해야 할 것은, 날 매혹시키는 것이 내 젊음의 이미지들뿐이라는 것이다. 내 젊음은 그닥 불행하지 않았다. 날 둘러싼 애정 덕분에. 그러나 젊음은 매정했다. 고독과 내 몸의 어떤 불편함 때문에. 따라서 내가 이런 사진들 앞에서 황홀해지는 것은 행복했던 시절의 향수 때문이 아니라, 훨씬 날 동요케 하는 그 어떤 것 때문이다. 명상(혹은 아연실색)은 사진에서 어떤 이미지를 따로 떼어내어 구성하며, 이 이미지를 즉각적 쾌감의 대상으로 만드는데, 그렇다면 이제 동일한 것을 보고 명상하되 성찰과는 아무런 상관이 없게 된다. 그것은 차라리 몽상적이다. 어떤 것을 보며 자신을 괴롭히기도 하고, 황홀하게도 만드는데, 그게 형태론적인 것이어서가 아

---

[*] sidéré/sidération. 아연실색으로 보통 번역되는 이 단어는 sidus(별)에서 파생했다. 즉 소스라치게 놀라 경색된 몸 또는 전광석화 같은 깨달음을 의미한다. 다음 문단에서 명상과 거의 동의어로 쓴 이유도 그래서다.

니라(도리어 사진의 나는 나와 전혀 닮지 않았다), 차라리 유기적이어서다. 친족 영역을 전체적으로 다 포괄하는 전체상 imagerie*이 일종의 매개체가 되어, 나는 내 몸의 '그거!ça!'** 와 관련성을 갖게 된다. 다시 말해, 내 안에서 꿈에서 본 듯한 둔한 형상들이 되살아난다. 이를테면, 치아, 머리, 코, 삐쩍 마른 모습. 그리고 꼭 내 것은 아니지만, 그렇다고 나 아닌 다른 사람의 것이라고도 할 수 없는 긴 양말을 신은 다리 같은 것들이 떠오른다. 이 불안한 친숙함. 바로 그 순간의 나는 나라는 주체의 틈새를 엿본다(이런 주체는 이에 대해서조차 아무것도 말할 수 없다). 따라서 젊을 때의 사진은 아주 신중치 못하면서도(읽으라고 주어지는 것은 더 이면에, 더 하부에 있는 내 몸이기 때문에), 동시에 신중하다(그 사진이 말하는 게 꼭 '나'는 아니기 때문에).

여기에 가족 소설이 들어 있긴 하지만, 내 몸의 기원 이전, 그러니까 선사적先史的 형상을 보게 될 것이다—이 작업, 즉 이 쾌락적 글쓰기는 이 몸에서 시작해 진행될 것이다. 이런 한정 또는 제약으로 이론적 의미도 생기기 때문이다. (전체상의) 이야기 시간은 주체의 젊은 시절에서 끝난다고 명시할 것이다. 따라서 이 전기에는 비생산적 삶만 있다. 내가 생산하는 순간부터, 내가 글을 쓰는 순간부터 나에게서 내 서술적 시간을 앗아가는 것은(행복하게도) 바로 텍스트 그 자체이다. 텍스트는 사실상 아무것도 이야기해줄 수 없다. 텍스트는 그저 내 몸을 나라는 상상적 자아로부터 벗어나 멀리, 저 다른 곳으로, 일종의 기억 없는 언어 세계로 데려간다. 비록 내가 나의 글쓰는 방식 때문에 그런 세계로부터 분리되어 있다고 해도 이 기억 없는 언어 세계는 이미 '민족Peuple'***의 언어가, 주관성 없는 덩어리 집합의 언어(또는 일반화, 보편화된 주체)가 되었지만.

여러 이미지들이 모인 전체상은 생산적 삶으로 들어가는

입구 바로 앞에서 멈출 것이다(이 입구가 나에게는 결핵요양
소sanatorium￼＊＊＊＊에서 나오는 입구이기도 하다). 그러고 나면
전혀 다른 전체상이 나올 것이다. 그것은 바로 글쓰기의 전체
상이다. 전체상이 펼쳐지지만(이 책의 의도가 그것이니까), 시
민으로서의 한 개인을 표상하기 위한 건 아니다. 그래서 그 상

＊ Imagerie는 기본적으로는 하나의 이미지가 아니라 여러 개의
이미지를 다 모아 조합한 전체상을 의미한다. 사진이나 기술
분야에서는 다른 의미로도 쓰이지만, 여기서 바르트가 말하는
전체상은 '나'라는 상이 개별적으로 존재하지만, 유전적 혈족
관계, 즉 가족과 친족, 민족과 국가 등으로 확대된 전체상에서
완전히 배제될 수는 없음을 뜻한다.

＊＊ 뒤에서도 여러 번 나오지만, 바르트가 특별히 선호하여 쓰
는 단어로 cela(그것/지시대명사)의 구어적 표현이다. 무언가를
강렬히 느꼈을 때 도리어 그것은 언어적으로 잘 표현되지 않는
다. 그래서 "그래, 그거야, 그거!" 이렇게밖에 말하지 못하는데,
바르트는 바로 이런 의미로 ça를 쓰고 있다. 따라서 이 책에서
는 '그것' 대신 '그거' 정도로 번역하여 입말체를 살렸다. 바르
트는 이 단어를 산스크리트어 타타타(तथाता, tathātā: 있는 그대로의
것/한자로는 眞如 정도로 번역된다)와 비슷한 맥락에서 쓰고 있다.

＊＊＊ 원문에 대문자 Peuple로 되어 있다. 프랑스어로 Peuple은 민
중, 국민, 민족을 뜻하지만, 프랑스인에게 peuple은 집단화된 국
민이나 민족이라기보다 각각의 개별자로 존재하면서도 복수로
이루어진 상태를 나타낸다. 여기서는 전자적 의미, 즉 민족, 국
민의 의미를 바르트가 다소 자조적으로 표현한 것으로 보인다.

＊＊＊＊ 바르트는 열아홉 살 때부터 결핵을 앓기 시작, 이후 여러
차례 요양소에 들어가 치료를 받으나 다시 발병한다. 그의 생
애 내내 회복과 발병이 반복된다.

들이 채택되거나, 보장되거나, 정당화되는 것은 아니다. 형상화하려는 것도 아니고, 자유롭게 그저 알 듯 말 듯한 기호처럼 깜박일 것이다. 텍스트는 이미지 없이 이어질 것이다. 글을 쓰는 손의 이미지 정도면 모를까.

사랑 요구.

바욘, 바욘은 완벽한 도시다. 강이 흐르고 주변(무스롤, 마라크,
라슈파이에, 베리스) 소리가 들릴 정도로 탁 트여 있다.
그러면서도 밀폐된 도시이다. 프루스트, 발자크 소설, 아니면
플라상스* 같은 소설에 나올 법한 소설적인 도시이다.
유년의 원형적 상상계. 연극 무대 같은 지방.
냄새로 파악되는 역사. 담론으로 파악되는 부르주아 도시이다.

---

* 에밀 졸라의 루공 마카르 총서 중 한 권인 『플라상스의 정복
(La Conquête de Plassans)』(1874)에 나오는 가상 도시이다. 쿠데
타 이후 플랑상스에서 벌어지는 사회정치적 암투를 그린다.

이 비슷한 길을 지나면 포테른(냄새들)과 시내 중심으로
들어가는 규칙적인 내리막길이 나왔다. 손에 "꿀맛"이라고 적힌
작은 상자를 들고 아렌의 저택으로 다시 올라오고 있는
몇몇 바욘의 부르주아 부인들과 마주치곤 했다.

세 개의 정원

"이 집은 실로 생태학적인 경이 그 자체였다. 비교적 넓은 정원 한쪽 면에 지어진 그다지 크지 않은 집이었다. 나무 공예로 만든 장난감 집(덧창의 다 바랜 회색빛이 어찌 그리 부드럽던지) 같았다. 소박한 오두막 같은 이 집은 문도, 낮은 창문도, 측면 계단도 많았다. 꼭 소설에 나오는 성 같았다. 집에 딸린 정원은 세 개의 상징적 공간으로 나뉘었다(각 공간의 경계선을 하나씩 통과할 때마다 무슨 중요 행위를 하는 것 같았다). 집에 도착하려면 첫 번째 정원을 지나야 했다. 이 정원은 사교 공간이었다. 정원을 따라, 바욘의 부인들을 작은 보폭으로, 아니면 한참을 쉬어가며 바래다주곤 했다. 두 번째 정원은 집 바로 앞에 있는 정원이었는데, 쌍둥이 같은 두 개의 잔디밭이 있고 그 가운데 모서리가 둥글게 휘어진 소로가 있었다. 소로엔 장미, 수국(남서부에서 주로 보이는 까다로운 꽃), 루이지애나 식물, 대황 그리고 요리용 허브가 오래된 나무 상자에 심겨 있었고, 하얀 꽃이 2층 방 높이까지 올라오는 목련 등이 자라고 있었다. 거기에서 여름에, 모기에도 아랑곳하지 않고 바욘 부인들이 낮은 의자에 앉아 복잡한 편물 옷을 뜨곤 했다. 맨 안쪽에 있는 세 번째 정원은 복숭아나무와 산딸기나무가 있는 작은 과수원을 제외하고 그 나머지는 쓰임이 막연하여 어떤 때는 미개간지처럼 방치되었고, 또 어떤 때는 온갖 채소들이 쑥쑥 자라 있었다. 중앙 소로로 다닐 뿐, 그곳으로는 잘 다니지 않았다."

사교계를 돌아다니기, 집 안에 틀어박혀 있기, 야인처럼 자연과 더불어 살기. 사회적 욕망은 이렇게 삼등분되지 않나? 바욘의 이 정원에서, 쥘 베른이나 푸리에 소설에 나오는 유토피아적인 공간을 만나는 건 그리 놀라운 일이 아니다.

(이 집은 현재 바욘의 부동산 개발에 휩쓸려 사라지고 없다.)

커다란 정원은 다소 이상한 영역을 이루고 있었다.
남아도는 고양이 새끼들을 묻는 곳으로 사용하고 있어서였다.
맨 안쪽에는 훨씬 어두운 소로와 속이 빈 둥근 회양목 두 그루가 있었다.
유년 시절의 몇몇 성애적 일화들.

날 매혹하는 것은, 저 뒤에 보이는 하녀이다.

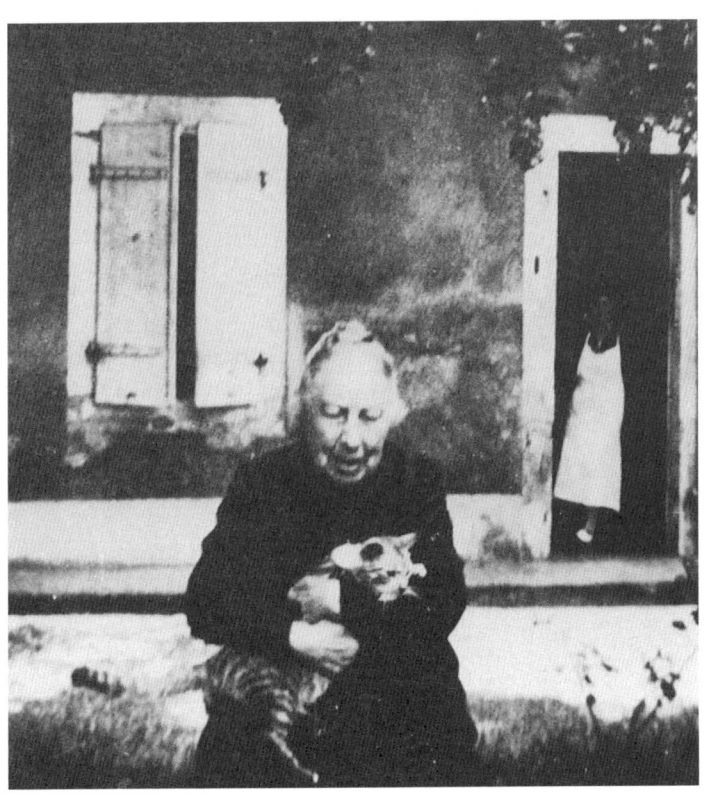

두 할아버지

노쇠와 함께, 그는 권태스러워했다.
항상 식사 시간보다 먼저 식탁에 와 앉으셨고(이 시간은 계속 더 앞당겨졌다),
권태스러워하는 만큼 점점 더 시간을 앞당겨 살았다.
그는 부쩍 말수가 줄었다.

그는 음악 연주회 프로그램을 정성스럽게 필사하는 것을 좋아했다.
책 받침대나 상자, 목조 소품을 만드는 것을 좋아했다.
말수가 줄기는 그도 마찬가지였다.

두 할머니

한 할머니는 아름다웠고, 파리 사람이었다. 다른 할머니는
착했고, 지방 사람이었다. 귀족 가문 출신이지만, 귀족적이기보다
부르주아적이었던 할머니는 사회적 화속에 민감해 수도원 학교에서
배운 접속법 반과거 시제*를 여전히 고수했다. 할머니는 사교적
잡담을 늘어놓을 때면 뜨거운 열정에 사로잡힌 사람처럼 말을 했다.
이런 할머니의 주요 욕망 대상은 어느 약사(콜타르**를 발명하여
부자가 되었다)의 과부인 르뵈프 부인이었는데, 이 약사는 짧고 검은
머리털에, 반지를 꼈고, 콧수염이 나 있었다. 월별로 한 번 있는
차 모임에서 할머니는 이 부인의 관심을 몹시 끌고 싶어 하셨다
(그다음 이야기는 프루스트 소설***에 나올 법한 이야기).
(이 두 대가족에서 대화는 주로 여자들 차지였다. 모계사회?
중국에서는 아주 오래전 마을 공동체의 못자리가 할머니를 중심으로
되어 있었다고 한다.)

---

* 접속법은 다른 언어에서는 잘 보이지 않는 프랑스어 특유의
문법으로, 객관적 사실보다 그 객관적 사실에 대한 주관적 감
정이나 희망, 소망, 의심, 불확실성 등을 더욱 미묘하게 표현할
수 있다. 접속법 현재가 있고, 접속법 반과거가 있지만, 동사 변
화 형태가 너무 복잡하여 접속법 반과거 시제는 19세기 이후
많이 사라졌다.

** 석탄이나 코크스 등을 가열할 때 증류되어 나오는 물질이다.
접착제나 방수제로 쓰인다.

*** 프루스트 소설에는 이른바 스노비즘 또는 부르주아의 속성
이라 할 만한 것들이 외양 및 행동 묘사로 은밀하고도 잔인할
만큼 냉혹하게 묘사되어 있다.

아버지의 누이. 평생 독신이었다.

아주 일찍 (전쟁으로) 사망한
아버지는 추억이나 희생을 떠올리는
대화에서조차 한 번도 언급된 적이
없다. 아버지에 대한 기억은 외가를
통해, 전혀 억압적이지 않게,
유년 시절을 가볍게 스쳤을 뿐이다.
거의 조용한 충만감으로.

나의 유년 시절 작은 전동차의 하얀 주둥이.

저녁이면 자주 귀가를 위해 바다로 통하는 아두르 부둣가를 거닐었다.
큰 나무들, 주인 없이 버려진 배들, 어슬렁거리는 산책자들.
권태의 바다에 표류한 그는 공원을 배회하며 어떤 성적인 상상을 하기도 하였다.

글쓰기란 수 세기 동안 채무 증명, 교환 보증, 대표 서명 따위를 위한 것 아니었나?
오늘날 글쓰기란 부르주아적 채무의 포기를 향해, 변태적 도착증을 향해,
의미의 극단을 향해, 그러니까 텍스트를 향해 나아간다…….

가족 소설

그들은 어디에서 왔나? 그들은 오트-가론 지방의 공증인 집안 출신이다. 이로써 나 역시 종(種) 그리고 계급을 갖는다. 사진이, 탐정물 같은 사진이, 이를 증명한다. 푸른 눈을 하고 생각에 잠긴 듯 팔꿈치를 괸 이 사내가 내 아버지의 아버지이다. 거기서 더 내려온 마지막 정지, 그것이 곧 내 몸이다. 계보는 별것 아닌 한 존재를 생산해내기에 이르렀다.

세대에서 세대로 이어진
차茶. 부르주아적 지표와
그 어떤 매력.

거울 단계
"너는 그것이다."

과거에서, 나를 가장 매혹하는 건 나의 어린 시절이다.
바라보는 유일한 것, 폐기된 시간이지만 내겐 어떤 후회도 남지 않았다.
왜냐하면 내가 거기서 발견한 것은 비가역성이 아니라, 비환원성이기
때문이다. 발작적으로, 여전히 내 안에 있는 모든 것. 이 어린아이에게서
나는 몸으로, 나 자신의 어두운 이면을, 권태를, 상처받기 쉬움을,
절망들(다행히 복수이다)에 능함을, 아니 절망 때문에 표현할 길 없는
절단된 내적 동요를 읽어낸다.

동시대인?

나는 걷기 시작했다. 프루스트는 아직 살아 있었고,
『잃어버린 시간을 찾아서』를 마쳤다.*

* 바르트에게 프루스트의 영향은 절대적이다. 바르트는 어느 글에서 "프루스트와 나(Prouste et moi)"라고 말하며 이 '와(et)'라는 접속사의 사용이 허세로 비칠 수 있음을 두려워하면서도, "나를 그에 동화시킨다(Je m'identifie à lui)"라고 말한다. 이어 만일 내가 나를 프루스트와 동일시한다면 그것은 가치 측면에서가 아니라 글쓰기 "수행" 측면에서라고 부연한다.

어릴 때부터 나는 자주 그리고 많이 권태스러워했다.
이런 권태는 아주 일찍부터 시작되었다. 간헐적이긴 했어도,
평생 계속되었으며(사실, 일과 친구 덕분에 점점 드물어지긴 했다),
항상 눈에 보였다. 거의 침울증에 이르는, 공포스럽기 짝이 없는 권태였다.
학회에서도, 강연회에서도, 익숙지 않은 저녁 모임에서도,
삼삼오오 즐기는 자리에서도. 권태는 아무 데서나 보였다.
그렇다면 권태는 나의 히스테리일까?

침울. 강연회에서.

권태. 좌담회에서.

"U에서의 이 아침나절의 진미珍味.
태양, 집, 장미, 침묵, 음악, 커피, 일, 무성적無性的 무념무상,
공격성 없는 휴일……."

가족주의 없는 가족.

"우리, 항상 우리……."

……친구들은 빼고.

몸의 급격한 변화(결핵 요양소에서 나와서).
비쩍 마른 몸에서 제법 살집 있는 몸으로 이동(혹은 그렇다고 믿다).
그 후 이 몸과의 끝없는 토론. 날씬함을 회복하기 위해
(지적 환상. 말라야 비로소 똑똑해진다고 믿는 순진함).

이 시기, 고등학생들은 작은 제군(諸君)들이었다.

담론을 억압하는 모든 법률은 근거가 박약하다.

내가 항상 대단한 긴장 속에서 연기한 다리오스. 두 개의 긴 독백이 있었는데,
그 대사를 하는 중에 나는 줄곧 머리가 하얘질 위험에 처해 있었다.
나는 다른 생각에 빠지는 유혹에 사로잡혔다. 가면에 작은 구멍들이
나 있었지만, 그 구멍을 통해서는 아무것도 보이지 않았다.
아니, 아주 먼 곳이나, 높은 곳만이 보였다. 죽은 왕의 예언을 말하는 동안
내 시선은, 생기 없는, 그러나 자유로운 오브제$_{objet}$에 가 있었다.
창문, 돌출부, 하늘의 저 안쪽. 적어도 이런 것들은 무섭지 않았다.
불편하기 짝이 없는 함정에 빠져 있을 수밖에 없는 나 자신이 원망스러웠다.
반면 내 목소리는 일정하게 계속해서 나왔다. 그러나 내 목소리에
부여했어야 할 미묘한 표현들은 여간해서는 잘 나오지 않았다.

이런 분위기는 어디에서 나왔을까? 자연에서? 코드code에서?

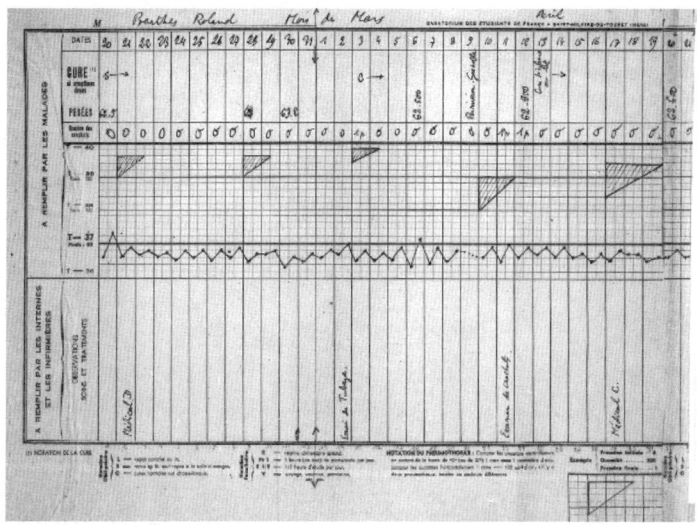

결핵-레트로 rétro

(매달 우리는 이전 종이 끝에 새 종이를 붙였다. 나중에는 결국 몇 미터나 되었다.
그의 몸을 시간 속에 기록하는 희극적 방식.)
통증도 없고, 실체도 없는 병. 냄새도 없고, "그거"도 없는 깨끗한 병.
병의 시간, 그러니까 끝을 모르는 병의 시간 외에는 다른 표시가 없는 병.
그리고 전염이라는 사회적 터부. 남은 것은 아팠다거나 나았다는 사실.
순수한 의사의 선언에 따라, 다른 병들은 사회적 고립으로 이어지지만,
결핵은 의식과 절차, 제약과 보호가 따름으로써 이주민 집단 또는
수녀원 집단 또는 푸리에식 사회주의 공동체 같은 이른바
민족지학적 작은 사회 속에 당신을 던져놓는다.

하지만 나는 결코 그것과 닮지 않았다! 어떻게 아느냐고?
당신과 닮은 혹은 닮지 않은 이 "당신"은 무엇인가? 어디에서 그걸 잡나?
어떤 형태론적 또는 표현적 척도로? 실상의 당신의 몸은 어디 있나?
당신은, 이미지 말고는 그 어떤 다른 것으로도 당신을 볼 수 없는 유일한 자이다.
당신은 당신의 두 눈을 결코 보지 못한다.
아니, 그 눈들은 거울이나 렌즈에 던지는 시선에 비해 바보처럼 보인다
(내 두 눈이 너를 볼 때, 그때의 내 두 눈을 보는 것만이 내겐 흥미롭다).
낭신의 놈조차, 아니 특히 당신의 몸이므로,
당신은 상상계imaginaire로밖에 볼 수 없다.

1942

1970

내 몸이 작업 공간을 되찾을 때만, 내 몸은 이 모든 상상계에서 자유롭다.
이 공간은 어디서나 동일하며, 그림을 그리고, 글을 쓰고, 정리하는 즐거움에 맞춰
인내심 있게 조정된다.

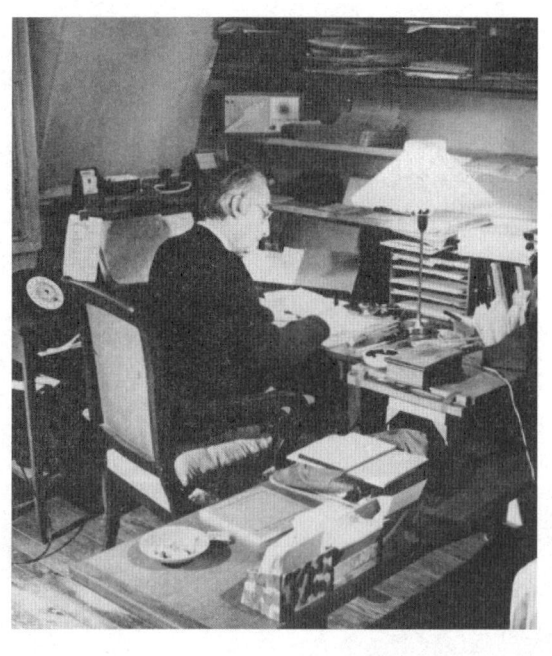

글쓰기를 향하여

나무들은 알파벳들이라고 그리스인들은 말했다.
모든 나무-문자들 중에서도,
종려나무가 가장 아름답다. 종려나무의 분출처럼 흘러넘치면서도,
정확히 떨어지는 글쓰기라면, 이런 주효한 효과가 생길 것이다.
처짐, 아니 진정retombée.˙

> 북쪽 나라의 고독한 소나무
> 척박한 언덕 위에 서 있네
> 눈과 얼음의 하얀 망토에 뒤덮여
> 졸고 있네.
>
> 저 태양 아래 서 있는
> 아름다운 종려나무를
> 꿈꾸는 걸까
> 뜨거운 절벽 위에,
> 마음 달랠 길 없이, 음울하게,
> 고독하게 서 있는 종려나무를.
>
> - 하인리히 하이네

˙ 형상적으로는 처짐이나 늘어짐을 뜻하지만, 감정이나 심리 상태로는 진정을 뜻해, 비유의 의도를 살려 두 단어로 연언해 번역했다.

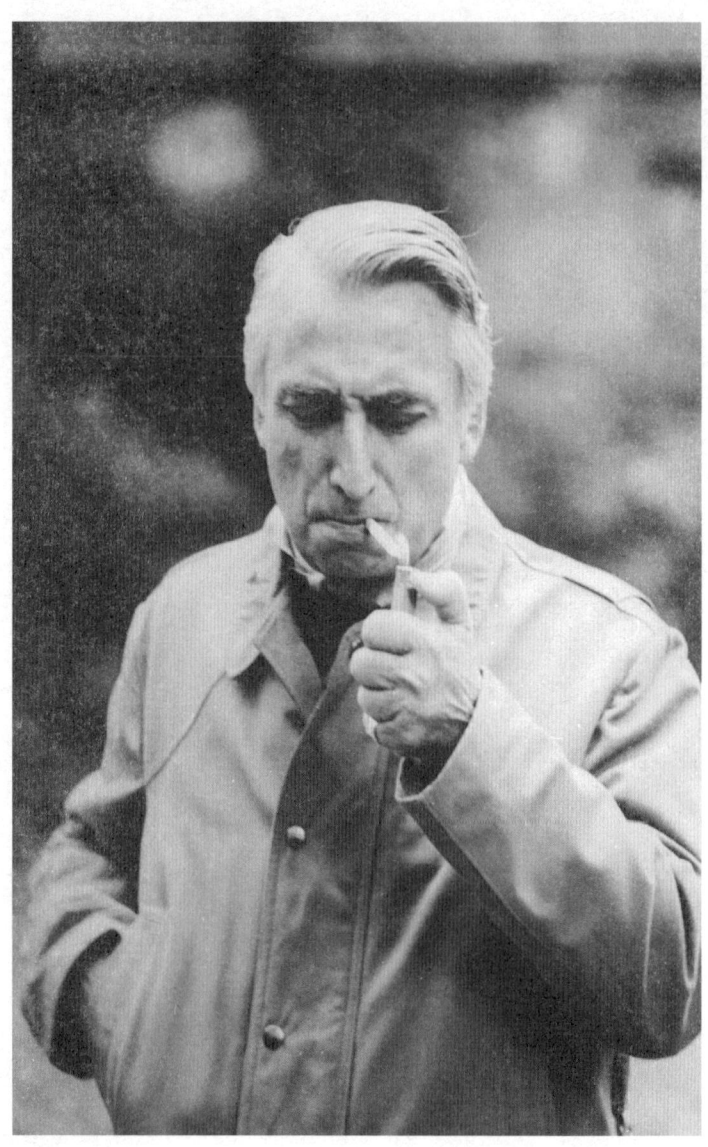

왼손잡이.

능동적/반응적

그가 쓴 것에는 두 개의 텍스트가 있다. 텍스트 1은 반응적réactif이다. 분개, 두려움, 내면의 반박, 약간의 편집증, 방어, 몇몇 장면들에 의해 자극된 반응들이다. 텍스트 2는 능동적actif이다. 그것은 기쁨에 의해 자극된 것이다. 그러나 써지고, 고쳐지고, 이른바 문체style의 가공fiction에 맞춰 접히면서, 텍스트 1은 능동적이 된다. 그리하여 반응의 외피를 벗고, 그 흔적은 이제 딱지(작은 괄호 같은)로만 남는다.

형용사

그는 자신의 모든 **이미지**를 잘 참지 못한다. 거기에 이름이 붙는 것도 힘들어한다. 그는 인간관계의 완벽은 이런 이미지의 공백에서 생기는 거라고 생각한다. 자기와 자기, 아니 자기와 타자 사이에 있는 **형용사**adjectif*들을 폐지하기. 형용사로 규정되는 관계는 이미지, 지배 욕구, 죽음 쪽에 있다.

(모로코에서는, 확연할 정도로, 나에 대한 어떤 이미지도 사람들이 가지고 있지 않았다. 좋은 서양인으로서, **이것** 혹은 **저것**을 해보는 내 노력에 대해 그들은 가타부타 답이 없었다. **이것**

---

* adjectif도 단어 자체로만 보면 투사된 무엇인가가 덧붙은 것이다.

도 **저것**도 멋진 형용사의 형태로 내게 되돌아오지 않았다. 나를 묘사하려는 생각이 그들에게는 전혀 없었다. 무의식적으로, 그들은 나의 상상을 키우고, 치켜세우는 것을 거부했다. 처음에는 이런 인간관계의 무광택이 조금 힘들었다. 그러나 서서히 그것은 문명의 선善으로, 사랑의 대화가 지닌 변증법적 형태로 느껴졌다.)

편함

쾌락주의자(자신이 그렇다고 믿으니까)인 그는 요컨대 편리confort한 상태를 원한다. 그러나 이런 편리는 우리 사회가 각 요소를 정해놓은 가사의 편리보다 훨씬 복잡하다. 스스로 정돈하고 수리하고 수공하는 가사의 편리(우리 할아버지 B.가 말년에 정원을 더 잘 보려고 창문 아래 단을 직접 만든 것처럼). 이런 개인적 편리를 **편함**aise이라고 부를 수 있을 것이다.*

편함에는 이론적 존엄함이 있다("우리가 굳이 형식주의와 거리를 둘 필요는 없다. 다만 편함을 취할 뿐이다.").[1] 그리고 또한 윤리적 힘도 있다. **쾌락 속에서조차** 영웅주의를 기꺼이 잃기 때문이다.

유사성이라는 악귀

소쉬르의 검은 짐승, 그것은 (기호의) **자의성**arbitraire이었다.

그의 검은 짐승, 그것은 **유사성**analogie이다. '유사한' 예술(영화, 사진), '유사한' 방법론(가령, 강단 비평)은 신뢰와 평판을 잃었다. 왜? 왜냐하면 유사성은 '자연Nature'의 효과를 내기 때문이다. 그것은 '자연적인 것naturel'을 진리의 원천으로 구성한다. 유사성의 저주란, 유사성이 억제할 수 없는 것이기에 더 심해진다는 것이다.² 하나의 형태가 보이자마자, 그것은 어떤 것과 닮아야 할 **필요가 있다**. 인류는 유사성을 선고받았다. 다시 말해, 인류가 자연을 벗어날 수 없기에, 유사성도 벗어날 수 없는 것이다. 화가들과 작가들의 그 수고와 노력이 여기서 벗어나기 위한 것일까? 그런데 어떻게? 유사성을 조롱하게 만드는, 두 상반된 과잉에 의해. 또는 두 **아이러니**ironie에 의해. 대단히 **뻔한 것**plat을 존중하는 척하거나(복사와 모사가 그것이다. 그러나 바로 그래서 살아남았다), 흉내 낸 대상을—규칙에 따라—**규칙적으로** 변형한다(이것이 왜상Anamorphose이다).³

이런 위배적인 것 말고, 이 기만적인 유사성과 반대되면서도 이로운 것은 단순한 구조적 상응, 즉 **상동성**Homologie이다. 최초의 어떤 대상을 비례적인 암시로 떠올리는 것이다(어원적으로도, 언어의 행복했던 시간으로 돌아가보면 **유사**는 **유비**, 곧 비율proportion을 의미했다).

---

* confort(편리)와 aise(편함)는 의미에 미묘한 차이가 있다. 전자가 물질적인, 기술적인 편리를 뜻한다면 후자는 심리적인 마음의 편안함이다.

(황소는 그의 미끼가 코 아래로 떨어질 때 붉은 것을 본다. 두 붉은색이 겹친다. 분노의 붉은색과 투우사 케이프의 붉은색. 황소는 완전한 유사성 속에 있다. 다시 말해 **완전한 상상계** 속에 있다. 내가 유사성에 저항할 때, 내가 저항하는 것은 사실상 상상계이다. 기호의 합착, 기표와 기의의 비슷함, 이미지들의 위상동형homéomorphisme, 거울, 뇌쇄적인 미끼. 유사성에 도움을 청하는 모든 학문적 설명―이런 설명들이 한 군단을 이룬다―은 이런 미끼의 일부다. 그래서 이런 설명들이 학문의 상상계를 형성한다.)

검은 칠판

루이-르-그랑 고등학교 3학년 A반의 M.B. 선생님은 약간 늙은 사회주의자이자 민족주의자였다. 학기 초, 그는 검은 칠판에다 비장하게 "명예의 전장에서 쓰러진" 자들이라고 쓰며 이렇게 비운에 간 학생들의 친지들을 조사하였다. 삼촌들, 사촌들은 차고 넘쳤지만, 아버지 이름을 댈 수 있는 사람은 나 하나였다. 나는 지나치게 두드러진 표지를 받은 듯 당혹스러웠다. 하지만 칠판을 지우자 이 공포된 애도의 흔적은 남지 않았다. 다시 현실로 돌아오니, 여전히 조용할 뿐인 이 현실 속에 사회적 닻 하나 없는 한 가정의 형상이 남았다. 죽여야 할 아버지도 없고, 증오해야 할 가족도 없고, 부인해야 할 환경도 없었다. 오이디푸스적인 욕구불만!

(M.B. 선생님은 토요일 오후, 일종의 기분 전환으로, 한 학생에게 생각해볼 만한 주제를, 어떤 주제든 상관없지만, 하나 제안해보라고 하셨다. 그분은 상당히 엉뚱해서, 그 주제를 갖고, 교실을 돌아다니며 즉흥적으로 만든 짧은 받아쓰기 문장을 제시했는데, 이로써 자신의 도덕적 권위와 안이한 글쓰기를 입증한 셈이었다.)

이 파편적 단상과 받아쓰기 간의 카니발적 유사성. 받아쓰기는 여기서 이따금 사회적 글쓰기의 전형적 형태로, 학교식 작문의 남루한 조각으로 재등장할 것이다.

돈

빈곤함 때문에라도, 그는 **비사회화된** 아이였다, 아니 비계급화된 아이였다. 그는 어떤 환경에도 소속되지 않았다(B.는 부르주아적인 장소였지만, 바캉스 때만 가는 곳이었다. **방문하듯**, 공연장을 가듯). 그는 부르주아 계급의 가치에 참여하지 않았기에, 분개하지도 않았다. 그도 그럴 것이 이런 가치들은 그의 눈에 언어적 장면, 즉 소설적 장르를 부각하는 것에 그쳤다. 그는 자신의 삶의 예술에만 참여했다.[4] 이 예술은 돈의 위기 가운데서도 부패하지 않고 온전했다. 비참함이 아니라, 불편함이었던 것이다. 기한에 대한 공포, 바캉스 문제, 신발 문제, 교과서 문제, 심지어 먹는 문제까지. 그래도 **견딜 만한** 박탈(불편함은 항상 있지만)이라, 이를 자유로이 만회하고 쾌락의 과잉결정과 **편함**(정확히 말하면 불편함의 반대이다)을 누릴 줄 아는 작은 철학이 나왔을 것이다. 그를 만드는 데 도움이 된 문제는 의심의 여지 없이 돈이지, 성性은 아니었다.

가치의 차원에서, 돈은 두 개의 상호모순적 의미를 갖는다(이것을 좌우대칭 체계라 한다). 돈은 특히 연극에서 거세게 거부되었다(1954년 무렵, 소위 돈을 벌기 위한 연극에 대한 많은 비판이 있었다). 그러다 푸리에*가 등장하면서, 돈은 다시 그 명예를 회복했다. 푸리에주의는 이른바 세 개의 모럴리즘이라 할 마르크스주의, 기독교 사상, 프로이트 사상을 반대하며, 그에 대한 반동으로 나왔다.5 물론 여기서 옹호되는 돈은 쥐어틀고, 파묻고, 틀어막는 돈이 아니다. 소비하고, 낭비하고, 심지어 다 잃어버릴 정도로 펑펑 쓰는 돈이다. 사치스러운 생산품을 만들고, 이를 다 소비함으로써 돈 자체를 눈부시게 만드는 것이다. 돈은 따라서 황금의 은유이다. 기표로서의 황금.

아르고호

빈번한 이미지. 아르고호**의 이미지(눈부시고 하얀). 그 배에 탄 아르고 선원들이 선실을 서서히 바꿔가며 쓴다. 말하자면 이름을 바꾼 것도 아니고, 형태를 바꾼 것도 아닌데, 전체적으로 완전히 새로운 배가 나오게 된다. 이 배 아르고호는 정말 유용하다. 왜냐하면 현저히 구조적인 어떤 오브제에 대한 알레고리를 제공하기 때문이다. 그것은 천재적인 재능이나 영감에 의한 것도 아니고, 확고한 결정이나 진화적 발전에 의한 것도 아니다. 다만 두 가지 조촐한 행동에 의한 것(그 어떤 창조적 신비에 사로잡힌 것도 아니다)이다. 그것은 바로 대체substitution(계열상에서 일어나는 것처럼 한 조각이 다른 한 조각을 몰아낸다)와 명명nomination(이름은 조각들의 안정성과 그 어떤 관련성도 없다)이다. 하나의 같은 이름 안에서 조합하다 보니, 기원origine에서 비롯된 것은 하나도 남아 있지 않다. 아르고호는 그 이름 말고는 다른 원인이 없는 오브제이다. 그 형태 말고는 다른 정체성이 없는 오브제이다.

---

* 프랑수아 마리 샤를 푸리에(François Marie Charles Fourier, 1772-1837)는 19세기 초 프랑스의 공상적 사회주의자로, 급진 자코뱅 사상을 이어받아 유물론에 근거한 다양한 사회주의 이론서들을 발표했다. 팔랑스테르(phalanstère)라는 이상적 공산주의 집산체계를 만들어 노동 생산성을 증진하고 경제적 평등을 도모하려 하였다. 또한 기독교적 전통 가정을 비웃듯 성의 자유를 외쳤으며, 페미니즘(féminism)이라는 단어를 최초로 사용하기도 하였다. 성적 욕망을 만족시킬 수 있는 그 모든 것을 여성에게도 허용해야 하고, 그것이 곧 여성 해방이라 주장하였다.

** 아르고(Ἀργώ)는 그리스 신화에서 이올코스의 영웅 이아손과 그의 모험가들이 전설의 황금 양모를 찾아 모험을 떠날 때 타고 갔던 배의 이름이다. 그리스 최초의 배라는 설과 50명 이상을 수용할 수 있는 최초의 대규모 선박이라는 설이 있다.

전혀 다른 아르고. 내게는 두 개의 작업 공간이 있다. 하나는 파리, 다른 하나는 시골. 서로 어떤 공통적 오브제도 없다. 왜냐하면 어떤 것도 운반되지 않았기 때문이다. 하지만 이 장소들은 동일하다. 왜? 왜냐하면 도구들의 배치가 같기 때문이다(종이, 깃털 펜, 책 받침대, 시계, 재떨이). 동일성을 만드는 것은 공간의 구조이다. 이런 사적인 현상만으로도 구조주의를 해명할 수 있다. 체계système*가 오브제들의 존재보다 우세하다.

오만

그는 승리하는 대화를 전혀 좋아하지 않는다. 그 누구에게든 굴욕감을 주면 힘든 그는 승리가 보일라치면, 당장 **다른 곳에** 가 있고 싶어진다(만일 그가 신이었다면, 계속해서 승리를 뒤엎었을 것이다―게다가, 신이 하는 게 그런 거니까!). 대화의 차원으로 넘어가면, 가장 올바른 승리조차 언어적으로는 가장 나쁜 승리가 된다. **오만**이므로. 이런 단어를, 바타유를 읽다가 만났는데, 어느 책에선가 그는 과학의 오만에 대해 말했다. 그가 말한 오만은 승리를 구가하지 못해 안달인 모든 대화들로까지 확장되었다. 나는 따라서 세 가지 오만을 감내한다. 과학의 오만, **독사**Doxa**의 오만, 열혈 투사의 오만.

독사(이 단어는 앞으로 자주 나올 것이다), 이것은 공공의 견해이자, 대다수의 정신이며, 프티 부르주아의 합의이고 천부의 목소리이며 편견의 폭력이다. 이것을 **독솔로지**doxologie(라이프니츠의 단어)라고도 부를 수 있는데, 그 모습이나 견해, 실제를 두고 말할 때 쓰는 단어이다.

그는 언어들의 위협에 그대로 방치되어 있는 자신을 후회하기도 했다. 누군가 그에게 이렇게 말했던 적이 있다. 한데, 그게 없으면, 당신은 글을 쓸 수도 없었을 거예요! 오만이 텍스트의 연회 중에 독한 포도주처럼 돌아간다. 텍스트 간 텍스트intertexte***는 섬세하게 선택된 텍스트, 은밀히 좋아하는 텍스트, 자유롭고, 조심스럽고, 너그러운 텍스트만 아니라, 공통적인 텍스트, 승리를 구가하는 텍스트도 포함한다. 당신이 전혀 다른 텍스트라면 오만한 텍스트가 될 수 있다.

---

* 바르트는 여기서는 체계라는 말을 쓰면서, 구조(structure)와 체계(système)를 크게 구분하고 있지 않지만, 나중에는 구분한다.

** 보통 '억견'으로도 번역된다. 부정적이든 긍정적이든 대중적인 통념이나 편견, 여러 억측이나 교조적 언사 등 다양한 의미를 갖는데, 바르트가 특히 자신만의 개념으로 쓰면서 이 책에서 매우 자주 언급하고 스스로도 해설하므로 원어 그대로 독음하고 다른 우리말로 굳이 번역하지 않았다.

*** 텍스트와 텍스트 간의 관계 속에서 이해되는 텍스트. '상호텍스트', '간텍스트' 등으로 번역되나 쉽게 의미를 전달하고자 텍스트 간 텍스트로 번역했다.

"지배 이데올로기"라고 하면 아주 쓸모없는 말이 된다. 왜냐하면 중복법이기 때문이다. 이데올로기란 다른 게 아니라 지배함으로써 개념이 되는 것 그 자체이기 때문이다.6 그러나 나는 내 식대로 한술 더 떠 이렇게 말해볼 수 있다. **오만한 이데올로기**.

점술가의 동작

『S/Z』에서,7 렉시lexie•(읽기 조각)는 점술가의 막대기로 잘려나간 하늘 조각에 비유되었다. 이런 이미지가 그는 마음에 들었다. 아름답지 않을 수 없다. 옛날에, 하늘을 향해 한 점을, 다시 말해 가리킬 수 없는 한 지점을 향해 가던 막대기. 게다가 이 동작은 터무니없다. 엄숙하게 한계선을 긋지만, 그 즉시 아무것도 남지 않고, 단지 분할의 지적 잔재만이 남는다. 이는 완전히 의례적이고 완전히 자의적인 의미를 만들어낼 준비에 몰두하는 행위다.

선택이 아니라 찬동

"무슨 사안인가? 이것은 한국 전쟁에 관한 거다. 소규모의 프랑스 자원 군인 몇 명이 북한의 덤불 숲을 하염없이 헤매고 있었다. 그들 중 한 명이 부상을 당했고, 이를 본 어린 북한 소녀가 그를 자기 마을로 데려갔다. 그곳 농민들은 이 군인을 맞아주었다. 이 부상병은 그들 사이에, 즉 이 북한 주민들 사이에 남기로 했다. **선택하다**choisir. 이것은 적어도 우리의 언어이다. 이건 꼭 비나베르**의 언어는 아니다. 사실상 우리는 어떤 선택 앞에, 대화 앞에, 변절, 아니 탈당 또는 떠나기 앞에 있는 게 아니다. 그게 아니라 점진적 **찬동**assentiment 앞에 있는 것이다. 군인은 그가 발견한 북한이라는 세계에 서서히 동의하게 된 것이다."(미셸 비나베르, 〈오늘 또는 한국인들(1956)〉에 관하여).

훨씬 후에(1974년) 그는 중국 여행을 하면서 「르 몽드」의 독자들에게, 즉 **그의** 세계 독자들에게 이를 이해시키기 위해 다시 한번 찬동이라는 단어를 사용하게 된다. 그는 중국을 "선택한" 게 아니라(너무 많은 요소들이 있어 무엇 때문에 이런 선택을 하게 되었는지 그로서는 다 조명할 수 없다), 비나베르의 군인처럼 침묵(그는 "무미건조"라 했다) 속에서 **동의하게** 된 것이다. 이는 결코 잘 이해되지 못했다. 지식인 대중이 요구한 건, **선택**이었다. 중국에서 뛰쳐나와야 한다는 것이었다. 대기소에 있다가 사람들이 꽉 찬 모래밭으로 튀어 나가는 소처럼. 분노한 또는 승리한 소처럼.

---

* 단어 및 구, 숙어 등 표현을 포함하는 어휘부 단위를 가리킨다.

** 미셸 비나베르는 프랑스 극작가이다. 1956년에 공연된 〈오늘 또는 한국인들(Aujourd'hui ou Les coréens)〉이라는 작품으로 명성을 얻었다.

진실과 단언

그의 불편함은, 때론 아주 생생한데—온종일 글을 쓰고 난 어떤 날 저녁은 일종의 두려움을 느낄 정도로—, 이중 담론*을 생산해낸다는 감정에서 비롯된 것이었다. 이 이중 담론의 양식은 조준점을 넘어서기 일쑤였다. 왜냐하면 그 조준점이 진실은 아니어도, 단언적인 것이어서였다.

(이건 그가 아주 일찍부터 느낀 불편함이었다. 그는 그걸 눌러보려고 애썼다. —그러지 않으면 글쓰기를 멈춰야 할 테니까—. 마음속에 그려지기로는, 이 불편함은 단언적인 언어 때문이지, 그 때문은 아니었다. 얼마나 가소로운 치료제인가. 모두가 문장마다 불확실성을 내포한 결구를 붙이는 것이 적합하다고 생각하게 되었으니 말이다. 마치 언어에서 온 것이라면 그게 무엇이든 간에 언어를 뒤흔들 수 있다는 것처럼.)

(그는 쓰는 것마다 같은 감정을 느끼며, 그의 친구들 중 하나에게 상처를 줄 거라는 상상을 한다—똑같은 친구는 아니고, 돌아가며.)

아토피아**

꽂히다Fiché. 나는 꽂혔다, (지식인의) 장소에, 카스트(또는 클래스)의 주거지에. 아니, 그런 장소를, 그런 주거지를 부여받았다. 이에 저항하는 단 하나의 내적 독트린. 그것은 **아토피아**atopie(표류하는 나침반, 또는 선실 조종실처럼)라는 독트린이다. 아토피아는 유토피아보다 더 상위에 있다(유토피아는 그 반응이고, 전술이며, 문학일 뿐. 유토피아는 그 의미에서 유래해 그 의미를 나아가게 하는 것일 뿐).

* discours는 어원대로만 보면, 동사 courir('달리다')에서 파생되어, 글이나 대화 속에 자유롭게 흘러 돌아다니는 말, 때로는 어수선하고 분망한 말을 의미하기도 한다. 프랑스어 사전 정의에 따르면, 첫 번째 뜻은 말하는 주체가 확실하게 정해져 있고, 그 주체가 자신의 생각을 비교적 논리 정연하게 말하는 것을 의미한다. 그런데 바로 이어지는 두 번째 뜻은 특별히 정해진 주제 없이 주제를 심화하지 않고 시시콜콜한 다양한 주제를 자유롭게 말하며 의견을 교환하는 것을 의미한다. 또한 세 번째 뜻은 쓸데없이 이어지는 길고 장황한 말이다. 가령, 롤랑 바르트는 사랑에 빠진 자의 말을, 즉 사랑의 담론(discours)을 이렇게 어수선하고 분망한 말이라 보며, 사랑에 빠진 주체를 이 같은 언어 형상을 통해 역설적으로 사유한 바 있다. 따라서 이 단어를 매번 담론으로 번역하면 의미를 제한하는 듯한 불편함이 있다. 그럼에도 불구하고 바르트가 통일해서 쓰는 단어이므로, 맥락에 무리가 가지 않는 한 주로 '담론'으로 번역했다. 우리말 사전에서도 담론談論을 이렇게 정의하고 있기 때문이다. 1) 이야기를 주고받으며 논의함. 2) [문학] 소설에서, 서사 구조의 내용을 이루는 서술 전체. 3 [언어] 한 문장보다 더 큰 일련의 문장.

** 아토피아(atopia) 또는 아토피(atopie)는 그리스어에서 유래한 말로, 어원적으로 a는 '‒없는'이고, topos는 장소를 뜻한다. 즉 장소가 없는, 이탈한, 잘못 자리 잡은 등의 뜻을 갖는다. 바르트는 『사랑의 단상』에서 소크라테스의 별명이기도 한 '아토포스'를 언급하며 이 개념을 탐색하기도 했다.

자기지시

수수께끼 같은 복사, 이것이 흥미로운 것은 붙인다기보다 떼어버리는 복사이기 때문이다. 이 복사는 재생하면서 동시에 뒤집는다. 아니, 뒤집기로써만 재생할 수 있다. 이런 복사는 말대꾸 같은 무한한 연속적 복사를 교란한다. 오늘 저녁 플로르 카페에서 일하는 두 웨이터가 보나파르트 카페에 아페리티프를 마시러 간다. 한 사람은 자기 "마나님"을 대동했고, 또 다른 한 사람은 독감 좌약을 넣는 것을 깜박 잊고 왔다. 그들은 보나파르트 카페의 젊은 웨이터로부터 서비스를 받는다(페르노와 마티니를 시켰다). 이 웨이터는 열심히 근무 중이다("죄송합니다. 당신 부인이신 줄 몰랐습니다."). 이렇게 모든 게 흘러간다. 익숙함과 반사행동 속에. 하지만 역할은 여기서 분리되어 있다. 항상 매혹적인 이런 **반사광**réverbération들의 예시는 수천 개다. 가령, 한 미용사가 다른 미용사에게 가서 미용을 받는다. (모로코의) 구두닦이는 다른 구두닦이에게 가서 구두를 닦는다. 요리사도 요리를 대접받을 때가 있다. 연극배우가 공연을 쉬는 날에는 다른 연극을 보러 간다. 다른 영화를 보는 영화감독. 다른 책을 읽는 작가. 나이 든 타이피스트 M 양은 삭제하지 않고는 "삭제"라는 단어를 쓸 수 없다. 중개인 M은 고객들에게 제공해준 소재들을 정작 자신이 얻으려 했을 때는 찾을 수 없었다. 이런 게 다 **자기지시**autonymie이다. 순환적 작동이 낳는 불안한(우스꽝스럽고 뻔한) 사팔눈, 애너그램anagramme,* 거꾸로 된 이중인화,** 붕괴된 층.

개방형 객차

옛날에는 바욘에서 비아리츠까지 운행하는 하얀색 시내 전차가 있었다. 여름에는, 칸막이 없이 위를 다 튼 객차를 이 전차에 덧달았다. 이걸 개방형 객차baladeuse라 불렀다. 다들 신나서 탔다. 한적한 풍경을 따라가며 그 파노라마와 움직임, 공기를 즐겼다. 지금은 그 개방형 객차도 시내 전차도 다니지 않는다. 그래서 비아리츠까지 가는 여행은 고역이다. 과거를 신화처럼 미화하려는 게 아니다. 시내 전차를 아쉬워하면서 잃어버린 청춘에 대한 서운함을 말하려는 것도 아니다. 삶의 예술에는 역사가 없다는 것을 말하려는 것이다. 삶의 예술은 진화하지 않는다. 삶은 툭 떨어지는, 대체 불가능한, 영영 툭 떨어지는 기쁨이다. 다른 기쁨들이 올 수는 있지만, 그 어떤 것도 대체하지 않는다. **이런 기쁨들 속에 진보란 없다**. 변동이 있을 뿐.

내가 술래잡기 놀이를 했을 때……

내가 뤽상부르 공원에서 술래잡기 놀이를 했을 때, 나의 가장 큰 즐거움은 상대를 자극해 무모하게 나를 잡을 권리를 그

---

* 어구의 문자 순서를 바꾸어 새 어구를 만드는 일. 가령, Marie를 aimer(사랑하다)로, ancre(닻)를 nacre(진주모)로.

** 같은 인화지에 네거티브 필름을 바꾸어 두 번 노광함으로써 두 개의 상을 한 인화지에 담아내는 특수 기법.

에게 주는 것이 아니었다. 그게 아니라 잡힌 자들을 풀어주는 것이었다—그 결과 모든 참여자가 다시 순환하게 된다. 제로에서 다시 시작하는 놀이.

말의 힘으로 하는 놀이에서도, 술래잡기가 이루어진다. 하나의 언어가 다른 언어보다 우세해도 잠시일 뿐이다. 열에서 제3자가 튀어나오면, 공격자는 후퇴할 수밖에 없다. 수사법의 갈등에서도, 승리는 결국 **제3의 언어**에 돌아간다. 바로 포로들을 풀어주는 힘든 일을 마다하지 않은 그 언어에. 기의와 교리 들을 다 흩뜨리기. 술래잡기 놀이처럼, **언어 위의 언어들**을 무한으로 보내기. 이것이 로고스 시대logosphère*를 움직이는 법칙이다. 여기서 다른 이미지가 떠오를 수도 있다. 뜨거운 손 놀이(손 위의 손. 세 번째 손이 돌아오면 더 이상 첫 번째 손이 아니다).** 가위바위보 놀이. 겉을 아무리 벗겨도 속은 나오지 않는 양파. 차이는 그 어떤 예속도 치르지 않는다. 최후의 응수 같은 건 없다.

고유명사

그의 어린 시절 일부는 어떤 특별한 것을 듣는 일이었다. 옛 바욘 부르주아들의 고유명사를 듣는 것. 지방 사교계에 빠져 있던 그의 할머니가 온종일 반복하는 고유명사들을 그는 듣곤 했다. 이 이름들은 아주 프랑스적이었다. 거의 부호에 가까운 이름들이었지만, 종종 독창적이기도 했다. 이 이름들은 내 귀에 낯선 기표들의 화환을 만들어내기도 했다(이렇게 잘 기억하고 있는 게 그 증거다. 왜 그럴까?) 르뵈프 부인,*** 바르베마생 부인, 들레 부인, 불그르 부인, 포크 부인, 레온 부인, 프롸스 부인, 드 생-파스투 부인, 피초노 부인, 포미로 부인, 노비옹 부인, 푸출루 부인, 샹탈 부인, 라카프 부인, 앙리케 부인, 라브로슈 부인, 드 라스보르드 부인, 디동 부인, 드 리뉴롤 부인, 가랑스 부인. 어떻게 이런 고유명사들과 사랑에 빠질 수 있을까? 여기에 환유가 들어설 여지는 추호도 없다. 이런 이름의 부인들이 탐스러운 것도 아니고, 우아한 것도 아니다. 그럼에도 불구하고, 이

---

* 문자 및 활자 시대 이전의 언어 시대를 뜻한다. 가령, "활자의 시대가 가고, 뉴메릭(또는 디지털)의 시대가 왔다!"고 흔히들 말한다. 이를 "로고스 시대(logosphère), 그래픽 시대(graphosphère), 비디오 시대(vidéosphère), 이어 뉴메릭 시대(numérisphère)가 왔다"고 더 세부적으로 표현할 수도 있다.

** 한 사람이 어떤 사람의 무릎에 몸을 숙이고 눈을 감는다. 그리고 손 하나를 뒤로 내밀어 다른 누군가가 그 손을 때리게 한다. 그러면 그 손을 때리거나 만진 사람을 알아맞히는 놀이다. 여기서 손을 뜨겁다고 한 것은 제3의 손에 타격을 받아서일 수 있다.

*** 부인(madame)을 일부러 이 고유명사 뒤에 다 붙여 번역했다. 왜냐하면 프랑스 여성들은 결혼하면 자신의 어렸을 때 이름 뒤에 남편 성을 붙이기 때문이다. 그것은 이 성이 그녀 것이 아님을 반어적으로 뜻하기도 한다. 그것은 획득된 성이다. 결혼으로 획득한 부이자 자산일 수 있다. 서양 소설에 자주 등장하는 제목 "○○○부인"(가령, 플로베르의 『마담 보바리』)은 이런 문제를 자조적으로 암시하고 있다.

런 특별한 탐닉 없이 소설이나 회상록을 읽기란 불가능하다(장리 부인madame de Genlis*을 읽으면서 나는 이 옛 귀족 이름들을 흥미롭게 주시한다). 단순히 고유명사의 언어학이 아니다. 이건 하나의 에로틱이다. 이름은 목소리 같고, 냄새 같다. 중국엔 우수憂愁가 될 수도 있다. 또는 욕망과 죽음. 지난 세기의 한 작가는 "사물들에 남아 있는 마지막 한숨"이라고 말했다.

바보상자를 도저히 난……

FM에서 매주 듣는 음악, 그에게는 그게 '바보' 같아 보여 순간 이런 생각을 한다. 바보상자란 단단해서 잘 빠지지 않는 핵과의 씨 같다. 아니면 **원초적인 것** 그 자체. **과학적으로** 이 바보상자를 분해해보려 해도 할 수가 없다(만일 이 바보상자에 관한 과학적 분석이 가능하다면, 모든 TV 프로그램은 다 없어질 것이다). 무엇이 바보상자일까? 공연, 미학적 허구, 어쩌면 환상일까? 아마도 우린 우릴 그림 속으로 집어넣고 싶은가 보다. 그건 아름답다, 그건 숨이 막힌다, 그건 이상하다. 요컨대 바보상자에 대해, 내가 말할 수 있는 건 이런 것밖에 없을 거다. **그래도 그게 날 매혹한다는 것**. 여기서 매혹이란, 내가 그걸 바보상자라 느끼는 **정확한** 감정, 바로 그것이다(이 명사를 발음하면서 느끼는 것일 수도). 이것이 날 **껴안는다**(이것은 다루기 힘들다. 이것보다 더 우세한 건 없다. 뜨거운 손 놀이처럼 이것이 당신을 잡는다).

어떤 아이디어에 대한 사랑

한때 그는 이원주의에 빠졌다. 이원주의는 그에게 진정한 사랑의 오브제처럼 보였다. 따라서 이런 아이디어는 결코 너무 이용되거나 착취되어서는 안 되는 것처럼 보였다. **단 하나의 차이를 가지고** 모든 것을 말할 수 있다는 것에서 일종의 기쁨이, 연속적 경이가 산출되었다.

지성과 사랑이 닮아 있다면** 그 이원주의 때문인데, 그의 마음에 든 것은, 이원주의가 갖는 형상figure***이었다. 이런 형상을 그는 나중에 또 발견하게 되는데, 바로 대립하는 가치들

---

* 장리(Genlis) 백작과 결혼하여 장리 부인이라는 이름이 생긴 펠리시테 뒤 크레스트(Félicité du Crest, 1746-1830)는 프랑스 혁명 시절에 이어 19세기까지 활동한 소설가이자 극작가, 회상록 작가이며 프랑스어 교사이기도 했다. 바르트가 바로 이어 인용한 문장은 이 작가의 책에 나오는 한 구절로 짐작된다.

** 전혀 다른 두 사안이 환기되는 것은, 지적인 사유 또는 논법에서는 찬성 또는 반대 등의 이원론에 빠지기 쉽고, 사랑하는 남녀 또는 두 개체는 양성 또는 양항의 대표적 상징이다. 여기서 더 나아가 언어 기호학에서는 기표와 기의 또한 이런 양항성 또는 이원성을 갖는다고 볼 수 있다.

*** 바르트는 figure라는 단어를 선호한다. 어떤 개념을 개념이 아닌 형상을 통해 표현하는 것을 선호하는 것이다. figure는 우선 그려진 선을 뜻하고, 이것은 윤곽선이나 형상을 만들어 어떤 형태가 될 수 있다. 여기서 파생해 어떤 용모나 안색, 특징을 뜻하기도 한다. 글에서는 단어와 단어의 조합 방식, 문장의 조합 방식 등을 뜻해 문형 또는 문체로 번역될 수 있다.

속에서였다. (적어도 그가) 기호학을 빗나가게 했다면, 이런 쾌락jouissance*의 원칙 때문이었다. 이원주의를 포기한 기호학은 이제 그와 별 상관이 없다.

젊은 부르주아 아가씨

정치적 소요기에, 그는 피아노를 치고, 수채화를 그렸다. 19세기 젊은 부르주아 아가씨들의 이른바 잘못된 소일거리. 나는 이 문제를 거꾸로 생각해본다. 그 옛날 젊은 부르주아 아가씨들의 실생활에서, 그 여성성과 계급성을 뛰어넘기 위해 할 수 있는 게 뭐가 있었을까? 이런 행위들의 유토피아란 무엇일까? 젊은 부르주아 아가씨는 쓸데없이, 어리석게, 자신을 위해 생산했다. 그러나 **그녀는 생산했다**. 그녀의 소비 형태는 자신에게 소용되는 거였다.

아마추어

아마추어(숙련이나 경쟁의 정신 없이 그림을 그리고, 음악을 연주하고, 스포츠와 학문을 즐기는 자)란, 자신의 쾌락을 갱신하는 자다(**아마토르**amator란 사랑하고, 또 사랑하는 자다). 그는 영웅(창조나 수행의 영웅)이 전혀 아니다. (그냥) 기표 속으로, 즉 음악이라는, 그림이라는 즉각적이고 직접적인 질료 속으로 들어가 **우아하게** 자리 잡는 것이다. 보통, 이런 실행에는 어떤 **루바토**rubato^{**}(오브제를 훔쳐 표장標章을 만듦)도 없다. 그는 부르주아에 반反하는 예술가이다—아니, 아마도 예술가일 것이다.

R. B.에 대한 브레히트식의 비난

R. B.^{***}는 항상 정치를 **제한하고**limiter 싶어 한 것으로 보인다. 브레히트가 그를 위해 일부러 쓴 것 같은 글이 있는데, 그가 그걸 모르진 않겠지?

"나는 이를테면 좀 적은 정치와 살고 싶다. 이렇게 말하면 나는 정치적 주체가 되고 싶지 않다는 의미이다. 하지만 그렇다고 많은 정치의 객체가 되고 싶은 것도 아니다. 그런데 정치

---

* 바르트는 기쁨이나 즐거움을 뜻하는 plaisir나 joie 같은 단어보다 거의 성적 쾌락에 가까운 jouissance라는 단어를 자주 쓴다. 즉 앎의 기쁨은 거의 황홀경에 가까운 것이다.

** 악절의 연주 속도를 연주자의 재량에 맡기는 빠르기 표시.

*** Roland Barthes의 이니셜로, 그는 이 책에서 자신을 '그' 또는 '나'로 지칭하거나, 이따금 이니셜로 부른다. 지금은 아무렇게나 이니셜을 쓰지만 원래는 자신을 드러내지 않는 신중한 태도에서 비롯되었다. 이런 이니셜을 쓴 걸로 유명한 사람은 스피노자다. 스피노자의 본명은 Baruch Spinoza로 B. S.라는 이니셜과 장미 문양 그리고 그 아래 신중함을 뜻하는 Caute가 새겨진 인장을 가지고 다녔다.

적 주체이자 객체가 되어야 한다. 다른 선택은 없다. 안 되고 싶다, 혹은 어느 한쪽이 안 되고 싶다 같은 건 없다. 아니면 둘 다 안 된다는 건 없다. 따라서 내가 정치에 참여하는 것은 불가결해 보인다. 어떤 정도의 양을 취할지를 결정하는 것은 나의 소관이 아니다. 그러한즉, 내 전 생애를 정치에 할애하는 것은, 더 나아가 나를 희생하는 것은 상당히 가능한 일이다."(〈정치와 사회에 관한 글〉).[8]

그의 장소(그의 **환경**)는 곧 언어이다. 그가 취하거나 거부하는 것도 거기이다. 그의 몸이 **할 수 있는 것**, 혹은 **할 수 없는 것**도 거기이다. 그의 언어적 삶을 정치적 담론에 바치다? 희생하다? 그는 물론 **주체**가 되고 싶다. 그러나 정치적 **연사**는 되고 싶지 않다(**연사**란, 그의 말을 술술 쏟아내고, 이야기하고, 동시에 이를 고지하고, 서명하는 자다). 그에게 정치는 시효에 의한 권리 상실이지만, 그의 담론이 갖는 일반적이고, **반복적인** 정치적 실재로부터 그가 떨어져 나오지 못하는 것도 그래서다. 하지만 정치의 권리 상실로 인해 그는 적어도 그가 쓴 것에서 **정치적** 의미를 만들 수 있다. 이건 마치 하나의 모순을 역사적으로 증명하는 것과 같다. **예민하고, 탐욕적이고, 조용한**(이런 단어들을 떨어뜨려놓아서는 안 된다) 정치적 주체라는 모순.

반복되고, 일반화되고, 그래서 지겨워지는 게 정치적 담론만은 아니다. 어디선가 담론의 변화가 생기는가 싶었는데, 바로 이어 라틴어역 성서가 나온다. 요지부동한 문장들의 진력나는 행렬이 이어진다. 이런 현상은 공통적인데, 그로서는, 정치적 담론의 경우가 더 참을 수 없다. 그 이유는 여기서 반복이 **절정**의 모습을 취하기 때문이다. 현실을 다루는 가장 기초적인 학문인 정치, 우리는 여기에 환상을 갖고 최종적 권력을 부여한다. 언어의 윤기를 없애고, 한담을 찌꺼기로 치부하는 이 권력. 정치가 언어들의 대열로 들어와서 객설로 돌아가는 것을 어떻게 크나큰 상실의 슬픔 없이 바라만 보고 있겠는가?

(정치적 담론이 반복 속에 빠지지 않으려면, 아주 드문 조건이 필요하다. 스스로 추론성이라는 새로운 양식을 도입해야 한다. 마르크스의 경우가 그랬다. 그 정도는 아니어도, 좀 소박하게라도, 언어에 대한 간단한 **지성**이 있으면—자체 효과, 즉 한 만큼 그대로 결과가 나오는 학문을 하면—한 작가는 엄밀하면서도 동시에 자유로운 정치적 텍스트를 생산한다. 또한 이런 텍스트는 미학적 독창성도 띠게 된다. 마치 말하면서 그 말이 발명되고 변화되는 것처럼. 『정치와 사회에 관한 글』에서 브레히트가 한 것이 그것이다. 실제 같지 않은 어두운 심오 속에서, 정치가 언어라는 질료 자체를 갖추고, 이를 변형시킨다. 이런 게 텍스트다. 이를테면 『법들』*이라는 텍스트도.)

---

* 필립 솔레르스(Philippe Sollers)가 쓴 책을 가리키는 것으로 보인다. 뒤에 가서 솔레르스가 몇 번 언급되며, 바르트는 『작가 솔레르스(Sollers écrivain)』라는 제목의 책을 내기도 했다.

이론에 대한 협박 공갈

아방가르드한 많은 텍스트들은(아직도 출판되지 않은) 그 운명이 **불확실**하다. 그런 텍스트들을 어떻게 판단하고, 찾아내고, 어떻게 그 미래를 예언할 수 있을까? 당장 또는 좀 먼 미래라도. 그것들은 재미있을까? 지루할까? 그 명백한 특질은 다분히 의도적이라는 것이다. 이론에 복무하고 싶어 안달이 나 있다는 것이다. 그런데 **또한** 협박 공갈이 그 특질이기도 하다(이론에 대한 협박 공갈). 날 사랑해줘, 날 지켜줘, 날 옹호해줘. 그도 그럴 것이 난 당신이 주장하는 이론과 일치하니까. 아르토*가, 케이지**가, 기타 등등이 했던 것을 나는 하지 않았다고 할 수 있을까? ─그러나 아르토는 "아방가르드"한 것만도 아니다. 그것은 **또한** 글쓰기이다. 케이지 **또한** 매력이 있다……─바로 거기에 그 표장이, 속성이 있다. 더 **정확히 말하면**, 이론으로 인정되지 않았고, 때론 이론이 게워내기도 했다. 적어도 당신의 취향과 생각을 일치시켜라, 등등(**이 장면은 계속된다, 무한히**).

채플린

어릴 때 그는 채플린의 영화를 그렇게까지 좋아하지는 않았다. 훨씬 나중에, 그러니까 캐릭터에 대한 혼란스럽고도 막연한 이데올로기를 맹목적으로 추종하지 않게 되고 나서야,9 매우 대중적이면서(대중적이'었'던) 실은 교활한 이 예술에서 나는 일종의 진미를 찾아냈다. 그것은 복수複數의 취향과 복수複數의 언어를 비스듬히 둘러멘, 말하자면 잘 **짜여진**composé 예술이었다. 이런 예술가들은 완전한 기쁨을 도발한다. 왜냐하면 미분된 듯 각각 다르면서도 집단적인 하나의 문화적 상image을 제시하기 때문이다. 이런 것이 진짜 복수複數이다. 이상은 그래서 제3의 용어처럼, 즉 우리가 갇혀 있는 이원적 대립 구도를 전복하는 용어처럼 기능한다. 집단 문화 **또는** 상위 문화.

영화의 꽉 찬 화면

영화에 대한 저항. 속성상, 그 매끈한 속성상, 그 구도의 수사법이 무엇이든 간에 영화에는 기표 그 자체가 항상 있다. 어김없는 이미지들의 연속체. 필름이, 아니 피막pellicule(딱 맞는 이름이다. 정말 틈 하나 없는 피부니까)이 수다스러운 리본처럼 **이어진다**. 단장이나 하이쿠 같은 규약은 불가능하다. 그

---

* 앙토냉 아르토(Antonin Artaud, 1898-1948)는 프랑스의 시인이자 연출가이다. 일명 '잔혹극'의 창시자다. 전위적인 놀라운 작품들을 발표했으나 평이 좋지 않았고 많은 실패를 맛보았다. 말년에 정신병원에 수용되었고, 전후 퇴원하였으나 곧 사망하였다.

** 존 케이지(John Cage, 1912-1992)는 미국의 작곡가로, 아르토로부터 많은 영감을 받았다. 우연성 음악의 개척자로 평가받고 있으며, 조작된 피아노 기법을 사용하기도 했다.

러나 재현상의 구속 때문에(서식에 문단이 있는 것과 유사하게) 다 받아들일 수밖에 없다. 가령, 눈 속을 걷는 남자가 있다. 그것이 무엇을 의미하기도 전에, 모든 게 나에게 주어진다. 글쓰기는 그 반대다. 주인공의 손톱이 어떻게 생겼는지 보여줄 의무가 나에게는 없다. 그러나 정말 원한다면, 텍스트 전체가 나에게 말한다. 그것도 강렬하게, 가령 횔덜린의 너무 긴 손톱에 대해서도.

(이렇게 쓰고 나니, 마치 이건 상상적 고백 같다. 나는 왜 내가 이에 저항하는지, 아니 갈망하는지 알고 싶었다면 꿈결에서 하는 말처럼 그것을 발화했어야만 했을 것이다.* 프랑스어로는 (아마 모든 언어로도) 지적인 의구심 말고, 곧 이론으로 바뀌려고 할 것만 같은 것을 **가볍게**(프랑스어의 조건절은 너무 무겁다) 말해줄 수 있는 문법 양식이 부족하다.

결구

종종 『신화학』**에서는 정치가 맨 마지막에 나온다(가령 이런 문장. "따라서 〈잃어버린 대륙Continent perdu〉에서 보았던 '아름다운 이미지들'이 무죄일 수는 없게 된다. 반둥***에서 되찾은 그 대륙을 잃어버린다는 것이 무죄일 수는 없기 때문이다.") 이런 종류의 결구는 분명 세 가지 기능을 갖는다. 수사법(장식하듯 그림으로 막이 내린다), 신호체계****(주제 분석이 최후의 순간에, 실천적 계획을 제시함으로써 복구된다) 그리고 경제적 기능(정치적 논고 대신 훨씬 가볍게, 생략 기법으로 말하고 싶어 한다. 단 이 생략법은 '자명하다'식의 논증은 몰아내고, 경쾌하게 해줘야 한다).

『미슐레』*****에서, 이 저자의 이데올로기는 단 한 페이지로 (첫 페이지에) 신속 처리되었다. R. B.는 다분히 정치적인 사회학 만능주의를 간직하면서도 제거한다. 간직하는 것은 서명 때문이고, 제거하는 것은 그게 따분해서다.

---

* 이 문장은 바르트가 프랑스어 조건절은 너무 무겁다고 바로 이어 말하듯이 상당히 길고 무거운 조건절로 되어 있어, 이를 다 살려 번역했다.

** 『Mythologies』가 원제로, 바르트가 1954년부터 1956년까지 프랑스 사회의 여러 시사 및 문화, 정신 현상을 소재로 써놓은 53편의 글을 한데 묶어 1957년에 출간한 책이다.

*** 인도네시아 서부 자와섬에 있는 도시로, 300년 동안이나 네덜란드의 지배를 받았다.

**** signalétique, 거리의 안내판이나 교통판 등 일체의 신호 및 표지 체계를 뜻한다. 여기서는 손가락으로 방향을 가리키듯 주제를 드러내고 마는 결구 방식을 비유하고 있다.

***** 『Michelet par lui-même』가 원제로, 바르트가 1954년에 처음 발표했다.

그래픽적 쾌락. 그림, 음악 이전에.

우연의 일치

나는 피아노를 연주하며 녹음한다. 처음에는 호기심에서 내가 연주하는 소리를 **들어보고** 싶어서였다. 그러나 이어 다시는 듣지 않았다. 내가 들은 것은, 이렇게 말하면 분명 허세로 보일 수 있지만, 바흐가, 슈만이 바로 거기 있음이었다. 다시 말해, 그들 음악의 순수 물성이었다. 왜냐하면 그것이 내 발화행위énonciation라면, 술어prédicat는 관여성 또는 타당성pertinence을 다 잃는다.*

반면, 역설적이게도, 내가 리히터나 호로비츠가 연주하는 것을 들으면, 수천 개의 형용사가 떠오른다. 나는 그것을 듣는다. 그들을, 바흐나 슈만이 아니라. ─그렇다면 무슨 일이 벌어진 걸까? 내가 연주한 것을 들을 때─내가 틀리게 친 것을 하나하나 지각하는 처음의 명철한 순간이 지나고─, 일종의 희귀한 우연의 일치가 일어난다. 내가 연주하면서 지나간 과거와 내가 듣고 있는 현재가 부딪히는 것이다. 이 일치 속에서 해

---

* 피아노 연주를 말하다가 갑자기 언어학 용어가 나온 것은 바르트 특유의 계열축을 만드는 환유법인데, 여기서 내 발화행위는 바흐나 슈만 음악의 순수 물성을 뜻하고, 관여성 및 타당성은 바흐나 슈만의 뛰어난 음악 그 자체를 뜻하고, 술어는 내가 한 연주를 뜻하는 것으로 보인다. 내가 바흐나 슈만을 쳤지만 비록 잘 못 쳤어도 바흐나 슈만의 멜로디나 음을 낸 이상 그것은 나름의 순수 물성을 가진다. 그러나 그것이 정말 바흐나 슈만 음악과 관여되는지 타당한지는 알 수 없거나 전혀 그렇지 않다는 자조적이면서도 고급한 유머이다.

설은 소멸되고, 음악만 남는다(내가 마치 '진짜' 슈만, 또는 '진짜' 바흐를 되찾은 것처럼. 글도 결국 남는 것은 텍스트의 '진실'뿐이다. 그것만은 자명하다).

내가 예전에 썼던 것에 대해 쓰는 시늉을 할 때, 이와 똑같은 소멸의 움직임이 일어난다. 진실의 움직임이 아니라. 나는 내 이전의 진실에 복무하기 위해 내 현재적 표현을 하는 게 아니다(고전적 체제에서는, **본래성/정통성**authenticité이라는 이름으로 이런 노력을 신성화했다). 나는 나의 저 옛 조각을 지치도록 찾는 것을 포기한다. 나는 나를 **복원하려는** 게 아니다(기념물처럼). 나는 이렇게 말하지 않는다. "나를 묘사할 것이다." 그러나 이렇게 말한다. "나는 텍스트 하나를 쓴다. 그리고 그것을 R. B.라 부른다." 나는 (묘사의) 모방을 삼가고, 명명에 나를 맡긴다. **주체의 장에서, 지시 대상은 따로 없다**는 걸 내가 모르겠는가? (전기적이고, 텍스트적인) 실제 사실은 기표 속에 소멸된다. 왜냐하면 지시 대상이 곧 그와 즉각 **일치하기** 때문이다. 나 자신에 대해 쓰면서, 나는 극단적인 작업을 반복할 뿐이다. 이건 발자크가 『사라진Sarrasine』*에서 했던 것으로, 거세화와 거세를 '일치시키는' 것이다. 나는 나 스스로 내 고유의 상징이다. 나는 내게 온 이야기다. 언어 속에서 돌아가는 자유로운 바퀴, 나는 나를 비교할 게 아무것도 없다. 바로 이런 움직임 속에서 상상계의 대명사, 즉 '나'라는 1인칭은 곧 **안 맞는 격**im-pertinent이 된다.** 상징계는 곧 **무매개**immédiat***라는 글자가 된다.**** 주체의 삶이라니, 이게 본질적인 위험이다. 자신에 대해 쓴다는 것이 잘난 척하는 것으로 비칠 수 있어서다. 그러나 이건 아주 단순한 개념이기도 하다. 자살 개념처럼 단순한.

---

* 오노레 드 발자크의 소설로, 1830년에 처음 발표되었고, 1835년 '인간 희극' 시리즈 '파리 생활 장면'에 수록된다. 그다지 주목을 받지 못하던 이 작품을 1957년 조르주 바타유가 그의 소설 앞부분에 언급하면서 재조명되었다. 롤랑 바르트는 1970년 『S/Z』라는 제목으로 발자크의 이 작품에 대한 또 다른 해석을 내놓는다.

** 우리가 흔히 쓰는 주어, 특히 '나'라는 1인칭 대명사는 나를 지칭하므로 완벽한 동화성에 대한 확신으로 쓰지만, 나를 지칭하는 것 자체가 상상계의 영역일 수 있음을 암시한다. 상상계란 동화성의 세계이다.

*** 직접적인, 즉각적인, 당장에, 바로 잇닿아 있는 등으로 번역되곤 하지만, 단어의 조어 자체로만 보면 im-médiat, 즉 '중간 매개체가 없는'이라는 뜻이다. 언론을 뜻하는 미디어도 중간 또는 매개체라는 단어에서 왔다. 바르트가 이 글에서 자주 쓰고 있는 상상계가 분리보다는 동화성의 세계라면, 상징계는 분리와 동화가 동시에 또는 공시적으로, 전광석화처럼 일어나는 세계이다. 여기서 분리와 동화는 시간의 순차성이나 논리적 인과성을 갖지 않는다. 내가 나를 분리해서 묘사하는 것이 아니라, 내가 나를 분리해서 거세하는 것이 아니라, 쓰기 자체로 내가 써지고, 행위(거세화) 자체로, 결과(거세)가 이루어짐을 상징계라는 단어를 통해 생략적으로 함축하고 있다.

**** 상징계의 상징(Symbole)은 어원대로만 보면 sym(합)과 bol(그릇)의 조어이다. 깨진 파편 조각의 전광석화 같은 합이다. 구조주의 정신분석학에서 상징계는 분리와 동화의 공시성으로 이해된다. 바르트가 여기서 상징을 무매개와 등가어로 놓은 것은 이런 맥락에서다.

하루는, 무력감으로, 아니 무위로, 『주역』을 펼쳤다. 내 작업을 위해서라도. 그리고 스물아홉 번째 괘를 뽑았다. **습감**習坎.* **위험한 심연**. 위기! 구렁! 심연! (마법에 잡아먹힐 작업. **위험에** 처할.)

비교는 이성이다

그는 엄격하면서도, 은유적으로 또는 문자 그대로이면서도 모호한 방식으로 언어학을 그와 동떨어진 몇몇 오브제에 적용한다. 가령, 사드의 에로티시즘을 **사드식 문법**이라고 말할 수 있는 것도 이런 적용 때문이다.[10] 언어 체계(**계열축**paradigme, 통합축syntagme)**를 문체 체계로 적용하는 것도 같은 방식이다. 그래서 저자가 수정한 것들을 종이 위에 두 축으로 구분해서 분류한다.[11] 여전히 같은 방식으로 푸리에식 개념과 중세식 장르 사이에 상응되는 것(**개요-요약**l'aperçu-abrégé과 **기초 문법**ars minor***)을 놓으면서 그는 기쁨을 느낀다.[12] 그는 발명하지 않는다. 조합하는 것도 아니다. 그로선 이런 비교가 이성이다. 그는 은유적이라기보다 상동적인 상상력을 통해(이미지들이 아닌 시스템을 비교하는 것이다), 오브제를 강제로 이주시키며 기쁨을 느낀다. 가령, 만일 그가 미슐레에 대해 말한다면, 미슐레가 역사적 소재를 가지고 했다고 그가 주장한 것을 이번에는 그가 미슐레에 대해 똑같이 하는 것이다. 그는 이렇게 전체적으로 미끄러지면서 껴안는다.[13]

때론 그도 자신에 의해 번역된다. 한 문장을 말하고 이어 또 다른 문장을 덧대는 게 그런 거다(예시. "그런데 만일 내가 요구를 좋아한다면? 만일 내가 어떤 모성적 욕구를 갖고 있다면?").14 이건 마치 요약하고 싶은데 잘 되지 않아 그 문장으로부터 나오지 못하거나, 뭐가 더 나은지 몰라 요약 위에 또 요약을 쟁여놓는 것과 같다.

---

* 습감(習坎)에서 '감'은 구렁, 심연을 뜻하지만, 이것을 익혀야(習) 한다고 하고 있다. 이 괘에는 또 중수감重水坎이라는 단어도 나오는데, 매우 거칠고 격렬한 물의 잠재력과 위험을 뜻한다. 운세의 맥락에서는 현재 자신이 쉽게 감당할 수 없는 압도적인 상황에 놓여 있음을 뜻한다. 그러나 이런 위험과 위기가 또한 기회일 수 있다.

** Paradigme(계열축)이 세로축으로 층위적이라면, Synatagme(통합축)는 가로축으로 연언적이다. 쉽게 말해 우리가 쓰는 문장은 아무리 복잡해도 결국 이 두 축으로 구성된다. 가령 "나는 커피를 마셨다"는 나(주어), 커피(목적어), 마셨다(서술어)로 이어지면서 가로로 연언된다. 이것이 통합축이다. 이 문장을 이렇게 바꿀 수 있다. "그는 맥주를 마셨다." '나'는 '그'로 바뀌었고, '커피'는 '맥주'로 바뀌었다. 마셨다는 바뀌지 않았으나, 다른 동사로 충분히 바꿀 수 있다. 이것이 계열축이다. 이 두 문장을 종이 위에 써보면 두 개의 축, 즉 가로축과 세로축이 생긴다.

*** 전자가 푸리에식 개념, 후자가 중세식 개념이다. ars minor는 4세기 라틴 문법학자 엘리우스 도나투스(Aelius Donatus)가 쓴 문법 입문서의 제목이다. ars는 '기술'이라는 뜻이고, minor는 '더 작은'이라는 뜻으로, '기초 문법' 정도로 번역될 수 있다.

진실과 정합성

"진실은 정합성consistance 속에 있다"고 포가 말했다(「유레카」*). 따라서 이 정합성을 참지 못하는 사람은 진실이라는 윤리 그 바로 앞에서 닫히고 만다. 단어, 절, 개념이 **잡히고**, 고체 상태로, **스테레오 타입**(**스테레오스**stéréos는 **고체**라는 뜻이다) 상태로 넘어가려는 바로 그때, 얼른 그는 단어를, 절을, 개념을 풀어놓는다.

무엇과 동시대인?

마르크스. "고대 민족이 **신화**의 상상력으로 그들의 선사시대를 살았던 것과 마찬가지로, 우린, 우리 독일인들은 우리의 후後역사 시대를 **철학**의 사유로 살았다. 우린 역사적 동시대인은 없지만, 현재라는 철학적 동시대인이다." 그렇다면 난 내 고유의 현재와의 상상적 동시대인에 불과하다. 그의 언어와 유토피아와 시스템(즉 그의 픽션들), 요컨대 그의 신화학 또는 그의 철학과 동시대인이지, 역사의 동시대인은 아니다. 나는 춤추듯 흔들리는 반사체에 거주하고 있을 뿐이다. 그 반사체란 **마술 환등**fantasmagorique.

계약에 대한 모호한 찬사

그가 **계약**(또는 협약)에 대해 갖게 되는 첫 번째 이미지는 요컨대 객관적 이미지다. 서명, 언어, 이야기, 사회는 모두 계약에 의해 기능한다. 하지만 계약은 종종 가면을 쓰고 있어 이유, 알리바이, 겉모습 등으로 가로막혀 있는 것을 뚫고 해독하는 비평 작업이 요구된다. 간단히 말해, 사회적으로 **자연적인 것**은 교환 규칙을 명시적으로 드러내는데, 집단생활 및 그 집단에서 통용되는 의미가 굴러가는 데에도 근간이 된다. 그런데 이보다 좀 더 위 다른 높이에서 보면, 계약은 상당히 나쁜 오브제이다. 왜냐하면 부르주아적 가치 그 자체이기 때문이다. **주는 게 있어야 준다**donnant donnant 는 부르주아식 계약서란 **눈에는 눈** talion 같은 형벌을 경제에 적용해 법제화한 것에 다름 아니다. 회계 및 수익에 대한 찬양 아래 저열함과 인색함이 읽히는 것이다. 마지막으로, 맨 위에서 보면, 계약은 부단히 갈망된다. 이것이 마치 '반듯한' 세계를 만드는 정의라도 되는 것처럼. 인간관계에서 계약에 대한 취향은 계약이 성사되는 즉시 오는 커다란 안전감 또는 주지 않고 받기만 하는 것에 대한 혐오감 때문에 생겼을 수 있다. 이 점에서—그도 그럴 것이 몸이 직접적으로 개입되니까—좋은 계약 모델은 매춘 계약이다. 왜냐하면 모든 사회에 의해, 모든 체제에 의해(단 아주 옛날 고대 시

---

* 에드거 앨런 포가 1848년에 쓴 산문시다.

절은 제외하고), 비도덕적이라고 선언된 이 계약은 어쨌든 교환에서 오는 **상상적 곤경** 같은 건 없기 때문이다. 다른 사람의 욕망에 대해 내가 어떤 처신을 해야 하나? **나는 그에게 무엇인가?** 같은. 계약은 이런 현기증을 제거한다. 배치背馳되지만 혐오스럽기는 마찬가지인 두 이미지에 사로잡히지 않고, 주체가 지켜낼 수 있는 유일한 위상이기 때문이다. 배치되는 두 이미지란 하나는 '에고이스트'의 그것이다(자기는 주는 게 아무것도 없으면서 그런 건 개의치 않고 요구만 하니까). 또 다른 하나는 '성자'의 그것이다(절대 아무것도 요구하지 않으면서 주기만 하니까). 그래서 계약 담론은 적어도 이 두 개의 충일성은 피한다. 일본의 한 시키다이式臺* 복도에 쓰여 있는 문구를 보았는데, 모든 거처에 적용될 만한 황금률이 될 수 있을 것이다. "잡으려고 하지 말 것. 그리고 그 어떤 봉헌도 하지 말 것."[15]

역기습

그의 꿈(고백할 만한?)은 사회주의 사회에 부르주아적으로 사는 삶의 예술과 그 **매력**(나는 이걸 가치라고 말하지는 않겠다)을 이전하는 일인지 모른다(매력이 있다, 아니 몇 가지 매력이 있었다). 그가 이른바 **역기습**contretemps이라 부르는 것이 그것이다. 나의 이런 꿈과 반대되는 것이, 전체Totalité라는 유령이다. 이 유령은 부르주아 자체를 통째로 다 선고하길 원한다. 기표에서 벗어나는 것은 마치 달리다 오물을 다시 묻혀 오는 일인 양, 다 처벌하길 원한다.

(형태가 바뀐) 부르주아 문화를 **이국풍**으로 즐기는 건 가능하지 않을까?

내 몸은 다만……

내 몸은 두 가지 흔한 형태로만 나 자신에게 존재한다. 편두통과 관능성이 그것이다. 한 번도 들어보지 못한 상태 같은 건 아니다. 두 경우 다 어쨌든 몸의 영광스러운 혹은 저주스러운 이미지들을 깎아내리는 결정을 내리는 일이다. 편두통은 육체적 고통의 가장 초기 단계일 뿐이고, 관능은 일반적으로 쾌락의 하찮은 부산물로만 여겨진다.

달리 말하면, 내 몸은 영웅이 아니다. 고통 또는 쾌락이 가볍거나 분산된 성격을 갖는다면(편두통은 그 나름으로 며칠은 날 **어루만져준다**), 이와 반대되는 게 있다. 몸이 낯설고, 환각에 빠진 것 같고, 찌를 듯 아프게 경계를 넘어가 뭔가를 위반한 장소가 된 것 같은 기분이다. 편두통(이걸 부정확하게 단순한 두통이라고 부를 수도 있다)과 관능적 쾌락은 대단한 위험을 치러냈다고 영광스럽게 말할 것까지는 아니고, 그저 개별화된 내

---

* 일본 집 건축에서 현관 앞 한 단 낮은 마루.

고유한 몸이 느끼는 체감일 뿐이다. 내 몸은 내 몸 안에서만 미미하게 연극적이다.

복수의 몸

"어떤 몸? 우리는 복수의 몸을 갖고 있다."15 나는 소화하는 몸을 갖고 있다. 나는 구토하는 몸을 갖고 있다. 세 번째로는 편두통을 앓는 몸을 갖고 있다. 그리고 이어, 관능의 몸, 근육의 몸(작가의 손), 체액의 몸. 특히 **예민하고 다감한**émotif. 아무 일도 안 일어난 것 같은데, 잘 감동하고, 동요한다. 아니면 쌓이고, 흥분하고, 겁을 먹는다. 반면, 나는 사회화된 몸, 신화화된 몸, 인공적인 몸(일본 가부키 변장처럼) 그리고 (배우의) 매춘하는 몸에도 매혹을 느낄 정도로 이 모든 몸에 사로잡힌다. 그리고 이러한 공적인 몸들(문학적인, 글로 쓰인 몸들)에 더해, 말하자면 나는 두 개의 지역적 몸을 갖고 있다. 파리의 몸(늘 경계 태세인, 그래서 피곤한)과 시골의 몸(휴식하는, 그래서 처지는).

갈비뼈

이것은 내가 어느 날 내 몸에 대해 한 짓이다.

레쟁에서 1945년, 늑막 외 인공 기흉 수술을 하기 위해 그들은 내 갈비뼈 한 조각을 내게서 떼어냈고, 이어 그것을 의료용 거즈에 말아 엄숙하게 내게 돌려주었다. (의사들은 스위스인들이었는데, 나에게 가르치듯 말하였다. 이렇게 잘게 조각난 상태여도 **내 몸은 나에게 속하니** 나에게 그것을 돌려줘야 한다고 말이다. 나는 죽음 속에서든 삶 속에서든 내 뼈들의 주인인 것이다.) 나 자신의 일부인 이 조각을 서랍 속에 난 오래 간직해왔다. 이 조각은 손잡이 모양의 양 갈비뼈와 유사해 일종의 뼈가 드러난 페니스 같았다. 이걸 어떻게 해야 할지 몰라, 또 내 인격을 해치는 기분이 들어 감히 버리지도 못하고 개폐식 판이 여러 개 달린 책상 서랍 속에 넣어둔 것이다. 오래된 열쇠, 성적표, 자개빛 무도회 수첩, B 외할머니의 분홍빛 실크 명함지갑 등 정말 '소중한' 물건들 한가운데 내 뼈가 놓여 있었으나 내게 그렇게까지 소용 있는 물건은 아니었다. 그러던 어느 날, 물건들을 먼지 낀 성당 제실 같은 일종의 경건한 장소에 보내 그 죽음을 완화하고 순응하는 것이 서랍의 기능이라는 걸 깨달았다. 성당 제실이 죽은 자를 산 자처럼 고이 모심으로써 음울한 임종이나마 단정한 시간을 보내도록 하는 곳인 것처럼 말이다. 내 몸의 이 조각들을 건물 공동 쓰레기장에 버릴 생각은 차마 하지 못했던 나는 이제 발코니로 나가 내 갈비뼈와 그것을 싼 거즈를 위로 올렸다. 그리고 개가 와서 쿵쿵거릴 게 분명한 세르반도니가를 향해 재를 뿌리듯 부드럽게 그것을 흔들다 던졌다.

이마고*의 미친 곡선

소르본 대학 교수인 R. P.는 그의 전성기에 나를 사기꾼으로 봤다. T. D.는 나를 소르본 대학 교수로 봐준다.

(놀랍고 흥분되는 건 견해의 다양성이 아니라, 그 상반성이다. **이거 끝내주는군**!c'est un comble** 당신이 이런 탄성을 내지른다면, 엄밀히 말해 **구조적**structurale 쾌락이다.—혹은 비극적인.)

단어-가치라는 한 쌍

어떤 언어들은 대칭 의미소들énantiosèmes,*** 즉 형태는 같으나 의미는 상반되는 단어들을 갖고 있는 것처럼 보인다. 같은 방식으로, 그에게도 예기치 않게 좋으면서 동시에 나쁜 단어가 있다. 그것은 '부르주아'라는 단어이다. 좋을 때는, 역사적 의미로 받아들여져 신분의 상승과 그 발전을 뜻할 때다. 나쁠 때는, 그게 그냥 부자를 뜻할 때다. 가끔은, 요행히도, 두 겹이었던 언어가 스스로 두 갈래로 갈라진다. 처음에는 좋은 가치를 지녔던 '구조structure'라는 단어도 너무 많은 사람들이 고정된 형태('도면plan' '도표schéma' '모형modèle'처럼)로 파악하면서 갑자기 그 가치가 하락했다. 다행히 '구조화structuration'라는 단어가 그 자리를 이어받아, 모범이 될 만한 강력한 가치를 내포하게 되었다. 구조'화', 즉 **하기**. '아무것도 아닌 것'이어도 도착倒錯****적으로 소비하기.

마찬가지로, 아니 훨씬 특별한 경우로, 좋은 가치를 갖는 건 **에로틱**érotique이 아니라, 에로틱'화'érotisation이다. 에로틱'화'는 에로틱한 것의 생산이다. 가볍고, 산만한, 수은을 함유한 것처럼. 응고되지 않고 흐르는 것. 수차례 이동하는 가벼운 연애는 적어도 주체에게는 주체에 일어난 일을 다 겪어내게 한다. 붙잡는 척하다가 이어 다른 사람을 위해 놓아버리는 일도

---

* Image의 어원인 고대 라틴어 Imago는 고대 로마인들이 죽은 아버지의 상을 빚어 아트리움이라는 공간에 놓은 것을 의미했다. 훗날 정신분석학 용어로까지 쓰게 되는 이 이마고는 실재하는 상이 아니라 부재하는 상, 그러나 더 강박적인 단정을 불러일으키는 상일 수 있다.

** 입말체로 의역했다. comble은 산꼭대기나 파도 마루처럼 곡선이 올라가다 최고치에 이른 정점을 뜻한다. 정점을 찍었다가 결국 하강 곡선을 그리듯 견해의 상반성도, 쾌락의 절정과 그 무력감도 이런 곡선 구조를 닮았다.

*** énantio는 대칭이라는 뜻으로, 적어도 두 개 이상의 반대되는 의미가 있는 단어를 뜻한다. 가령 프랑스어 hôte는 손님을 초대한 주인을 뜻하면서 동시에 주인의 초대를 받은 손님을 뜻한다. 이처럼 대립되는 것만 아니라 정확히 대칭되는 뜻을 갖는 단어를 특별히 더 지칭한다.

**** 이 단어는 앞으로도 자주 나오는데, 원어는 perversion이다. 보통 변태로도 번역하지만, 정신분석학에서 병리적으로 쓰는 도착증의 상태여서, 도착으로 번역하고 때에 따라 한자어를 병기했다. 흔히, 상상계의 동화성이 강화되면 집착이나 도착, 중독의 상태로 발현되기도 한다. 바르트는 다른 글에서도 이 단어를 즐겨 사용한다.

생긴다(그리고 가끔은 이렇게 너무 변화가 심한 풍경이 갑자기 느닷없는 부동성으로 잘리고 베어지기도 한다. 그게 사랑이다).

이중의 날것

날것은 음식과 언어에 다 해당한다. 이 모호어법amphibologie('귀중한')에서, 그는 자신의 오랜 화두인 **자연적인 것**naturel[●]이라는 문제로 되돌아갈 방법을 찾아낸다.

언어의 영역에서, 외연外延은 실제로는 사드의 성적인 언어로밖에 접근이 안 된다.[17] 더욱이, 그것은 언어학적 인공물에 불과하다. 이 인공물 덕분에 순수하고, 이상적이며, 신뢰할 만한 언어의 자연성에 대한 환상을 품게 되는데, 이것이 음식의 영역에서는 야채나 고기의 날것에 부합한다. 적어도 날것은 자연Nature이라는 순수 이미지를 띤다. 그러나 음식물이나 단어의 아담 시절 같은 이 순수 상태는 **유지할 수 없는 것**intenable이 되었다. 왜냐하면 날것은 날것 자체로가 아니라 즉각 그 기호로서 회수되기 때문이다. 이런 날것의 언어란 포르노그래피적인 언어이다(사랑의 쾌락을 히스테리적으로 흉내 내는). 이 날것은 문명화된 식사 문화에서 만들어진 신화적 가치나 일본 식사 문화에서 쟁반 하나에 잘 차려놓은 미학적 장식물에 불과하다.^{●●}

이 날것은 따라서 유사/사이비-자연pseudo-naturel이라는 꺼

림칙한 범주로 이동하게 된다. 언어의 날것 그리고 고기의 날것에 대한 강력한 반감이 생기는 것도 그래서다.

분해하다/파괴하다

지식인(혹은 작가)의 역사적 과제가 오늘날에는 부르주아 의식의 **분해**를 견지하고 강화해야 하는 것임을 인정하기로 하자. 그렇다면 이 이미지를 매우 정확하게 지녀야 한다. 다시 말해, 짐짓 이 의식의 내부에 머물러 있는 척하며 그 자리에서 그것을 하나하나 뜯어내고 약화해 무너지게 하는 것, 마치 설탕 조각이 물을 빨아들여 서서히 녹듯이. 따라서 여기서는 **분해**가 **파괴**와 대립한다. 부르주아 의식을 **파괴**하기 위해서는, 그 의식에서 벗어나야 하며, 이러한 외재성extériorité은 혁명적 상황에서만 가능하다. 중국에서는 오늘날 계급 의식이 분해가 아닌 파괴 일로에 있다. 그러나 다른 데서는(여기 그리고 지금), **파**

---

* 뒤에서도 보겠지만, 바르트가 쓰는 naturel은 nature와 다르다. naturel은 nature를 표방한 것, 기호화한 것이다. naturel이 형용사에 머물러야 하는데, 명사화되어 관사까지 붙은 것은 어떤 의미로 유사적인/사이비적인 자연일 공산이 크다. 달리 말하면 naturel은 nature로 결코 돌아갈 수 없음을 암시한다.

** 바르트가 『기호의 제국』에서 분석한 일본의 스키야키 같은 요리를 참조할 것. 자연에서 채취한 재료를 원 모양 그대로 배열해놓지만 더 이상 자연은 아니다.

괴는 결국 말parole이 자리 잡는 터를 재편성하는 일에 다름 아닌지 모른다. 이 말의 터의 유일한 성격이란 외연성이다. 밖을 향하되, 꼼짝도 하지 않는 말이다. 도그마로 가득 찬 언어가 바로 이런 것이다. 요컨대 **파괴하기** 위해서는, 우선 **뜀박질**을 해야 한다. 그런데 어디로 뛰는가? 건너뛰어서 어떤 언어로 들어가야 하는가? 착한 양심이 있는 터? 아니면 불성실이, 악의가 있는 터? 분해하면서 나는 이 분해와 동행하기로 한다. 나 자신도 그에 따라 분해될 테니까. 나는 옆으로 미끄러지고, 또 미끄러지지 않으려고 붙잡아보면서 그렇게 끌려간다.

H라는 여신

도착倒錯의 쾌락적 힘(이 경우는 호모섹슈얼리티homosexualité와 하시시haschisch˚의 두 개의 H)은 항상 과소평가 되었다. 법, 교리, 과학 등은 도착이 그저 **행복해지려고 하는** 거라는 걸 이해하고 싶어 하지 않는다. 더 정확히 말하면, 도착은 **그 이상**을 산출해낸다. 더 예민해지며, 더 지각이 살아나고, 더 말이 많아지며, 더 산만해지고 기타 등등. 그런데 이 **그 이상**에는 차이가 들어와 자리 잡는다(마치 삶의 텍스트가 들어서는 것처럼. 텍스트가 삶이 되는 것처럼). 그때부터 이것은 여신이 된다. 가호를 빌어볼 수 있는 형상이 된다, 중재의 길이 된다.

친구들

그는 니체에서 읽은 적 있던 용어 "모럴리티moralité"(고대 그리스인들에게는 이것이 몸의 모럴리티였다)의 정의를 찾는다. 그리고 이것을 "모럴morale"의 반대에 놓는다. 하지만 이를 개념화할 수 없다. 그에게는 다만 수련의 장場, 일종의 **토픽**topique*일 수 있기 때문이다. 그에게 이것은 명약관화 우정의 장이다. 아니면 차라리(왜냐하면 이 단어를 라틴어로 읽으면 너무 뻣뻣하고 근엄하기 때문이다) 친구들(친구들이라고 한 것은, 우발성—곧 차이성 안에서만 나를 내어주고, 나도 그들을 잡기 때문이다). 이런 **교양적** 정서 공간 속에서 그는 오늘날 이론이 탐색 중인 이 새로운 주제의 실천적 측면을 발견한다. 친구들은 그들끼리의 네트워크를 형성한다. 각자는 **외부에서 또는 내부에서** 서로 잡고 잡힌다. 각 대화는 헤테로토피아hétérotopie 상태에 놓인다. 이 욕망들 사이에 나는 어디 있지? 내 욕망 속에 나는 어디 있지? 우정이 지속되는 가운데 생기는 수천 개의 돌발적 사건들 때문에 이런 문제가 늘 나에게 제

---

* 아랍어로 대마 식물의 나뭇진으로 만든 약재이면서 담배나 마리화나 잎이나 다른 약초와 섞어 피우기도 한다.

** topos(일정한 자리 또는 장소)에서 파생하여, 다소 상투적인 주장이나 공리를 뜻하는데, 바르트는 topos보다는 atopos, topique보다는 atopique를 선호하는 편이다. 바로 이어 우정을 말하는 것도 이런 맥락에서인데, 장소를 차지하듯 우정도 고착되는 관계가 된다면 오히려 문제가 될 수 있다.

기되었다. 그날그날 되는 대로 절대 끝나지 않을 듯 뜨겁고 마법적인 우정이라는 텍스트가 쓰여진다.* 해방된 책의 눈부신 이미지 같은.

제비꽃 향기나 차의 맛을 분해할 때처럼, 서로가 분명 너무나 특수하고, 너무나 모방할 수 없고, 너무나 **이루 말로 표현할 수 없는** 각각의 요소들이 나타난다. 그 미묘한 조합은 실체이자 본질로서의 전적인 정체성을 산출한다. 그런 식으로 그는 각 친구의 정체성을 짐작한다. 그에게 사랑스럽게 보이는 각각의 요소가 아주 정교하게 정량되어 하나로 조합되려고 한다. 완전히 독창적인 그 무엇으로 조합되려는 찰나, 그날그날 되는대로 만들어진, 언제든 달아날 듯한 이 장면들 속에 함께 모여 있는 가느다란 선들. 이 선들 각자가 그 앞에서 자신만의 독창성을 눈부신 무대로 펼쳐놓는 것이다.

가끔, 옛날 문학에서, 분명 이런 어리석은 표현을 보게 된다. **우정이라는 종교**(신실함, 영웅성, 성욕의 부재). 그래도 종교만이 의식儀式이라는 매혹을 온전히 살려냈으니 나는 우정이라는 의식의 메뉴는 간직하고 싶다. 한 친구와 함께 과제로부터 해방되고, 근심으로부터 멀어짐을 축하한다. 도래할 일에 대한 지나치고 까다로운 축하. 이로써 무용한 보충물, 아니 도착적 쾌락이 생겨나기 때문이다. 그래서 마법처럼 이 단상이 다른 것들보다 훨씬 마지막에 쓰였다. 마치 친구에게 바치는 헌사처럼

(1974년 9월 3일).

절대적으로 순수한 **토픽**으로서의 우정에 대해 말하려고 애써야 한다. 그래야 우정이라는, 아니 정이라는 감정의 장에서 조금은 내가 벗어날 수 있다―우정이 아무런 **불편함 없이** 말해져서도 안 된다. 그도 그럴 것이 이런 게 다 상상계**의 질서에 따르니까(혹은 상상계가 너무 가까우면 내가 불타버릴지 모르므로, 이를 약간은 거북하게 인지하는 것이다).

---

* '우정'에 대한 사색과 연구는 많은 프랑스 작가들과 철학자들에 의해 이뤄졌다. 조르주 바타유, 모리스 블랑쇼 등은 "공모적 우정". 즉 관계 맺기의 우정이 아니라 관계 맺지 않으면서 관계하는 자유로운 우정을 강조한다.

** 상상계는 정신분석학의 장에서 점선이 아닌 실선으로 표시되는데, 즉 동화성의 표상으로 너와 내가 하나로 이어져 있다는 의미이다. 그런데 현실에서는 결코 그렇지 못하다. 우정은 소중하나 동화성을 지나치게 요구하지 말아야 한다는 의미이다. 상상계가 타자와의 관계에서 작동하면 도착성, 집착성, 중독성으로 변할 위험이 있다.

우선적 관계

그는 배타적 관계를 찾지 않았다(소유, 질투, 이런저런 장면들). 그렇다고 보편적인, 즉 공동의 관계를 찾지도 않았다. 그가 원한 것은, 매번 우선적 관계였다. 민감한 차이가 느껴지고, 목소리마다 들어 있는 고유한 입자들처럼 비교 불가능한 독특함으로 자연스럽게 정이 쏠리는 그런 관계. 역설적이게도 이런 우선적 관계에서는 그 어떤 장애물도 없어 이 관계를 증식시킬 수 있었다. 요컨대, 특별한 우선성만 있으면 되었다. 그리하여 우정의 영역은 이원적 관계로 채워졌다. (친구를 보아도 한 사람씩 봐야 하니 상당한 시간 손실이 있다. 그룹이나 무리, 사교계 모임에 대한 저항.) 찾고 찾은 것은 등가성 없는 복수성. 무심함 없는 복수성.

위반의 위반

성의 정치적 해방. 이것은 성에 의한 정치의 해방이자, 역으로 정치에 의한 성의 해방이므로 이중의 위반일 수 있다. 그런데 이건 아무것도 아니다. 이른바 정치적 성politico-sexuel을 발견하고, 재인식하고, 편력하고, 해방했으므로, 이제 여기에 **실오라기 같은 감상주의**를 다시 집어넣는다고 상상해보자. 그렇다면 이게 **최후의** 위반이 될까? 위반의 위반이므로? 왜냐하면 결국은 그게 **사랑**이니까. 결국은 되돌아올. 하지만 **전혀 다른 자리**로.

2도와 그 밖의 것들

나는 쓴다. 이것이 언어의 제1도이다. 이어, 나는 **쓴다고 쓴다**. 이것이 제2도이다. (이미 파스칼이 말했다. "달아나는 생각, 나는 그것을 쓰고자 했다. 아니 그 대신, 나는 그것이 나에게서 달아났다고 쓴다.") 우린 오늘날 이런 제2도의 글쓰기를 어마어마하게 소비하고 있다. 우리 지적 노동의 상당 부분은 점진적으로 배치된 여러 도度들을 부각하면서 발화된 내용이 무엇이든 상관없이 그 발화 내용에 대해 이런저런 혐의점을 드러내는 일이다. 이 층위는 무한하다. 단어마다 깊은 구렁이 보인다. 언어의 광기, 우리는 이것을 학문적으로 **발화행위**라 부른다. (우리는 **우선** 전략적 이유로 이 깊은 구렁을 열어버린다. 발화된 것의 자기 심취, 학문이라는 이름의 오만을 우선 깨뜨린다.)

제2도는 살아가는 방법이기도 하다. 어떤 발언, 어떤 공연, 어떤 몸에 있는 안전장치로서의 홈을 뒤로 당기기만 해도, 우리가 가졌던 그간의 취향, 우리가 줄 수 있었던 의미 등을 완전히 뒤집을 수 있다. 이른바 제2도로서의 에로틱한 것들과 미적인 것들이 존재한다(가령, 키치 예술). 심지어 우리는 제2도의 것들만 좋아하는 마니아가 될 수도 있다. 외연성만 있는 것, 자의적인 것, 허튼 객설, 평범하고 뻔한 것, 순진무구한 반복 같은 것은 다 손사래 치기. 탈구된 것, 대열에서 이탈한 것, 그런 힘을 약하게나마 증명하는 언어들만 용인하기. 가령 패러디, 모호어법, 불법적인, 은밀한 인용. 언어는 생각되는 순간 부식된다. 한데 이걸 **무한히** 하는 것을 멈춰서도 안 된다. 만일 내가 제2도에 머물러 있다면, 나는 현학적이라는 비난을 받게 마련이다(불교에서는 단박에 깨치라고 한다).* 그런데 만일 내가 이 (이성이라는, 과학이라는, 도덕이라는) 안전장치 홈을 제거한다면, 다시 말해 내가 발화행위를 **마구 도는 바퀴**에 매단다면, 끝도 없이 이탈하는 길을 걸어갈 것이다. 나는 언어라는 이 **좋은 의식**意識장치를 폐기할 것이다. 모든 담론은 이 여러 도度들의 놀이에 불과하다. 이것을 **바트몰로지** bathmologie**라 부를 수 있다. 완전히 새로운 학문 개념이 들어서려면, 신조어는 과장만 아니라면 불가피하다. 바트몰로지는 언어의 층위를 연구하는 학문이 될 것이다. 이건 전대미문이 될 것이다. 왜냐하면 기존의 심급審級을 무너뜨릴 것이기 때문이다. 표현, 읽기, 듣기 같은 지극히 익숙한 단계들('진실성', '현실성', '진정성' 같은 원칙)도 동요할 것이다. 바트몰로지는 계단을 껑충 뛰어 올라가듯, 모든 **표현**을 건너뛰어버릴 것이다.

언어의 진실로서의 외연

팔레즈 약국에 부바르와 페퀴셰***는 방수 시험을 거친 대추 페이스트****를 제출한다. "그건 돼지비계 외양에 젤라틴의 외연을 하고 있다." 외연은 과학적 신화일 수 있다. 언어의 실상이라는 신화. 마치 모든 문장이 그 안에 **에티몬**étymon(기원과 진실)를 지니고 있듯. **외연/내포**Dénotation/Connotation. 이 이중 개념은 따라서 진리의 장에서만 그 가치를 갖는다. (그 신화를 벗기고자 하는) 몇몇 메시지를 시험해야 할 때마다 나는 그것을 외부 심사에 맡긴다. 그래서 나는 일종의 이 우아하지 못하나 사실적인 하층 형태의 돼지비계로 축소하는 것이다. 따라서 외연과 내포를 대립적으로 사용한다면, 그것은 화학적 분석 경험과 유사한 비평 작업의 틀 안에서만이다. 진실을 믿을 때마다

---

* 바르트는 이를 "toute réflexivité simple"이라고 표현했는데, 불교에서 말하는 돈오돈수頓悟頓修를 의미하는 것으로 보인다. 불교의 수행 방식에는 단박에 깨치는 돈오돈수와 깨닫고도 계속해서 생각하고 수행하는 돈오점수頓悟漸修가 있다.

** bathmós는 그리스어로 어떤 정도나 한도를 뜻하는 도度(가령, 온도, 각도 등)라는 뜻이고, 바르트가 자주 쓰는 프랑스어로는 degré이다. 여기에 담론이나 학문을 뜻하는 접미사 '-logie'를 붙여 바르트가 1975년 무렵 만들어낸 신조어이다.

*** 『부바르와 페퀴셰(Bouvard et Pécuchet)』는 귀스타브 플로베르의 유고작으로, '인간의 어리석음에 관한 백과사전'이라는 부제가 붙었다. 부바르와 페퀴셰라는 두 주인공은 농사가 실패한 원인을 찾다가 책을 통해 자신들의 문제점을 찾지만, 당대의 수많은 학문과 사상이 이들의 이야기에 다시 뒤섞여 들어오면서 이론이 적용되기 힘든 현실의 문제를 우회적으로 비판하기도 한다.

**** 갈거나 개어서 풀처럼 만든 것. 육류나 토마토, 과일, 야채 등을 섞어 만들어 빵에 발라먹거나 요리의 소스로 쓴다.

나는 외연이 필요하다.*

그의 목소리

(이건 누군가의 목소리 문제가 아니다.—아니, 그거다! 정확히 말하면, 그게 문제가 된다. 항상 그 누군가의 목소리가 문제가 된다.)

나는 조금씩 그의 목소리를 있는 그대로 **돌려보려**rendre 한다. 그래서 형용사적 접근을 해본다. 민첩한, 약한, 젊은, 약간 갈라진? 아니다, 정확히 그것도 아니다. 오히려 영어식 여운이 남아 지나치게 교양적인? 아니면, 짤막한? 그렇다, 더 발전시켜보면, 짤막하게 말하지만, 자기 생각을 분명히 표현하고, 자신을 추스르기 위해 몸을 뒤튼다(아니면 찡그린다). 말한다기보다 스스로 논쟁하다 지쳐 실어증의 위협을 느끼듯 언어를 상실한 주체처럼 기진맥진 쓰러질 것 같은 몸이다. 전자와는 반대로, 이것은 **수사적 기교가 없는** 목소리(다정함이 없는 건 아니고)다. 이 모든 목소리를 위해, 좋은 메타포를 만들어야 한다. 한 번 만나면 영원히 당신을 사로잡을 메타포. 그러나 난 그걸 못 찾고 있다. 내가 가진 교양 문화에서 나온 단어와 이 이상한 것(단지 소리만 그런가?), 내 귓가에서 어렴풋이 되살아나는 것 사이에 너무나 큰 균열이 있어서다.

이 불능은 이 때문인 것 같다. 목소리란 **이미** 죽은 것이다. 그런데 우리가 이것을 산 것이라 부르는 것은, 너무 절망한 나머지 그것을 부정하고 싶어서다. 치유 불가능한 이 상실을 가리켜 우리는 **억양**inflexion이라 한다. 인-플렉션. 안으로 들어가 구부러짐. 지나간 것, 그래서 죽은 것 안에 있는 목소리가 바로 이것이다.

이로써 **묘사**déscription라는 것도 이해된다. 그것은 오브제를 믿는 척한다는 것이다(-인 척한다는 것은, 실제를 거꾸로 뒤집어 환각한다는 것이다). 즉 살아 있는 오브제를 믿는 척하며, 죽게 마련이 오브제의 고유성을 표현해보려고 무진장 애를 쓰는 것이다. '생생하게 하다'는 곧 '죽은 상태를 보다'일 수 있다.**

형용사란 이런 환각의 도구이다. 무슨 말을 하든, 단지 그 묘사 능력 때문에 형용사는 죽음을 떠오르게 하는 음산한 것이다.

---

* 돼지비계와 대추 페이스트는 전혀 다른 사물이자 실체로, 이것이 만일 하층에 있는 내포라면, 둘의 공통적 속성을 추출한 외연은 젤라틴이 된다고 가정해볼 수 있다. 우리는 언어의 기표, 즉 외연을 보면서 그 기의, 즉 내포 또는 함의를 생각하는데, 이것이 기존의 구조주의 방법론이라면, 바르트의 방법론은 다르다. 외연은 일종의 제3항, 즉 두 개의 다른 이질적 항의 공통적 속성을 추출한 것으로, 외연을 언어의 진실로서 상정해볼 수 있게 되는 것이다.

** 가령, 정물화를 프랑스어로는 Nature morte라고 하는데, 뒤의 morte(죽은)가 형용사다. 정물화란 자연의 과일이나 채소 등을 생생하게 그리는 것이지만, 왜 형용사 morte(죽은)를 쓸까? 오브제를 그린다는 것은/묘사한다는 것은 바르트의 말마따나 오브제가 살아 있다고 믿는 척하며, 죽게 마련인 오브제의 고유성을 표현하는 것일지 모른다.

떼어놓기

떼어놓기는 고전 예술의 핵심적 동작이다. 화가는 선을, 명암을 떼어놓고, 필요하면 이를 확대하거나 반전시키며 작품을 만든다. (뒤샹의 오브제나 모노톤의 표면처럼) 무미 또는 자연미를 추구하는 작품은 물리적 맥락(벽, 길)을 뛰어넘어 어쨌든 작품으로 나오고, 아니 더 극단적으로 작품으로 승화된다. 이런 점에서 예술은 사회 과학, 문헌학, 정치학의 대척점에 있다. 왜냐하면 이 학문들은 분리 구분한 것을 끝없이 통합하기 때문이다(아니면 단지 **통합하기**intégrer 위해 분리 구분했을 것이다). 따라서 예술은 결코 편집광일 수 없다. 차라리 예술은 도착이거나 페티시즘이다.

변증법

이 모든 게 그의 담론은 두 항의 변증법에 따라 진행되고 있음을 지시하는 듯하다. 통상적 견해와 이와 상반된 것. 이른바 독사와 파라독사paradoxa,* 즉 통념과 역설, 아니면 고정관념과 혁신, 아니면 피로함과 상쾌함, 아니면 의욕과 권태. 아니면, **나는 좋아한다/나는 좋아하지 않는다**. 이런 양항적 변증법은 의미 자체의 변증법(**표시되었거나/표시되지 않았거나**), 그러니까 프로이트적 놀이의 변증법(**포르트**Fort/**다**Da)**이다. 그것은 가치의 변증법이기도 하다. 하지만 이게 정말 사실일까? 그에게는 전혀 다른 변증법이 그려지면서 발화되려고 한다. 그의 눈에는 용어의 모순이 보인다. 그러면서 세 번째 항에 자리 내주는데, 앞 두 항을 종합하는 것이 아니라, 거기서 떨어져 나간 뒤 다시 **출발**départ하는 것이다. 모든 게 되돌아온다. 그러나 픽션fiction으로, 가공으로 돌아온다. 즉 전혀 다른 나선으로의 회전.

복수, 차이, 갈등

그는 모호하긴 하지만 **복수주의**pluralisme라 불리는 일종의 철학에 자주 도움을 청한다.

그런데 혹여 이런 복수성에 대한 고집이 성性의 양항성을 부인하는 어떤 방법이어서는 아닐지? 남성과 여성이라는 두 성의 대립이 자연의 법칙일 수는 없다. 따라서 대결을, 이른바 계

---

* 그리스어가 어원인 para는 '옆쪽에 있는' 또는 '옆으로 기울어진'이라는 뜻이다. 산의 양 능선이나 펼친 우산의 양면 등 바로 이어져 있으면서도 오름과 내림처럼 서로 상반된 방향이나 의미를 갖는다.

** 프로이트는 어린 손주가 실이 감긴 실패를 풀어 멀리 보내면서 포르트(Fort) 하고 외치고, 다시 실을 감으면서 다(Da)를 외치는 걸 보았는데, 여기서 착안해 붙인 이름이다. 실패는 아이에게 상징적인 어머니이다. 독일어로 Fort는 '사라졌네/가버렸네/없네'라는 뜻이고, Da는 '여기 (있네)'라는 뜻이다. 어린아이는 엄마와의 분리 고통 속에 '포르트/다'를 스스로 미리 외치면서 불안과 공포를 완화하고 이 행위를 반복함으로써 자기 방어 기제로 사용할 수 있게 된다.

열을 와해해야 한다. 의미와 성性을 동시에 복수화해야 한다. 그러면 의미는 더 증식을 향해, 더 분산을 향해 나갈 것이다 (텍스트의 이론에서도). 성은 그 어떤 유형학에도 갇히지 않을 것이다. (가령, 유형이 있다면, 동성애들des homosexualités*만 있게 될 것이다. 이런 복수성은 이미 성립된, 중앙집권화된 성에 관한 담론을 좌절시킬 것이다. 이에 대해 말하는 게 쓸데없는 일처럼 보일 정도로.)

마찬가지로 집요한, 그래서 매우 찬사받는 단어 **차이**différence가 특히 가치가 있다면, 갈등을 면제받기, 아니 이겨내기 때문이다. 성적인 갈등, 의미작용이 생기는 갈등. 차이란 복수성이며, 그래서 관능적이고, 그래서 의미가 생긴다. 의미 그리고 성은, 건축과 구성의 원칙이다. 차이란 빛 가루가 뿌려지고 흩어지며, 일렁이고 빛나는 모습 같다. 내 앞의 세계를 읽거나, 주체 또는 주제를 읽을 때, 더 이상 거기서 대립과 양립을 되찾는 게 아니라, 범람을, 잠식을, 탈주를, 미끄러짐을, 이동을, 이탈을 되찾아야 한다.

프로이트에 따르면(『모세』**에서), 약간의 차이가 인종주의를 만들었다. 그러나 훨씬 많은 차이가 생기면, 인종주의가 사라져 다시는 발을 붙이지 못할 수도 있다. 평등화, 민주화, 대중화 같은 온갖 노력을 해보았지만, 다른 인종에 대한 불관용이라는 작은 싹, '가장 작은 차이'를 몰아내는 데 이르지는 못했다. 그래서 필요한 것은, 복수화하기, 미묘하게 만들어 더욱 정교하게 만들기. 어떤 재갈도 물리지 않아 지나치다 할 정도로.

분할의 취향

분할의 취향. 소분小分, 미세화, 테두리, 눈부신 간결성(보들레르의 말에 의하면, 이런 게 하시시 효과다), 들판 구획, 창문의 격자, 하이쿠, 선, 글씨, 파편, 사진, 이탈리아식 무대. 간단히 말해, 의미론 연구자들에 의해 분절된 그 모든 것들, 또는 물신 숭배자들이 숭배하는 그 모든 물적 재료들. 이런 취향은 진보적이라고 선포되었다. 상승 계급의 예술은 이른바 틀 씌우기encadrement***를 통해 진전되었다(브레히트, 디드로, 아인슈타인).

---

* 원문은 부정관사 복수형 des를 쓰고, 이를 이탤릭체로 강조했다. 정관사를 쓰면 일반화, 개념화, 총칭화하는 것이지만, 복수형 부정관사를 쓰면 있는 그대로의 현실적인 복수를 가리킨다.

** 프로이트가 쓴 『모세와 일신교(Der Mann Moses und die monotheistische Religion)』(1939)는 모세와 일신교의 기원을 동시에 다룬다. 또한 모세를 살해된 아버지의 대리자로 보면서 아버지 살해에 대한 죄책감과 보상 심리 등을 설명한다.

*** 그림에 틀(액자)을 끼워야 전시회장의 벽에 걸리듯 사회적 재현 및 표상은 흔히 이런 프레임(또는 프레임 전환)에 의해 작동된다.

피아노 운지법……

피아노에서 '운지법'은 우아함이나 섬세함의 가치를 나타내는 게 아니다(그런 것은 '터치'라고 한다). 그건 다만 이런저런 음을 연주할 때 몇 번째 손가락을 써야 하는지 알려주는 것이다. 고심해서 만든 것으로, 그대로만 따라 하면 손이 곧 자동적으로 된다. 요컨대 동물적 본능을 기계적으로 프로그래밍해 놓은 것일 수 있다. 그런데 내가 연주를 잘 못 한다면—순전히 근육 문제로, 빠른 손놀림이 잘 안 되어서다—, 그건 내가 운지법을 거의 안 지켜서다. 나는 매번 즉흥적으로 손가락 자리를 정한다. 그러다 보니 틀리지 않고 연주한 적이 한 번도 없다. 내가 원하는 것은 즉각적 소리의 쾌락이다. 조련의 지겨움을 거부하는 것이다. 왜냐하면 조련은 쾌락을 방해하기 때문이다—사실, 조련도 필요하긴 하다. 나중에 있을 더 큰 쾌락을 위해서 말이다(오르페우스에게 하계의 신들이 말한 것처럼,* 피아니스트에게도 그 비슷한 말을 한다. 당신 연주의 효과와 그 결과를 **미리** 돌아보지 말 것). 실제로는 닿지 않았는데 상상되는 완벽한 소리, 그 속의 작은 한 조각. 이것은 마치 환각의 맨 끝처럼 여겨진다. 나는 환각의 체계에 준하는 이 단어에 기쁘게 순응한다. "**당장, 바로!**". 상당한 현실적 손실이 있어도 그만한 가치가 있지 않을까.

나쁜 오브제

그의 담론에서 상당히 많이 사용되는, 독사(견해)는, **나쁜 오브제**에 불과하다. 내용이 아니라 오로지 형태로 정의하기 때문이다. 이 나쁜 형태는 그렇다면 의심할 바 없이, 반복된다.—아니, 반복되어 때로 좋은 것도 있지? 그걸 **테마**thème라 한다. 비평적인, 좋은 오브제로, 반복되어 좋은 어떤 것?—이런 좋은 반복은 몸으로부터 온다. 독사가 나쁜 오브제라면, 그것은 죽은 반복이기 때문이다. 누군가의 몸에서 온 것이 아닌 것—아니면, 아마도, 정확히 말하면, 죽은 자들의 몸에서 온 것.

독사와 파라독사

반응형 형성. **독사**(통념)가 자리 잡으면, 참을 수가 없다. 거기서 빠져나오기 위해, 나는 파라독사를 전제한다. 그러면 이 파라독사에 끈적한 것이 생겨, 자체적으로 굳는다. 이 새로운 응고물이 곧 새로운 **독사**이다. 그러면 이제 또 다른 새로운 파라독사를 향해 나아가야 한다.

---

* 오르페우스는 신혼이 얼마 지나지 않아 죽게 된 아내 에우리디케를 찾으러 하계로 내려간다. 마침내 하계의 신 하데스를 만나 간청한 끝에 에우리디케를 되찾아 오지만, 조건이 따른다. 에우리디케의 손을 잡고 지상으로 올라가되, 뒤따라오는 에우리디케를 결코 뒤돌아보지 말 것. 그러면 영원히 에우리디케를 잃게 될 것이므로.

이 과정을 다시 해보자. 작품 저 기원에는, 사회적 관계라는 탁한 더께, 이른바 가짜 자연이 있다. 첫 번째 흔들기로, 신화가 벗겨진다(『신화학』). 이렇게 탈신화화된 것이 반복 속에 고착된다. 그러면 또 들어서 옮겨야 하는 것은, 이 탈신화화된 신화학이다. 이제 기호학science(하나의 가정으로 내세워진 것에 불과한)이 이를 흔들어 생기를 준다. 그런데 어떤 방법을 제시하더니 짐짓 자세를 갖추고 신화적 포즈를 취한다. 온 팔을 벌려 상상적 세계를 껴안는다. 기호적으로 보려는 소망을 넘어 이른바 기호학자들의 학문(종종 매우 울적한)이 들어선다. 그렇다, 이제 이를 스스로 잘라내야 한다. 이 학문화된 이성적 상상계에 욕망의 씨앗과 몸의 호소를 집어넣어야 한다. 이것이 이른바 '텍스트', '텍스트'론이다. 그러면 다시 '텍스트'는 굳어버릴 위험이 있다. 누굴 기쁘게 하고 싶은 욕구보다 독서의 요구를 증명하듯 광택도 안 나는 탁한 텍스트가 된다. 그리고 이것을 반복한다. 이를 화폐화한다. 텍스트가 허튼 수다로 타락할 지경이다. 이제 어디로 가지? 나는 지금 그 지점에 있다.

나비처럼*

이건 미친 짓이다. 그의 작업은 그를 지겹게 하고, 위협하고, 곤경에 처하게 한다. 그럴 때마다 이 자가 기분전환을 위해 할 수 있는 게 고작 이거라니, 그것도 시골에서(시골에서까지 와서 자기가 쓴 것을 다시 읽고 있으니 말이다). 작업하면서 내가 5분마다 가만히 못 있고 하게 되는 것들의 목록. 파리 살충제 뿌리기. 손톱 자르기. 자두 하나 먹기. 오줌 싸러 가기. 수돗물에서 아직도 흙물이 나오는지 확인하기(오늘도 수도가 고장 났다). 약국에 가기. 나무 위에 자두 열매가 몇 개나 익었는지 보러 가기. 신문 보기, 내 종이 뭉치들을 고정할 장치를 만지작거리기, 기타 등등. 그러니까, 나는 **드래그하고**je drague** 있는 것이다.

(이 드래그는 푸리에가 변이, 대안, 나비 짓이라 명명했던 것과 같은 열정의 사안이다.)

---

* La Papillonne. 바르트가 이어 직접 말하지만 공상적 사회주의자 샤를 푸리에가 인간이 느끼는 권태를 해결하기 위해 실제로 만든 신조어로, 일종의 고유명사이다. 그러나 그 비유적 의미를 살려 의역했다. Papillon은 나비를 뜻하고, Papilloner는 나비처럼 훨훨 날아다니듯 이리저리 다니는 행동이다.

** 한 단어로 옮길 수 없을 만큼 다중적 의미가 있다. 바르트는 이 다중적 의미를 모두 중첩하여 쓰고 있으므로 그대로 음독했다. 특히나 요즘 흔히 쓰는 외래어 표현이어서 그대로 살렸다. draguer의 첫 번째 뜻은 '쓰레그물로 조개를 잡다'이다. 강을 준설할 때도 여러 도구를 이리저리 휘저으며 강의 흙을 쓸어모은다. 요즘 자주 쓰는 마우스를 드래그하는 손동작도 여기서 기인한다. 꼬리를 이리저리 흔들며 누군가를 유혹하거나, 나비처럼 이 꽃 저 꽃 옮겨 다니는 동작 때문에 누군가를 꾄다는 뜻으로도 파생되었다.

양가적 모호어법

'지성'이라는 단어는 지성 작용 또는 공모 능력을(**누구와 한 통속이다**……) 가리킨다. 보통 문맥contexte은 의미 중 하나를 선택하거나, 다른 하나를 잊어버려야 파악된다. 그러나 중의적 단어를 만날 때마다 R. B.는 반대로 단어에서 두 의미를 모두 취한다. 마치 하나가 다른 하나에게 눈짓을 하는 것 같아서이다. 단어의 의미는 이 눈짓 안에 있다. 이 눈짓은 하나의 **같은 문장** 안에서 하나의 **같은 단어**를 만든다. 다시 말해, **같은 시각**에 두 개의 다른 것이 만들어지는 것이다. 그래서 우리는 한 의미를 다른 의미를 통해 의미론적으로 즐긴다. 이 단어들이 '정교하고도 모호하게' 여러 차례 말해지는 것도 그래서다. 그 어휘의 핵심 때문이 아니라(왜냐하면 어떤 단어든 어휘적으로는 여러 의미를 가질 수 있으므로) 일종의 **운**, 즉 좋은 자리 배치 덕분이다. 언어의 배치가 아니라 흐르는 말 속의 배치 덕분이다. 나는 그래서 이런 양가적 모호어법을 더욱 **실행한다**. 지적인 단어를 참조하는 척하면서, '지성'을 말하지만, 실은 '공모적' 의미가 **그냥 들리게** 하는 것이다.

이 양가적 모호어법의 예는 지극히(비정상적으로) 많다. **부재**Absence(사람의 부족/정신의 방심), **알리바이**Alibi(다른 장소/사법적 변명), **포기**Aliénation*('사회적으로도, 정신적으로도 좋은 단어'), **공급하다**Alimenter(냄비에/대화에), **타버린**Brûlé(불에 타거나/가면이 벗겨져 발각되거나), **원인**Cause(도발하다/껴안다, 한눈에 보다)**, **인용하다**Citer(소환하다/복사하다), **납득하다** Comprendre(포함하다/지적으로 파악하다), **용적**Contenance(채울 수 있는 가능성/처신 방식), **날것**Crudité(음식/성적인 노골성), **펼치다**Développer(수사적 의미/경륜競輪 바퀴), **산재된**Discret(불연속적/신중한), **전범**Exemple(문법의 차원에서/일탈의 차원에서), 표현하다exprimer(즙을 짜다/안에 있는 것을 드러내다), **꽂히다** Fiché(못에 박히다/서류에 분류되다, 당국에 찍히다), **끝**fin(한

---

* Aliénation은 특히나 모호어법의 탁월한 예다. 맥락마다 완전히 다른 뜻으로 쓰일 수 있어, 번역할 때 늘 유의해야 한다. 바르트도 이 단어만큼은 다른 예시와 다르게 양가적 단어를 제시하지 않고 '사회적', '정신적' 차원에서 달리 어떻게 쓰이는지만 암시했을 뿐이다. 어원과 그 조어 방식으로만 보면, 이어져 있거나 붙잡고 있는 끈(lien)을 살짝 놓은 상태이다. 완전히 놓지도 붙잡지도 않은 이 모호함 때문에 수많은 상반된 뜻을 만들어낸다. 카를 마르크스도 이 단어를 특수한 중의적 의미로 쓴 바 있다. 그런데 바르트는 불쑥 '좋은 단어'라고 말한다. 속박보다는 이완, 즉 자유로운 상태이기 때문일까? 경제적, 법적 용어로는 양도나 분양을 뜻한다. 일견 좋은 뜻 같으나, 권리의 포기 상실이라는 측면에서는 나쁜 뜻 같기도 하다. 정신적으로는 마음이 멀어져 편해진 상태를 뜻한다. 그러나 멀어져 반감이나 적대감이 드는 상태이기도 하다. 더 극단적으로는 정신적 실성, 망상, 광기를 뜻하기도 한다. 집단 사회로부터 거리를 두어 무심해진 상태, 그러나 동시에 소외된 상태이기도 하다.

** 원문에는 양가적 의미를 살려 두 개의 단어만 제시되어 있다. 이는 '/' 표시로 구분한다. 그런데 프랑스어 차원이지 한국어와 등가적인 것은 아니므로, 필요한 경우 우리말 번역어를 몇 개 더 제시했다. 이는 ',' (쉼표)로 구분하여 열거했다.

계/목표), **기능**Fonction(관련/용도), **신선함**Fraîcheur(온도/새로움), **때리기**Frappe(주조, 각인/타짜, 부랑아), **차이 없음**indifférence(무관심, 무심함, 초연함/무차별), **능숙한 일**Jeu(놀이/기계 부품 작동), **떠나다**Partir(멀어지다/마약에 취하다), **더럽힘**Pollution(오염/수음), **사로잡다**posséder(가지다/지배하다), **속성**Propriété(재산/용어), **질문하다**Questionner(심문하다/고문하다), **장면**Scène(연극 무대/부부싸움), **감각**Sens*(방향/의미), **-하기 쉬운**Sujet**(행동의 주체/대화의 대상), **미묘하게 하다**Subtiliser(정련하다/사취하다), **선**Trait(문양으로/언어로), **목소리**Voix(음성, 문법의 태態), 기타 등등.

아다드addâd, 이런 첩음처럼 들리는 것. 아랍어 단어들에는 절대적으로 상반된 두 의미를 갖는 단어들이 있다.18 그리스 비극은 이중적 공모 공간이기도 한데, 여기서 "관객은 각 등장인물이 자신을 위해 또는 상대역을 위해 말하는 것 그 이상을 듣게 된다."18 플로베르('오류'에 대한 강박에서 생긴 그 특유의 문체)***와 소쉬르(옛날 시행時行에서 철자 바꾸기 어법을 찾는 데 몰두한다)의 청각적 착란. 결론적으로 말해, 기대하는 바와 달리, 여기서 찬사되고 추구되는 것은 다의성(의미의 다중성)이 아니라, 바로 양가적 모호어법의 이중성이다. 환상은 다 듣는 것(그게 무엇이든)이 아니라, **전혀 딴 것**autre chose을 듣는 것이다(이런 점에서 나는 텍스트론을 옹호하지만, 일면 고전적 입장에도 서 있다).

* Sens의 첫 번째 뜻은 '감각'이다. 감각은 구체적인 것이어 부정관사 복수형을 주로 써 des sens로 표현한다. 여러 감각의 총합, 혹은 그 층위 자체로 질적 변화를 할 때, 정관사 단수형의 le sens가 될 수 있다. 이로써 '의미'라는 뜻을 갖는다. 프랑스어의 부정관사는 구체성을 띠고, 정관사는 추상성을 띤다고 할 수 있는데, 처음부터 추상성이 제시된다기보다 구체성이 먼저 전제되고 그것의 총합적·질적 변화가 추상성일 수 있다.

** Sujet는 어원으로만 보면 sub(아래)와 Jeter(던지다)의 조합이다. '아래로 몸을 던지다/나자빠지다'. 현재 주로 통용되는 '주체' 또는 '주제'는 훨씬 나중에 파생된 의미여서 맨 앞의 제시어 번역은 의미가 미리 확정되지 않게 첫 번째 뜻으로 번역했다. 첫 번째 뜻은 명사보다 형용사로 먼저 파악된다. '-하기 쉬운', '종속되기 쉬운', '지배당하기 쉬운'이라는 뜻이다. 이어 두 번째 뜻은 군주의 지배하에 놓인 신민 또는 신하이다. 이어 전혀 상반된, 더 이상 종속적이지 않은 행동하는 '주체'라는 뜻이 생겨난다. 바르트가 앞에서 말한 독사와 파라독사의 관계처럼 연이어 양가성이 생기는 모호어법의 예시로 드는 것도 그래서이다. 그런데 이어 '주체' 아닌 '대상'이라는 뜻도 생겨나는데, 주로 '대화'의 대상을 의미한다. 그래서 주제, 테마라는 뜻도 갖는다.

** 플로베르의 문체에서 느껴지는 완벽주의는 이른바 '일물일어-物-語'라는 표현으로 회자되지만(플로베르의 편지글에서 발견되는 그의 언어관 및 문학관을 한 일본인 학자가 이런 한자어로 번역하여 표현한 것이지, 플로베르가 쓴 표현은 아니다), 플로베르의 글에는 상당히 많은 쉼표가 찍혀 있어 이를 단속적(saccadé, 斷續的) 문체라고도 한다. 정교하게 이어지지만, 중간에 수많은 불연속적 쉼표와 호흡으로 이루어져 있어 분명한 청각적 효과를 준다.

붕대를 비스듬히 매듯

한편으로는, 그가 (영화, 언어, 사회와 같은) 커다란 지식 대상을 말할 때는 전혀 기념할 만한 게 아니다. 논고(어떤 것에 관한 사전식 항목 기술)는 거대한 쓰레기와 같다. 적절함은, (그런 게 있다면), 자잘하고 사소한 것으로, 주로 여백에, 삽입절에, 괄호 안에 **붕대를 비스듬히 매듯**en écharpe*있다. 이것은 주체 목소리의 **오프**off 모드이다.

다른 한편으로는, 그는 그에게 가장 필수적이고 항상 사용하는(단어로 포섭된) 개념들은 절대 설명하지 않는다(정의조차 하지 않는다). **독사**가 부단히 소환되지만, 정의되는 건 아니다. 독사에 관한 그 어떤 한 조각의 정의도 없다. **텍스트**는 은유적으로만 접근된다. **텍스트**는 점술사의 영역**이거나 쿠션이 달린 긴 의자, 다면체 큐브, 가루약, 알약, 유당이 섞인 환약, 일본식 스튜,*** 시끌벅적한 장식, 많은 끈, 발랑시안 레이스, 모로코의 와디,**** 고장난 텔레비전의 칙칙거리는 화면, 페이스트리 반죽, 양파 기타 등등. 그리고 (백과사전에 들어갈) 텍스트에 '관한' 논고를 만들 때는, 굳이 부인할 것 없이(절대 부인하지 말 것. 왜? 무엇의 이름으로? 현재의 이름으로. 현재도 하고 있으니까), 이것은 지식을 위한 노고이지, 글쓰기를 위한 노고는 아니다.

공명실

그를 둘러싸고 있는 체계와 관련지어보면, 그는 무엇일까? 어떤 공명실? 그는 생각들을 잘 재생하지 못한다. 단어들을 따라가면서 마치 오마주하듯 어휘들을 방문한다. 그리고 하나의 이름하에 여러 개념들을 중얼중얼 반복하며 **염불한다**
invoque.•••••

여기서 이름이란 그에게는 (철학적 표기법으로 사용하는)

---

* 바르트의 이 글에도 눈에 확연한 특징이지만, 수많은 쉼표와 괄호 또는 줄표 등이 있다. 바르트는 이를 두루 비유적으로 가리켜 en écharpe라고 하고 있다. écharpe는 몸이나 목에 비스듬히 두르는 스카프나 천, 붕대 일체를 의미한다. 일종의 보호 장치이지만, 정면으로 대거나 정확히 대지 않고 비스듬히 대충 댄다는 의미이다. 바르트가 쓰는 이 모든 괄호나 줄표 등도 대충 대지만 이런 주체의 off 목소리가 더 의미론적으로 중요함을 암시한다.

** 여기서 점술사는 고대 로마의 제물의 내장을 보고 점을 치던 예언가를 가리키므로, 이 영역은 점술사에게는 내장이지만, 작가에게는 텍스트 영역일 수 있다.

*** 스키야키를 뜻한다. 바르트의 『기호의 제국』에서도 언급된다.

**** 건조 지역에서, 평소에는 마른 골짜기이다가 큰비가 내리면 홍수가 나 물이 흐르는 강. 지하수가 솟아 물을 얻기 쉽고, 다니기가 편리하여 통행로로 이용된다.

***** 바르트 본인에 대한 자조 또는 이렇게 할 수밖에 없음을 강조하는 것이므로 그 중의성을 살려 '염불한다'로 옮겼다.

표장emblème 같은 것이다. 이 상징은 그 이름이 가리키는 체계를 깊이 파고들 필요를 면제해준다(그저 그에게 신호를 보내는 체계일 뿐). 정신분석학에서 온 개념이면서, 아직도 거기 남아 있는 듯 보이는, '**전이**transfert'라는 용어는 이제 가볍고 대범하게 오이디푸스적인 상황을 떠난다. 라캉의 '**상상계**imaginaire'는 저 고전적인 '자기애' 개념의 경계선까지 확장되고 있다. '**자기기만**mauvaise foi'은 사르트르적인 체계에서 나와 신화 비평과 합류한다. '**부르주아**'는 마르크스적 의미를 다 싣고서도 부단히 흘러넘쳐 이제 미학과 윤리학을 향해 가고 있다. 따라서, 의심할 여지 없이, 단어들은 서로 이동하고, 시스템은 서로 교류하고 소통한다. 모더니티modernité는 (조작 방법을 모르면서 아무 단추나 눌러보는 기계처럼) 어떻게든 다 시도되다, 텍스트 간 텍스트intertexte라는 것을 만들어냈지만, 다 **피상적인** 문자에 불과하다. 우리는 **자유롭게** 동의한다. (철학적, 정신분석학적, 정치학적, 과학적) 명사는 기원이 되는 자기 시스템과 더불어, 아직 잘려나가지 않고 남아 있는 끈을 그대로 가지고 있다. 그 끈은 나부끼되 절대 떨어지지 않는다. 바로 그런 이유로, 한 단어를 끼고 흔들리면서도 절대 떨어지지 않고 집요하다. 바로 이런 이유로, 한 단어를 연구하는 것과 욕망하는 것을 동시에 할 수 없다. 그로서는, 단어에 대한 욕망이 더 크다. 하지만 이 욕망과 기쁨은 학술적 교리를 조금이라도 뒤흔들어보고 싶은 마음의 발로일 것이다.

글쓰기는 문체로 시작된다

파격 구문[***][20]이라는 이름하에 샤토브리앙이 그토록 좋아했던 접속사 생략법을 그도 가끔 써보려 한다. 우유와 예수회 간에 어떤 상관성이 있나? 가령 이렇게 말해볼 수 있다. "경이로운 예수회 수도사 반 기네켄이 글쓰기와 언어 사이에 위치시킨 젖처럼, 착! 달라붙는 현상."[21] 대응식처럼 놓는 수많은 대구법이 있다(의도에 따라 구성해 코르셋처럼 딱 붙이는). 이런 대구법에서는 수많은 단어들의 유희가 있다(가령, 즐거움: **좀 약한**. 쾌락: **너무 빨리 익은**). 요컨대, 스타일이 고어 개념에서 시작하여 수천 개의 흔적을 남기며 여기까지 온 것이다.[****] 이

---

[*] 정신분석학에서 말하는 전이는 주체 안에 억압된 충동이 타자와의 관계성 속에서 더 활성화되면서, 대상 또는 타자와의 연결 고리를 찾아 그곳으로 이동함을 뜻한다.

[**] 보통은 잘못된 신념, 선의가 아닌 악의 등 부정적으로 번역되지만, 사르트르적 개념에서 mauvaise foi는 진정 원하는 것 앞에서 그것이 주는 경외와 공포 때문에 그것으로부터 도피하고 싶은 마음, 그래서 부정하게 되는 양가적 감정이기도 하다.

[***] 그리스어 어원의 anacoluthe는 연결 부분을 없앤다는 뜻으로, 선행사 없이 관계대명사만 사용하는 일종의 생략법이다.

[****] style은 라틴어 stylus에서 왔다. 첫 번째 뜻은 강철이다. 즉 문체는 가장 마지막 뜻이며, 최초의 뜻은 글을 쓰는 도구인 물성으로서의 펜 그 자체를 가리켰다. 펜의 강도와 모양이 다르면 필체가 다르고, 이것이 나중에 문체, 즉 스타일까지 의미하게 되었다.

파일들

침대에서······

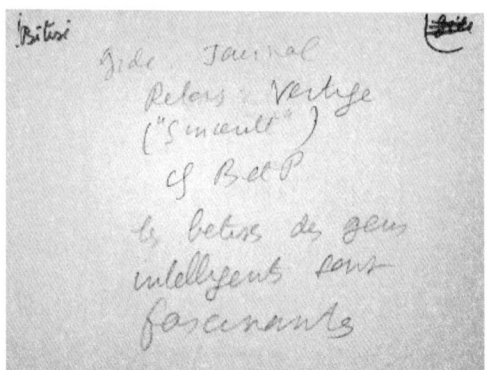

······밖에서······

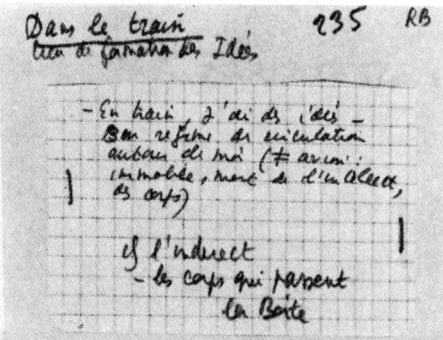

반전.
학구적 기원에서 나온
이 자료 카드는 충동의
다양한 형세를 따라가며
만들어진다.

······아니면, 책상에서.

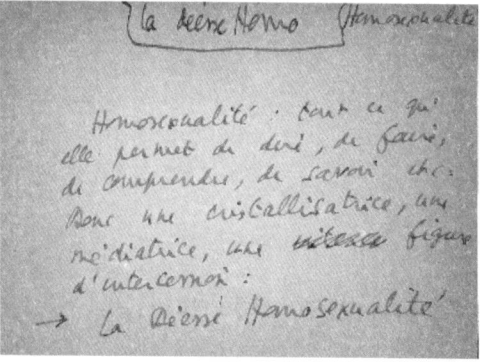

제 강철 펜이라는 의미의 스타일은 **글씨 또는 필체**écriture라는 새로운 가치를 찬양하는 데 사용된다. 다시 말해 하나의 가치가 임계점을 넘으면 격분해 또 다른 언어 지역으로, 또 다른 주제 지역으로 넘어가는 것이다. 문자 그대로 **분류된** 코드code와는 전혀 다르게 흘러가는 것이다(코드라는 단어*도 처단된 계급처럼 유통 기한이 지났다). 이런 모순은 아마도 이렇게 자기 해명되고, 정당화된다. 글 쓰는 방식은 어느 한순간 만들어진다. 에세이식의 글쓰기는 정치적 의도와 철학적 개념 그리고 진정한 수사법적 문형들이 하나로 어우러지며 계속해서 새로워져왔다(사르트르에게는 이것이 충만하다). 하지만 특히, 스타일은 글쓰기의 시작이다. 만회될 큰 위험을 감수하더라도, 소심하게나마, 스타일은 기표의 통치를 시작한다.

유토피아는 어디에 쓰는 물건인고

유토피아는 어디에 쓰는 물건인고? 의미를 만드는 데. 현재를 마주하는 데. 유토피아는 내겐 부수적인 용어지만, 이게 있어야 비로소 기호가 찰카닥 소리가 나며 발생한다. 물리적 실

---

* code는 프랑스어로는 법전이나 법규, 규범 등을 뜻한다. 그러나 여기서는 중의적으로 쓰여 코드로 음독했다. 하지만 '처단된 계급' 같은 비유법을 쓴 것으로 보아 법이나 규범도 암시하는 듯하다.

재에 관한 대화가 가능해지고 내 안에서 잘 진행되지 않아 미쳐버릴 것 같은 공황 상태, 나를 나 안에 가둬놓는 언어 장애 상태에서 일단 나는 빠져나온다.

유토피아는 작가에게 익숙하다. 왜냐하면 작가는 의미의 증여자이기 때문이다. 그의 노역(또는 그의 쾌락)은 의미와 명사를 부여하는 것이다. 계열, 즉 **예/아니오** 같은 두 가치를 서로 교체할 수 있는 셔터, 즉 시동 장치가 있을 때에만 작가는 그것을 할 수 있다. 그래서 그에게 세계는 메달이자 주화이다. 둘 다 읽어야 하는 동전의 앞뒷면. 실재하는 고유한 현실이 뒷면이라면, 유토피아는 앞면이다. 텍스트는 이를테면 유토피아다. 유토피아는 **불가능**할 거라고 선언되었지만, 유토피아의 기능—의미론적인—은 문학을, 예술을, 현재하는 언어를 의미 있게 하는 것이다. 예전에는 문학을 그 과거를 통해 설명했다. 오늘날에는 유토피아를 통해 설명한다. 의미는 가치에 기반한다. 유토피아로 인해 이 새로운 의미론이 가능해졌다.

혁명적인 글쓰기는 언제나 혁명의 일상적 목표, 즉 **우리가 내일 어떻게 살아갈지**를 거의 그리고 제대로 표현하지 못해왔다. 이런 재현은 자칫 현재의 투쟁을 완화하거나 무용하게 만들 수 있다. 더 정확히 말하면, 정치적 이론은 인간에게 실질적 자유를 가져다주는 걸 목표로 삼지 그럴 듯한 대답을 예견 또는 전조하는 건 아니기 때문이다. 유토피아란 따라서 혁명에서는 터부가 된다. 반면, 작가는 그 터부를 위반할 책무를 갖게 될 수도 있다. 오로지 작가만이 위험을 초래하더라도 이 재현을 시도한다. 성직자들이 종말론적 담론을 책임지는 것처럼. 성직자는 최초의 혁명적 선택에 버금가는 종말론적 전망으로 답을 함으로써(그 자체로 혁명적이다), 마지막 버클을 윤리로 잠근다.

『글쓰기의 영도Le Degré zéro』에서, (정치적) 유토피아는 사회적 보편성이라는 (순진한?) 형태를 띠었다. 마치 유토피아가 현재의 악과 정반대이기에 가능할 수 있다는 듯. 나뉨은 나중에 공유로 화답할 수 있다는 듯. 혼탁하고 복잡한 어려움이 많았지만, 이후 복수성을 지향하는 철학은 생겨났다. 덩어리처럼 하나로 묶이는 데 대한 반감. 대신 차이를 향해 가는, 요컨대 푸리에주의식의 유토피아. (아직도 견지하는) 유토피아는 구획을 더 작게 나누는 미분된 사회를 상상한다. 여기서 분할은 사회적 분할이 아니다. 아니 그렇다 해도 갈등하기 위한 분할은 아닐 것이다.

환상으로서의 작가

분명 이젠 이런 환상을 가진 십 대는 한 명도 없을 것이다. **작가이고 싶어**! 어떤 동시대 작가를 모사하고 싶어 하겠는가? 그러니까 작품이 아니라, 그 실천을, 자세를, 가령 호주머니에는 수첩을 넣고, 머릿속에는 문장을 넣고 세상을 돌아다니는 삶을 말이다. (지드는 러시아에서 콩고로 가는 기차 안에서 고전들을 읽었다. 식당 객차 안에서 요리가 나오기를 기다리며 그의 수첩에 글을 썼다. 1939년 어느 날 루테티아라는 주점 저 안쪽에서 배 하나를 먹으며 책 한 권을 읽고 있는 그를 나는 실제로 본 적이 있다.) 왜냐하면 환상은 작가에게 품는 건데, 마치 내밀한 일기장 속의 작가를 보는 것 같아서다. **작품이라기보다는 작가에 대한** 환상인 것이다. 신성함의 최고 형태. 흔적marque과 그 공허.

새로운 주체, 새로운 과학

주체는 언어의 한 효과일 뿐이라는 원칙을 고수하는 글이라면 그는 모두 연대감을 느낀다. 그는 어떤 방대한 학문을 상상한다. 학자가 자신이 발화하는 것 속에 마침내 포함되는, 언어의 효과들des effets de langage이라는 학문이 바로 그것이다.

당신이군요, 엘리즈……

……꼭 그런 의미는 아니고. 다가오는 사람의 불확실한 정체성을 나는 그래도 이런 아주 독특한 질문을 함으로써 확인한다. **"그녀가 그녀야?"** 그런데 정반대로 이 말은 이런 뜻이다. 봤지, 알겠지, 다가오는 사람의 이름은 엘리즈야, 아니 엘리즈일 거야. 나는 그녀를 잘 안다. 그리고 그녀와 충분히 좋은 관계라는 것을 당신도 알 수 있다. 그런데 또 이런 말이기도 하다. 발화된 내용의 형식 자체에 덥석 물린 모든 상황, 그에 대한 어렴풋한 추억. 누군가가 이렇게 말한 적도 있다. **"너야?"** 오고 있는 사람을 알아맞히려고 애를 쓰는 장님 같은 발화 주체(행여, 그 '너'가 아니면 얼마나 실망인가, 아니면 얼마나 안심인가), 기타 등등이 있을 수 있다.

언어학자란 메시지를, 언어를 다뤄야 할까? 다시 말해, 경우에 따라선, 식탁보처럼* 얇은 층위의 의미에서도 뭔가를 끌어내야 할까? 이 진짜 언어적인 것을 어떻게 불러야 할까? 내포의 언어학?

그는 이렇게 썼다. "텍스트는 자기 뒤를 자신의 정치적 아버

---

* 여기서 의미를 얇은 식탁보에 비유한 것은 얇은 층위의 의미지만, 거기에 더 미세하고 복잡한 내포가 담겨 있을 수 있기 때문이다. 연이어, 외연이 아닌 내포를 언급하는 것도 이런 맥락에서다.

지에게 과감히 보여주는 버릇없는 사람이다(아니, 이어야 할 것이다)."21 비평가라면, 수줍어 그가 "엉덩이"라고 차마 못 하고 "뒤"라고 한 거라고 생각할 거다. 그렇다면 이런 내포는 왜? 착한 어린이 악마는 막미슈 부인에게 자기 엉덩이를 보여주지 않고 뒤를 보여준다. 하지만 어린애 같은 유치한 단어가 올 필요가 있었다. 그도 그럴 것이 이건 상징적인 아버지 문제이기 때문이다. 진짜 제대로 읽는다는 것은, 내포 속으로 들어가는 일이다. 사냥되기-교차되기. 외연적 의미를 다루되, 긍정적이고 적극적이며, 실증주의적이기까지 한 언어학은 실제 있을 법하지 않은 비현실적이고 모호한 의미를, 그 의미가 다 너덜너덜해질 때까지 다룬다. 그리고 언어학 스스로 환각에 가까웠던 자신에 경멸하는 투로 명료한 의미를, 광선처럼 눈부신 의미를 돌려준다. 발화의 주체가 그 의미에 대해 이렇게 말하게 될 정도로(명료한 의미? 그래, 환한 빛 속에 잠겨 있는 것 같아. 마치 꿈속에서처럼. 꿈속에서는 불안, 흡족, 아니 어떤 상황이 잘못되어가고 있다는 느낌까지 섬세하게 지각하니까. 앞으로 다가올 일보다 더 생생하게).

타원형적 생략

누군가 그에게 질문한다. "당신은 **글쓰기는 몸을 통한다고 쓰셨지요? 그걸 설명할 수 있으세요?**" 그는 자신에게는 너무나 명료한데, 다른 많은 사람들에게는 모호한 말을 그동안 자신이 얼마나 많이 해왔는지 눈치챘다. 그러나 그의 문장은 무슨 말인지 모를 정도로 기상천외하지는 않다. 다만 타원형처럼 생략된다$_{ellipse}$.* 그런데 지지받지 못하는 게 바로 이것이다. 그래서 아마도 여기에서 약간의 저항이 생기는 것이다. 대중들이 이해하기로 몸은 축소된 의미의 몸, 즉 영혼과 항상 반대되는 것으로서의 몸이다. 그 몸을 조금이라도 환유적으로 확대해석하는 게 금기라도 되는 듯.

타원형적 생략은, 잘 알려지지 않은 형상으로, 언어의 무시무시한 자유를 대변하기 때문에 우리를 당황스럽게 한다. 그것은 일종의 **따르지 않아도 되는 척도**이다. 모듈, 즉 기준이 되는 치수나 계수가 따로 있는 게 아니라, 순전히 해나가면서 만들어지는, 인위적인 것이다. 나는 그래서 라퐁텐의 타원형적 생략이 그다지 놀랍지도 않다(매미의 노래와 그 초라함 사이에 도식화가 거의 불가능한 얼마나 많은 중계항들이 있는가). 간단한 가전에서 전류와 냉기가 연결되는 물리적, 타원형적 생략

---

* ellipse의 원뜻은 타원형이고, 여기서 파생되어 '생략'이라는 뜻을 갖는다. 단순한 삭제의 생략이 아니라, 궤도 속의 행성들이나 철새들의 이동처럼 자유롭게 이동하면서도 점진적으로 소멸되는 양가적 형상을 연상할 필요가 있다. 뒤에 기하학이나 물리학에서의 개념도 환기되고 있지만, 이 타원형적 사고는 케플러의 기하학적 발견에 이어, 데카르트와 스피노자의 사유 등에도 상당한 영향을 미친 바 있다.

도. 이런 아찔한 축소법은 순전히 조작 및 조절의 장에서 가능하다. 학교에서 공부하는 법이나 부엌에서 요리하는 법에도 이런 게 있는데, 텍스트에는 이런 게 없다. 그가 제안하는 논리적 변형에는 **선례**가 없다.

표장, 개그

〈오페라의 밤〉*은 텍스트적 관점에서도 보물 중의 보물이다. 그 비평을 하려면 예증을 위해서도 나에겐 어떤 알레고리가 필요하다. 그래야 거의 미친 역학이 터지는 이 카니발 풍의 작품을 제대로 설명할 수 있기 때문이다. 그런데 이 영화는 나에게 그 알레고리를 단 한 번에 제공한다. 여객선 선실, 찢어진 계약서, 시끌벅적한 장식물 그리고 이 모든 에피소드들 각자(서로 다른 에피소드들 사이에 있는 각각의 에피소드)가 텍스트에 의해 조작된 논리적 전복의 상징이기 때문이다. 그런데 만일 이 상징이 완벽하다면, 결국 그것은 코믹하기 때문이다. 마지막에 웃음이 터지면서 그동안 예증하듯 보여준 그 모든 표장을 다 해방한다. 시적인 것에 대한 편애, 시적이어야 한다는 강박관념으로부터 은유, 상징, 표장을 다 자유롭게 하는 것, 전복의 힘을 강력하게 보여주는 것, 그것은 바로 **엽기**이다. 푸리에가 그 모든 수사학적 예의범절을 경멸하며 예시적으로 보여주었던 그 "기절초풍"인 것이다.[23] 따라서 은유의 논리적 미래는 개그가 될 것이다.

발신자들의 사회

나는 발신자들의 사회에 살고 있다(나 자신도 그 한 사람이고). 내가 만나거나 내게 글을 써 오는 사람은 내게 책을, 글을, 명세서를, 안내서를, 항의서를, 연극 및 전시회 초대장을, 또 기타 등등을 보내온다. 성적 쾌감에 가까운 쓰기와 생산의 쾌락이 도처에서 절박하다. 하지만 상업적 회로로 인해 자유로운 생산은 정체되고, 거의 미치고 날뛴다.**

대부분의 시간, 글이나 공연물은 그들을 요구하지 않는 곳에 가 있다. 이런 불행 탓에, 그들은 친구도 아니고, 그렇다고 파트너, 즉 거래처도 아닌 다른 '관계'들을 만나고 있다. 글쓰기라는 이런 종류의 집단적 사정射精에서 우리는 아마도 자유로운 사회의 **유토피아적** 장면을 볼 수 있는지 모른다(여기서 성적 쾌감은 돈을 안 내도 오니까). 그리고 이제 그 장면은 묵시록으로, 세상의 종말로 넘어가고 있다.

일과표

"바캉스 때면 나는 7시에 일어난다. 내려와 문을 열고, 차를 만든다. 정원에서 기다리고 있는 새들을 위해 빵을 잘게 자른

---

* 1935년 개봉된 미국인 영화 감독 샘 우드가 막스 브라더스 형제와 함께 만든 영화이다.

** 비속어 같지만, 바르트는 실제로 다소 거친 표현을 쓰고 있다.

다. 씻고, 책상에 있는 먼지를 턴다. 재떨이를 비우고, 장미꽃을 하나 딴다. 7시 반에 시작하는 뉴스를 듣는다. 8시가 되면 이번엔 어머니가 내려온다. 어머니와 삶은 달걀 두 개, 구운 둥근 빵, 설탕 안 들어간 블랙커피로 아침 식사를 한다. 8시 15분이 되면, 〈쉬드-웨스트〉 신문을 사러 마을로 나가본다. C. 부인에게 **날씨가 좋네요, 날이 흐리네요** 등의 말을 한다. 이어 작업하기 시작한다. 9시 반이면 우체부가 온다(**오늘 아침은 후텁지근하네요. 아, 오늘은 날씨가 정말 좋네요**, 기타 등등). 그리고 조금 후에는 빵집 딸이 모는, 빵을 가득 실은 소형차가 온다(그 딸은 제법 공부를 많이 해, 날씨 이야기까지는 하지 않는다). 10시 반, 정각이 되면 블랙커피를 만든다. 그리고 하루의 첫 담배를 피운다. 1시가 되면, 점심을 든다. 1시 반부터 2시 반까지 낮잠을 잔다. 이제 붕 떠다니는 시간이 온다. 일하고 싶은 마음이 전혀 안 난다. 가끔은 그림을 그리거나, 약국에 아스피린을 사러 가거나, 정원 안쪽에서 종이들을 태운다. 아니면 책 받침대나 작은 선반, 내 작업 파일들을 넣는 상자를 만든다. 그러다 보면 벌써 4시다. 나는 다시 일을 한다. 5시 15분이 되면, 또 차를 마신다. 7시가 되면, 나는 일을 멈춘다. 정원에 물을 준다(날씨가 좋으면). 그리고 피아노를 친다. 저녁 식사 후에는, 텔레비전. 만일 오늘 저녁 너무 다 바보 같으면, 내 책상으로 돌아와 음악을 들으며 내 작업 파일들을 정리한다. 10시가 되면 일단 눕는다. 책 두 권 정도를 가져와 읽는다. 하나는, 정말 문학적인 언어로 된 글(라마르틴의 『비밀 이야기』, 공쿠르 형제의 『일기』 기타 등등). 또 다른 건 탐정 소설(좀 옛날 것), 아니면 영어 소설(유행이 지난), 아니면 졸라의 소설."

—* 이거 다 재미 하나도 없어요. 더욱이. 당신이 속한 계급을 드러내는 것만 아니라, 이런 표시를 하면서 다 쓸데없어 더 이상 받아주지도 않는 문학적 토로를 하고 있잖아요. 당신은 당신 자신을 '작가'로서 약간 환상적으로 보고 있어요. 더 심하게 보면, 당신은 **당신 자신을 약간 환상적으로 보고 있어요.**

사생활

내가 가장 잘 노출되는 것은 내가 **사생활**을 사실상 폭로할 때다. 그것은 '스캔들'의 위험 때문이 아니라, 가장 강력한 밀도 속에 내 상상계가 제시되기 때문이다. 그리고 이 상상계를 타자가 좌지우지할 수 있기 때문이다. 어떤 전복으로도, 어떤 이탈로도 이것은 보호되지 못하는 거다. 그런데 **독사**에 따라, 즉 '사생활'의 대상이 누구냐에 따라 그것은 변한다. 만일 우파의 **독사**라면(부르주아 또는 프티부르주아: 제도, 법률, 언론), 가장 문제가 되는 노출은 성 문제이다. 만일 좌파의 **독사**라면, 성 문제는 뭘 특별히 위반한 게 아니다. '사생활'을 따지는 것

---

*줄표와 함께 행갈이를 하고 난 다음 문단은 바르트가 여태 쓴 가볍고 정감 있는 일과의 글을 갑자기 공격하듯 글의 톤이 묘하게 자조적으로 바뀌어 있다.

은 무의미한 관행이며, 주체가 털어놓은 부르주아 이데올로기의 흔적들에 불과하다. 이런 **독사** 쪽을 지향하는 나는 어떤 취향을 발화하기보다 어떤 도착倒錯을 선언함으로써 덜 노출된다. 열정, 우정, 정감, 감정, 글 쓰는 기쁨 같은 것은 이제 단순한 구조적 이동을 통해, **말로 표현할 수 없는** 용어들이 된다. 말해질 수 있는 것을 반박하면서, 당신이 말할 거라고 기대하는 것을 반박하면서. 좀 더 정확히 말하면, (매개체 없이) **즉각, 당장** 말할 수 있는 것, 상상계의 목소리 그 자체다.

사실은……

레슬링catch˙의 목적이 이기는 거라고 생각하십니까?˙˙ 아니요, 그건 이해하는 겁니다. 연극이 인생에 비해 가공적이고, 이상적인 거라고 생각하십니까? 아니요, 아르쿠르 스튜디오˙˙˙의 사진발로 무대는 평범하지만 도시는 꿈처럼 나옵니다. 아테네는 신화적인 도시가 아닙니다. 차라리 훨씬 현실적인 용어로 묘사되어야 하며, 인문주의적인 담론과는 무관해야 합니다(1944). 그러면 화성인은요? 완전히 다른 자(낯선 외계인처럼)을 연출하기 위한 것이 아니라, 완전히 같은 자를 연출하기 위한 것입니다. 갱스터 영화는 감정적이지 않습니다. 알겠지만, 그건 차라리 지능적입니다. 쥘 베른이 여행의 작가일까요? 전혀. 그는 폐쇄의 작가입니다. 점성학은 예측적이지 않고 묘사적입니다(사회적으로 놓인 조건들을 아주 현실적으로 묘사합니다). 라신의 연극은 사랑의 열정에 관한 연극이 아닙니다. 그것은 정통적, 권위적 관계에 대한 연극입니다. 이런 역설의 형상들은 셀 수 없이 많습니다. 그 나름의 논리적 장치를 가지면서요. 그 장치란 다름 아닌 "**사실은**en fait"****이라는 표현. 스트립쇼는 에로틱한 유혹이 아닙니다. **사실은** 여성의 성적인 특성을 없애는 겁니다, 기타 등등.

---

* 프랑스인들은 레슬링을 wrestling이라 하지 않고 catch라고 한다. 바르트는 『현대의 신화』 맨 첫장에서도 "삶의 중요한 상황에 취하는 몸짓의 과장된 진실"이라는 보들레르의 문구를 인용하며 이 레슬링을 논한다.

** 다른 글에 비해 이 글은 누군가에게(당신) 말하며 호소하듯 쓰고 있어 그 화법을 살린다.

*** 파리 16구에 있는 사진 스튜디오. 배우나 유명인사들이 방문하여 주로 자신의 프로필 사진을 찍는데, 직업적으로 실제 모습보다 훨씬 나은 사진 효과(속칭 사진발)를 위해 이곳을 많이 찾는다.

**** 프랑스인들이 말할 때 너무나 자주 쓰는 간투사인데 실컷 말하다가도 뒤에 "사실은"이라고 붙이면 여태 한 말이 사실이 아니라는 식이 되는 아이러니한 표현이다. 바르트는 레슬링부터, 사진 스튜디오에 이르기까지 여러 예시를 통해 이런 이중성을 암시한다.

에로스와 연극

연극(잘린 장면)은 **비너스의 미**가 드러나는 장소이다. 다시 말하면, (프시케와 램프에 의해) 바라봐진, 훤하게 드러난 에로스*의 장소이다. 연극이 온전히 살아나려면, 부차적인 또는 조연적인 인물**이 연극을***을 갈망하는 몇몇 동기(이 동기는 아마도 도착적일 수 있다. 왜냐하면 아름다움에 집착하는 게 아니라, 몸의 세부, 목소리의 결, 숨 쉬는 방식, 심지어 서툴고 어색한 것에도 집착하기 때문이다)를 제시하는 것만으로도 충분하다. 연극의 에로틱한 기능은 액세서리 같은 부차적인 것만은 아니다. 왜냐하면 모든 시각 예술(영화, 회화) 중 연극만이 몸을, 그 재현이 아닌 실제로 제시하기 때문이다. 연극이라는 몸은 우발성을 띠면서도 핵심, 즉 어떤 정수精髓를 갖는다. 이 정수는 당신이 소유할 수 없는 것이다(욕망 중에서도 명망 높은 향수鄕愁와 같은 욕망에 의해 이 정수는 더 위엄을 갖는다). 그런데 이 우발성은 당신이 소유할 수 있을지도 모르겠다. 왜냐, 잠시 미치면 되기 때문이다(당신한테 이런 힘이 있다면). 무대 위로 뛰어 올라가 당신이 갈망하는 것을 만지면 된다. 영화는, 반대로, 그 치명적 본성에 의해, 행위로의 전환이 배제된다. 이미지가, 재현된 몸이 거기 있지만 **돌이킬 수 없는** 부재로서다.

(영화는, 셔츠 앞을 활짝 열어젖힌 채 다니는 몸과 비슷하다. **보되 만지지 말라.** 이런 몸들이나, 영화나, 문자 그대로, 다 **가공**이다.)

미학적 담론

그는 법률 또는 폭력의 이름으로는 잘 발화되지 않는 담론을 지켜내려 애쓴다. 그런데 이 발화행위 사례는 정치적인 것도, 종교적인 것도, 학문적인 것도 아니다. 여태 발화된 것들이 남은 찌꺼기일 수도 있고, 보탠 첨가물일 수도 있다. 이런 담

---

* 에로스가 누구와 누구로부터 태어났는가에 대해서는 여러 설(풍요의 신 포로스와 결핍의 신 페니아. 비너스, 즉 아프로디테와 전쟁의 신 아레스. 아프로디테와 전령의 신이자 지혜의 신인 헤르메스 기타 등등)이 있지만, 아프로디테와 헤르메스의 아들이라고 우선 가정해본다면, 사랑(비너스적인 미)과 지혜(헤르메스적인 미)를 다 가진 존재일 수 있다. 이런 점에서 왜 에로스가 순수한 어린아이로 주로 표현되는지 짐작해볼 수 있다. 날개 달린 에로스는 화살을 쏘면서 주로 타인의 욕망을 대신 유희한다. 그러던 에로스가 사랑에 빠지는 대상은 다름아닌 프시케(정신, 영혼)이다. 그렇다면, 프시케를 성적으로만 갈망한 것이 아니라 그 마음과 영혼에 구애한 것일 수 있다. 그러나 에로스는 자신의 본성을 프시케에게 다 보여주지 못하고, 프시케는 언니들의 설득에 못 이겨 램프와 단도를 들고 에로스에게 접근, 결국 에로스의 정체를 알아버린다. 그러나 그 아름다움을 감상하다 그만 어깨에 기름을 흘리고 만다. 에로스의 아름다움에 한순간 유혹된 '프시케'에 의해 그리고 그 '램프'의 빛에 의해 에로스의 진실은 노출되고 폭로된다. 그리고 에로스는 프시케를 떠난다.

** 프시케, 또는 그 프시케(정신)의 알레고리인 램프(빛)를 가리킨다.

*** 첫 문장처럼 비너스의 미가 드러나는 장소로서의 연극. 또는 에로스를 가리킨다.

론을 뭐라 부를 수 있을까? 필시, **에로틱**? 왜냐하면 쾌락을 느끼며 하는 것이기 때문이다. 아니면 여전히 **미학적**? 담론이라는 오래된 카테고리를 어쩔 수 없이 따르면서도 약간의 비틀림을 가해, 그 후진적이고, 관념적인 저 후경에서 떨어져 나와 편류하여 몸에 점점 가까워지도록 점진적으로 변화시킨다면 말이다.

민족학에 끌리는 마음

그가 미슐레에서 정말 마음에 든 것은, 프랑스의 민족학을 정초한 점이다. 다시 말해 얼굴, 음식, 옷, 안색 같은 가장 자연스럽고 가장 많이 거론되는 오브제들을 역사적으로—즉 **상대적**으로—질문하는 그 의지와 기술 또는 그 예술이다. 다른 한편, 라신의 비극이나 사드의 소설에 나오는 인구 주민population을 중소부족peuplade이나 폐쇄 민족des ethnies closes*처럼 묘사한 점인데, 그 구조는 연구되어야 할 것이다. 『신화학』에서 민족학적으로 연구된 것은 바로 프랑스 자체다. 더욱이, 그는 우주생성이론 같은 소설(발자크, 졸라, 프루스트)을 항상 좋아했다. 아주 작은 사회들로 미분되어 너무 다들 가까이 있는 세계. 민족학 같은 책이 사랑을 받는다면 이런 힘을 갖고 있어서다. 모든 현실을, 심지어 가장 사소한 것부터, 가장 관능적인 것까지 다 기입하고 분류하는 백과사전 같기 때문이다. 이 백과사전은 다른 것을 같은 것으로 축소하는 식으로 다른 것을 변조하지 않는다. 자기식으로 만드는 것은 줄어들고, 자기에 대한 확신은 얇아진다. 종국에, 학자적인 모든 담론들 중에서 민족학이 픽션에 가장 가까운 것으로 보이는 것도 그래서다.

어원학

그가 **낙담**déception이라고 쓰면, 그것은 **이탈**déprise을 의미한다. **형용사**abject란 **되던지다**rejeter라는 뜻이다. **사랑스러운**aimable은 사랑할 수 있다는 뜻이다. **상**image이란 **모방**imitation이다. **취약한**précaire은 **애원하다**supplier, **굽히다**fléchir라는 뜻이다. **평가**évaluation란 **가치**valeur를 세우기이다. **소요**turbulence는 곧 **소용돌이**tourbillonnement다. **의무**obligation는 곧 **끈**lien이다. **정의**définition는 곧 **한계선**tracé de limite이다, 기타 등등.

그의 담론은 그가 뿌리에서 잘라낸 말들로 가득 차 있다. 하지만 어원학에서 그가 좋아하는 것은 단어의 기원이나 그 진리가 아니다. 그것은 차라리 그 진리가 허용하는 일종의 **이중 인화 효과**effet de suruimpression이다. 단어는 마치 팔랭프세스트palimpseste, 즉 씌어 있던 글자를 지우고 다시 글자를 써넣은 양

---

* 바로 이어 백과사전을 언급하지만, 백과사전에 실린 수많은 항목이 전체에 통합되거나 어떤 범주에 분류되기보다 각각 항목대로 존재하듯이 각 민족들이 폐쇄된 자신의 울타리 안에서 나름대로 살아가는 자치성을 내포한다.

피지처럼 보인다. 그래서 **언어 자체에도**—여기서 언어란 그냥 간단히 쓰는 일(가치로서의 쓰기가 아니라 실제 행위로서의 쓰기)—여러 개념이 있는 것처럼 내겐 보인다.

폭력, 명명백백, 자연

그는 이런 어두운 개념에서 나오질 못하고 있다. 진짜 폭력, 그것은 **자명한 이치**cela-va-de-soi가 가진 폭력이라는 것. 명명백백이라니, 이건 가히 폭력적이지 않나. 이 명명백백이 온화하게, 자유롭게, 민주적으로 표현된다 할지라도 말이다. 그런데 역설적으로, 이런 의미가 통하지 않는 게 있다. 아무리 자의적으로 부여된 것이라 해도 이 명명백백보다 덜 폭력적인 게 있다는 말이다. 기괴한 법률을 공포한 폭군이, **자명한 것**을 발언하고 자족하는 대중보다 차라리 덜 폭력적일 것이다. '자연적인 것le naturel'이라고 말하지만, 바로 이것이 **마지막 모욕**일 수 있다.

배제

(푸리에에게) 유토피아란. 차이밖에 없는 세계. 여기서 차이란, 미분되어 더 이상 배제되지 않는 차이. 그런 차이가 있는 세계가 유토피아다.

생쉴피스 교회 앞을 건너가다가 우연히 참석하게 된 결혼식 마지막 장면.* 그때 그는 일종의 배제감이 든다. 왜 이런 변질된, 왜곡된 감정이 드는 걸까? 의례 행사든, 종교 행사든, (성대한 결혼식은 아니지만) 부부 결합을 축하하는 프티부르주아의 행사든. 공연 중에서도 가장 바보 같은 공연을 보게 되어서? 모든 상징이 축적되어 있어 몸을 자연스레 굴복시키는 이 희귀한 순간을 좀 보라고 우연의 신이 나를 거기에 데려다 놨나. 그는 자신도 한몫을 차지하는 이 모든 공유물**을 한 번에 흡입하듯 받은 것이다. 그에게 가해진 밀도 있고 단단한 배제. 배제의 존재 자체가 된 것 같은. 왜냐하면 이런 일화만으로도 단순한 배제감을 느끼는데, 여기에 또 다른 격리감이 붙기 때문이다. 언어의 격리감. 그의 동요가 동요라는 코드에, 즉 그걸 **표현하는** 코드 안에 있지는 않을 것이다. 배제보다 더한 느낌,

---

* 파리 도심에 있는 생쉴피스 교회 앞에는 넓은 광장이 있는데, 그 광장에서 결혼식을 한다면, 행인도 그 결혼식에 참석한 것처럼 된다는 의미이다.

** 여기서 공유물이란 결혼이라는 사회제도를 뜻하는 것으로 보인다. 결혼이라는 사회적 코드는 누구에게나 주어진 몫이면서 자신에게 주어진 몫이기도 하다. 그런데 이 몫은 가져가도 되고 가져가지 않아도 되는 이중 모순에 처한다. 바르트는 그의 글 어느 곳에서도 이른바 자신의 성 정체성을 '커밍아웃' 하지 않았으나 글 곳곳에 암시되어 있다.

Marker

. Plaisir certain

2. Trop plein. Peur du vide

3. Serpentin : trait bête qui
signifie la volonté de hasard
et non la pression du corps.
Trait de bavardage.

4. Fantôme figuratif : oiseau,
poisson des Îles.

즉 **완전히 떨어져 나온** 느낌을 그는 받는다. 항상 **증인석**으로 돌려보내지는데, 이 증인석에서 그가 할 수 있는 말은, 격리의 코드에 따른 말밖에 없다. 서술적이거나, 설명적이거나, 이의를 제기하거나, 반어법으로 말하거나. 절대 **서정적**이지는 않다. 그렇다고 파토스와 같은 것도 아니다. 그 밖에서 그는 자기 자리를 찾아야만 한다.

셀린과 플로라

글쓰기는 나를 심각한 배제에 빠뜨린다. 단순히 그게 나를 통용적('대중적') 언어와 떨어뜨려서만 아니라 훨씬 본질적으로는 '날 표현하는 걸' 스스로 금하게 만들기 때문이다. 글쓰기는 누구를 표현할 수 있을까? 주체의 불일치, 즉 비장소성atopie을 적나라하게 드러내며 상상계의 미끼를 흩뿌리며 일체의 서정주의(감동을 일으키는 어법)를 견딜 수 없게 만든다. 글쓰기란 건조한, 금욕적인 쾌락이다. 절대 다 쏟아내서는 안 되는 쾌락이다.

한편, 사랑에 빠진 도착倒錯이 되었을 경우, 이 건조함은 찢어지고 만다. 나는 차단되었다. 유혹이라는 **황홀경**(절대 순수상)을 나의 글쓰기 속에 이행시킬 수 없었다. 사랑하는 이에게 사랑하는 이에 대해 어떻게 말할 수 있는가? 어떻게 그 마음의 여파affect를 반향시킬 수 있을까? 아주 복잡한 중계relais를 거쳐야 해서, 광고 효과publicité를, 따라서 모든 희열을 잃게 된다면?* 바로 여기에 아주 미묘한 언어의 흔들림이 있다. 이것은 마치 전화 통화를 하다가 가끔 상대방 중 한 사람에게만 유독 신호음의 **소실**fading이 생겨 사람을 지치게 하는 것과 유사하다. 프루스트는 이를 아주 잘 묘사한 적이 있는데, 사랑이 아닌 다른 것에 관해 말하면서다(이성=性 및 이종=種의 예가 왕왕 최고의 예가 아닌가?). 셀린과 플로라 이모 할머니**는 아스티 포도주에 대해 스완 씨에게 감사를 표하고 싶어 하는데, 적절한 임기응변을 통해서다. 그래서 지나치게 신중하게 말한다든지, 들으면 행복해지는 말을 한다든지, 너무나 암시적이어 아무도 알아듣지 못할 그래서 기괴하기까지 한 말, 겉은 비난하는 것 같지만 실은 칭찬을 위한 말을 한다. 바로 이중 담론을 생산하는 것이다. 하지만 안타깝게도, 전혀 모호하지 않다. 왜냐하면 공개된 면이 너무 갈고 닦여 도리어 아무런 의미를 띠지 않기 때문이다. 소통은 실패한다. 불가해성 때문이 아니라 주체의 동요된 감정—아첨꾼이거나 사랑에 빠져서—과 무가치, 즉 실성한 듯한 표현 사이에 실질적인 분열이 일어났기 때문이다.

의미의 면제

확연히, 그는 **의미가 면제될 수도 있는** 세계를 꿈꾼다(군 복무를 면제받는 것처럼). 이것은 『글쓰기의 영도』와 함께 시작되었다. 여기서도 '모든 기호의 부재'를 꿈꾸었다. 이어, 이런 꿈에 대한 수많은 단언들이 나온다(일본에 대한, 음악에 대한,

12음절 시구에 대한, 기타 등등).

더 묘미가 있는 것은, 통용되는 견해 속에도 이런 버전의 꿈이 있다는 것이다. 독사, 그것은 이제 의미를 좋아하지 않는다. 그의 눈에는 틀린 것으로 보이는데, 삶 속에 일종의 (멈출 수도 없이) 끝도 없는 지적인 것을 갖다 놓으려는 것이다. 의미의 공습(그 책임 당사자들은 지식인들)을 막기 위해 그 앞에 **구체적인 것**을 갖다 놓는다. 구체적인 것이 의미에 저항하는 것이라고 가정해서다.

하지만 그가 보기에 이것은 전의미 pré-sens를 되찾겠다는 게 아니다. 세계의 기원을, 생의 기원을, 사실들의 기원을, 즉 의

---

* 바르트는 『사랑의 단상』에서도 사랑에 빠진 주체가 사랑하는 대상에게 자신의 마음을 전달하는 여러 복잡다단한 경로를 언급한 바 있는데, affect는 마치 전파나 물의 너울 등을 거쳐 간접적으로 전달되는 것을 뜻하며, relais는 미디어 중계처럼 이어주되 일정하게 정보가 변형, 왜곡될 수도 있음을 뜻하며, publicité는 말 그대로 광고하듯 드러내는 방식일 수 있다.

** 프루스트의 소설 『잃어버린 시간을 찾아서』에 나오는 인물들로, 화자 마르셀의 이모 할머니, 즉 외할머니의 동생인데, 완곡법으로 말하기를 즐긴다. 특히 1권에 이들의 대사가 나오는데, 이렇게도 쓰고 있다. "할머니의 여동생들은 속된 것을 끔찍이도 싫어한 나머지, 개인적인 암시를 교묘한 완곡법으로 가장하는 기술이 너무도 뛰어나, 상대방조차도 무슨 말인지 잘 알아듣지 못할 때가 있었기 때문이다."(마르셀 프루스트, 『잃어버린 시간을 찾아서 1』, 김희영 옮김, 민음사, 49쪽)

미 이전의 것을 되찾겠다는 게 아니다. 그보다는 차라리 후의 미après-sens를 상상하겠다는 것이다. 한번 입문하면 계속 그 길을 가야 하듯이, 그 모든 의미를 통과해야 한다. 그래야 그 의미를 기진맥진하게 만들 수 있고, 면제시킬 수 있다. 이것이 이중 전략이다. 독사에 반대해 의미에 우선은 우호적일 필요가 있다. 왜냐하면 의미는 역사로부터 생겨난 것이지, 자연으로부터 생겨난 것이 아니기 때문이다. 그러나 학문(편집증적인 담론)에 저항해 폐지된 의미의 유토피아를 유지해야 할 필요도 있다.

꿈이 아니라 환상

꿈은(좋은 꿈이든 나쁜 꿈이든) 무미건조하다(꿈 이야기만큼 지루한 것도 없다!). 반면 환상은 밤샘이나 불면증으로 보내는 시간을 어떻게든 지나가게 도와준다. 이건 항상 몸에 지니고 다니는 포켓판 작은 소설이다. 아무도 보지 않으니 기차든, 카페든, 약속을 기다리며 아무 곳이나 펼쳐 볼 수 있다. 꿈이 내 맘에 안 드는 것은, 완전히 그 속에서 빠져나오질 못하기 때문이다. 꿈은 **독백적**monologique이다. 환상이 내 맘에 드는 것은, (내가 어디 있는가 하는) 현실 인지 속에 함께하기 때문이다. 대열에서 이탈한 것도 같고, 대열 속에 일정하게 배치된 것도 같은 이중 공간이 만들어진다. 그 한가운데에서 어떤 소리가 나는데(그게 뭔지 잘 말할 수는 없지만. 카페 소리 아니면 내 안에서 들려오는 우화寓話), 그건 마치 푸가 행진곡 같다. 가되 **우회하는**indirect 자세. 뭔가 땋거나 엮는 느낌. 펜도, 종이도 없는데 글이 떠올라 첫 문장이 시작될 때처럼.

저속한 환상

X.가 나에게 말했다. "사드 작품에 나오는 자유주의자들은 욕구불만이 조금이라도 생기면 견디지 못하잖아? 한데 그들의 그 도저한 에너지, 그 엄청난 자유는 나만이 느끼는 환상에 비해 약해 보여. 그들이 즐기는 온갖 쾌락 목록에 내 실례를 덧붙이겠다는 게 아니라. 내가 꿈꿀 수 있는 유일한 자유를, 그들은 갖고 있지 않아서지. 내가 마주치고 갈망하는 것을 어떤 매개체 없이 **즉각, 당장에** 즐길 수 있다는 것, 바로 그런 자유지." 그리고 그는 또 이렇게 덧붙였다. "사실, 이런 환상이 **저속**하긴 하지. 내가 신문 사회면에 나올 법한 사드적 인간, 길을 지나가는 여자들에게 갑자기 덤벼드는 색광이 아니라고 장담할 수 있겠나? 그런데 사드를 읽으면 이런 신문 기사 같은 시시한 건 하나도 없거든."

소극 같은 회귀

전에 정말 놀란 적이, 아니 완전히 놀란 적이 있는데, 마르크스의 이런 생각 때문이었다. 역사에서 가끔 비극은 되돌아온다. **그러나 소극**笑劇**처럼** 돌아온다는 것이었다. 소극은 다소 모호한 형태인데, 그도 그럴 것이 소극에서 터무니없이 우습게 배가된 어떤 형상을 읽어서다. 가령, **회계**Comptabilité. 부르주아지가 진보적일 때는 이런 게 상당한 가치가 있었는데, 부르주아지가 승자가 되고, 차분해지고, 착취자가 되었을 때는 쩨쩨하고 얄미운 게 된다. '구체성' 역시나(조악한 학자들이나 뻔한 정치가들의 알리바이). 의미의 면제라는 가장 지고한 가치의 소극에 다름 아니기 때문이다.

이런 소극으로의 귀환은 유물론적 표상에 대한 조소일 수 있다. (서구 담론에서는 비코에 의해 도입된) 나선형처럼.* 나선형에서는 모든 것들이 되돌아오지만, 다른 자리로, 아니 원래보다 윗자리로 돌아온다. 이것이 차이의 귀환이다. 메타포의 여정이다. 이런 게 픽션이고 소극이다. 돌아오지만 훨씬 낮은 자리로. 숙이고, 시들고, (느슨하게 풀려) 떨어지는 메타포.

피로와 신선함

스테레오타입stéréotype은 **피로**라는 용어로 산정될 수 있다. 스테레오타입, 그것은 나를 피곤하게 만들기 시작하는 것이다. 그래서 그 해독제를 『글쓰기의 영도』에서부터 내세웠는데, 그건 바로 언어의 **신선함**이다.

1971년, '부르주아 이데올로기'라는 표현이 산패할 정도로 너무 쓰여 갑옷처럼 거추장스럽고 '피곤해지기' 시작했다. 그래서 그는 (눈에 안 띄게) 이렇게 쓰게 되었다. "**이른바**dite, 부르주아 이데올로기." 이데올로기에 있는 부르주아 표시를 그가 잠시도 인정하지 않는다는 뜻이 아니다(오히려 반대다. 다른 표시가 있던가?). 그 닳고 닳음을 드러내는 어떤 언어적 표현이나 그래픽적 기호(가령, 따옴표)를 통해 스테레오타입을 **변색할** 필요가 그에게 있었던 것이다. 이상적이기로는, 이런 외부 기호들을 조금씩 지우는 것이다. 그렇다고 이 굳어버린 단어를 다시 자연스럽게 해서도 안 된다. 그러나 그러려면, 스테레오타입의 담론은 **미메시스**를 해야 할 것이다(소설 또는 연극을). 그렇다면 이런 따옴표는 소설이나 연극의 주인공들 같다. 가령, 아다모프는 (『핑퐁』이라는 작품에서)** 이처럼 과시적이지 않은 언어, 그러나 거리감은 유지하는 언어를 만들어냈다. 가령 **동결된**congelé 언어 같은 표현.24

---

* 잠바티스타 비코(Giambattista Vico, 1668-1744)는 이탈리아의 철학자로, 역사 철학의 기초를 닦았다. 역사는 선순환만 하는 게 아니라 악순환을 하는데, 전자는 너무 이상적이고, 후자는 너무 비관적이다. 비코의 나선형 순환 사관에 따르면, 역사는 원처럼 순환한다기보다 나선형처럼 순환한다. 악순환과 선순환을 반복하면서, 그래도 앞으로는 나아가므로 인간은 역사로부터 배울 게 있다고 말한다.

** 아르튀르 아다모프가 1954년에 발표한 작품이다. 그는 반연극, 부조리극의 기수이기도 하다.

(소설을 앞에 둔 에세이의 숙명. 즉 항상 **정통성**이 있어야 한다는. 따옴표의 권리 상실.)

『사라진』에서 잠비넬라˚는 자신을 사랑하는 조각가에게 "진실한 친구un ami dévoué˚˚˚"가 되고 싶다고, 그의 원래 성性인 남성을 이 남성형을 통해 가면을 벗듯 말한다. 하지만 연인은 전혀 이를 알아듣지 못한다. 그는 바로 **스테레오타입**에 빠져 있는 것이다.25 일상의 보편적인 대화에서 "**진실한 친구**" 같은 이런 표현을 얼마나 많이 쓰는가. 스테레오타입의 **역류 효과**effets de refoulement˚˚˚를 따져보려면, 문법도, 성 구분도 딱 중간에서 자르는˚˚˚˚ 이런 식의 교훈적 우화를 떠나야 할 것이다. 발레리는 자기 우산을 놓지 않으려고 하다가 사고를 당해 죽은 사람들 이야기를 한 적이 있는데, 꼭 그것 같다. **스테레오타입을 놓지 못해**, 자기 고유의 성으로 역류하고 꼬라박혀 그 성에만 맹목적이 되어버린 주체들이 얼마나 많은가.

스테레오타입이란 **몸이 결여되어 있는** 담론 공간이다. 자기가 자기가 아닌 것을 확신하는 공간이다. 반면, 내가 지금 읽고 있는 중인 자칭 집단적 텍스트에서는 간혹, 스테레오타입(에크리방스écrivance)이 포기되고 글쓰기가 나타난다. 이 발화된 내용의 끝에서 **어떤 하나의** 몸이 생산될 것이라고 그래서 나는 확신한다.

픽션

픽션. 데칼코마니처럼 채색이 된 완전한 그림 형태의 얇은 분리, 얇은 박리.

스타일, 문체에 관하여.26 "그것은 내가 질의하고 싶은 하나의 이미지, 아니 좀 더 정확히 말하면 하나의 **시각적 이미지**vision이다. 우리는 스타일을 어떻게 **보는가**?" 모든 에세이는 지적인

---

* 여장 남자 가수이다.

** 프랑스 문법에는 형용사의 성수 일치라는 요소가 있다. 수식하는 명사가 남성이냐, 여성이냐, 단수냐, 복수냐에 따라 뒤에 붙는 접사가 바뀐다. 여기서는 친구가 남성형으로 쓰였고, 형용사도 모두 남성형으로 쓰였다. 발음은 똑같아 말로 하면 여성인지 남성인지 알 수 없으나, 만일 글로 쓰면 철자가 바뀌므로 화자의 남성성이 드러난다.

*** Refoulement은 단순히 뒤돌아가는 것이 아니라, 전진하던 것이 어떤 불가항력으로 더 이상 나아가지 못하고 뒤로 역류하면서 거세게 '꼬라박는' 형상이다. 효과(effet)를 이어 쓴 것은, 그 결과 다시는 빠져나오지 못한다는 의미에서다. 정신분석학에서도 이 용어를 그대로 쓰는데, 우리 안에 내재된 억압을 뜻한다. 처음부터 억압이 있었다기보다, 자연스럽게 풀리거나 발현되지 못한 그 무엇이 거꾸로 내리박힌 것이다.

**** 프랑스어의 모든 명사에는 성 구분이 있는데 여성과 남성밖에 없다. 중성은 없다. 혹은 양성도 없다. 이런 점을 원문은 mi-grammatical, mi-sexuel이라고 표현해 자구적으로 번역하면 잘 전달이 되지 않아 의미를 다소 풀어 번역했다.

오브제들인 이 어떤 시각적 환영에 기초하고 있다. 왜 과학은 시각적 환영을 가질 권리를 스스로에게 부여하지 못하는가(종종, 다행히도, 이를 취하는 과학이 있긴 하지만)? 과학은 픽션화될 수 없는 걸까?

(『모드의 체계Système de la Mode』*에서 기호학과 구조주의를 통해 정의하기도 했지만) 픽션은 **새로운 지적 예술**로 부각될지 모른다. 지적인 것들을 가지고 우리는 이론을 만들면서 동시에 전투에 가까운 비평과 즐거움을 만든다. 우리는 이제 지식과 논문의 오브제들을 — 예술에서 다루는 오브제들처럼 — 진리의 심급審級에 맡기지 않는다. 그보다는 그 오브제들을 다루면서 생기는 **효과**, 그리고 거기서 기인한 사유에 맡긴다.

그가 진정으로 창조하고자 한 것은, 지성의 코미디가 아니라, 지성의 로맨스였다.

이중 형상

이 작품은, 그 연속성 속에서도 두 개의 움직임이 흐르는 길이다. 하나는 **직선**(어떤 개념이나 입장, 취향, 심상에 대한 점층, 증대, 반복), 또 하나는 **지그재그**(정반대, 방향 전환, 상반성, 반응적 에너지, 부정, 가던 길을 돌아옴, Z 같은 움직임, 즉 일탈 및 탈선 행위).

사랑, 광기

제1집정관 보나파르트가 그의 근위대에 내린 명령. "**척탄병 고뱅이 사랑 때문에 자살했다. 더욱이 그는 아주 뛰어난 부하였다. 본대에 이런 성격의 사건이 한 달 사이에 두 번째 발생했다. 이에 제1집정관은 근위대가 지켜야 할 것을 명한다. 군인이라면 열정의 고통과 우울을 이겨낼 것. 포병대의 산탄 아래서도 가만히 버티는 것만큼 영혼의 아픔을 의연히 겪어낼 것. 진정한 용기가 필요하다.**"

사랑에 빠진, 그래서 우울에 빠진 척탄병들은 사랑의 열정(계급이나 직업에 별로 어울리지 않는)을 어떤 언어에서 끌어냈을까? 어떤 책들을 읽었을까? 아니면 어떤 이야기를 들었을까? 사랑과 전투를 동일시한 보나파르트의 예리함. 단순히 두 파트너가 서로 대결해서만이—부질없이—아니라, 일제사격의 포탄처럼 사랑의 광풍이 휘몰아치면 귀가 안 들릴 정도로 정신이 멍하고 무섭기 때문이다. 위기감, 온몸으로 느끼는 격심한 동요, 광기. 낭만적인 방식으로 사랑에 빠져본 사람이라면, 광기에 버금가는 이런 경험을 안다. 그런데, 이런 광기에 해당하는 현대적 단어가 오늘날에는 없다. 그래서 그냥 미친 것 같다고 말할 뿐이다. 훔치고 싶은 단어가 하나도 없다. 있다면,

---

* 심리학자, 미학자, 사회과학자들에게 항상 주요한 관심 대상이 되어왔던 패션의 모드에 대해 바르트가 기호학적인 분석을 통해 어떻게 인간은 의상과 말을 통해 의미를 만드는지 분석하고 있다.

아주 옛날 단어.

동요, 상처, 침울 또는 환희. 몸이, 저 바닥에서부터 머리 꼭대기까지 낚아채지거나, **자연에 침수되는** 느낌. 그런데 이런 건 다 **마치 내가 어떤 인용을 할 때 같다.** 사랑의 감정 속에 있을 때, 아니면 사랑에 빠져 미칠 것 같은 기분 속에 있을 때, 만일 내가 말하고 싶은 게 있으면 나는 다시 찾는 게 있다. 그건 책, 독사, 어리석음이다. 몸과 언어가 얽히는데, 뭐부터 시작이 되는 걸까?

단조술

내가 글을 쓸 때, 어떻게 **그게 되는 걸까?** 의심할 여지 없이, 충분히 형태가 보이고 언어의 반복적 움직임이 있어 내가 "형상들figures"이라고 부를 수 있을 만한 게 있어야 한다. 나는 거기에 텍스트의 조절 장치라 할 **산출된 형상들**이 있다고 본다. 그것들 가운데, 가령 이런 것이 있다. 가치 평가, 명명화, 양가적 모호법, 어원학, 역설, 점층, 열거, 회전문.

여기 또 다른 형상이 있다. **단조술**鍛造術, forgerie(단조술은 필적 감정가들이 쓰는 은어인데, 달리 말하면 필적 모방이다). 내 담론들에는 쌍이 되는 개념들이 많다(**외연**dénotation/**내포**connotation, **가독적**lisible/**필기적**scriptible, **작가**écrivain/**글쓴이**écrivant*).

162

이런 양립은 가공물이다. 개념 작업을 많이 하는 과학은 분류하기를 좋아하는데, 그런 에너지를 빌려온 것이다. 과학의 언어를 빌려왔지만, 그걸 끝까지 적용하고 싶지는 않다. 말하기 불가능한 것. 이것은 외연에 관한 것이다ceci est de la dénotation. 내포의 이것ceci de la connotation. 아니면 이런 사람은 작가écrivain이고, 이런 사람은 글쓴이écrivant이고. 이런 양립성은 (동전의 양면처럼) 주조되지만, 굳이 대단히 기릴 것까지는 아니다. 그런데 이런 게 다 무슨 소용? 간단히 말하면, **어떤 것을 말하는 데** 소용된다. 의미를 생산하고 이어 그 의미를 파생시키기 위한 계열을 만들 때 필요하다.

(형상과 조절 작업을 통해) 하나의 텍스트를 움직이게 하는 이런 방법들은 기호학(그리고 옛 수사학에서 살아남아 기호학으로 온 것)과도 잘 어울린다. 따라서 이런 방법은 역사적이고 이데올로기적으로 각인되어 있다. 내 텍스트는 사실상 **가독적**이다. 나는 구조 편에, 그러니까 문장과 문장화된 텍스트 편에

---

* 바르트의 신조어라 그 의도를 살려 이렇게 옮겼다. 우리말로는 흔한 표현인데 작가 또는 저자 대신 우리는 지은이, 글쓴이 등으로 표현한다. écrivain은 작가를 뜻하는 통용어이고, écrivant은 글을 쓰다, 즉 écrire의 현재 분사 형태로 '글을 쓰는 중인'이라는 뜻이다. 글을 쓰는 현재성을 강조하여, 글을 쓰는 자를 가리킨다. 작가라는 직업 또는 위상으로부터 벗어나 그저 글쓰는 이라고 말하는 겸양의 표현일 수 있다.

있기 때문이다. 나는 재생산하기 위해 생산한다. 마치 내가 어떤 생각이 있어 그러는 것처럼. 나는 재료와 규칙의 도움을 얻어 그 생각을 재현하는 것이다. **따라서 나는 고전적이다.**

푸리에 아니면 플로베르?

역사적으로 누가 더 중요한가. 푸리에 아니면 플로베르? 푸리에의 작품에는 그가 동시대인으로 살았던, 격동의 역사에 대한 직접적인 흔적이 거의 없다. 하지만 동시대인으로서 동요한 흔적은 있다. 플로베르는 1848년의 사건들에 대해 한 소설에서 내내 이야기한다. 그래도 푸리에가 여전히 플로베르보다 더 중요하다. 푸리에는 역사의 욕망을 간접적으로 말했다. 바로 이 점에서 그는 역사가이자 현대인이다. 욕망의 역사가이므로.

파편들의 순환

파편들로 글을 쓴다는 것. 파편들은 둥근 원의 둘레에 있는 돌들이다. 나는 그 위에 내 몸을 둥그렇게 펼친다. 내 모든 작은 세계가 부스러기들이다. 그 중심에는 뭐가 있을까?

그의 첫 또는 거의 첫 텍스트(1942)도 파편적 글쓰기다. 이런 선택은 당시 지드적인 방식에 따른 것이었다. "왜냐하면 무질서가 왜곡하는 질서보다 낫기 때문이다." 이후 실제로, 그는 짧은 글쓰기를 수행하는 걸 멈추지 않았다. 『신화학』과 『기호의 제국』의 소품들, 『비평 에세이Essais critiques』에 실은 글들과 머리말, 그리고 『S/Z』의 렉시, 그러니까 단어나 숙어 등의 어휘. 또 『미슐레』에서 표제화한 문단들, 「사드 II Sade II」*와 『텍스트의 즐거움』의 파편들.

캐치, 그러니까 레슬링에서도 그는 일련의 파편들과 그 총체적 광경을 보았다. 왜냐하면 "레슬링에서 이해 가능한 것은 매 순간이지, 지속 기간이 아니기 때문이다."27 그는 접속사 생략이나 파격 구문 같은 구조 속에 난입 또는 누전 같은 형상을 취하는 이런 스포츠 기교를 특히나 좋아하며 놀라서 바라보곤 했다.

파편은 바로 이웃한 것들로부터 잘리는 것만 아니라, 안에서도 잘려 병렬 구조가 지배하게 된다. 이 작은 조각들을 색인 분류해보면 훨씬 잘 보일 것이다. 지표들이 각각 달라서 모아보면 잡다한 조합이 된다. 이건 마치 각운 놀이 같다. "다음과 같은 단어들이 있다고 해보자. **파편, 원, 지드, 레슬링, 접속사 생략, 그림, 논술, 불교의 선, 인테르메조**intermezzo** 그런 다음 이것들에

---

* 『사드, 푸리에, 로욜라Sade, Fourier, Loyola』 중 일부로, 이 책은 세 사람의 텍스트를 기호학적으로 비교 분석한다.

** 보통 '간주곡'이라고도 하는데, 악곡이나 오페라, 시의 낭독 사이에 삽입되는 소곡을 뜻한다.

이어 나올 담론을 상상해보자." 담론이라고 해봤자, 그냥 다 파편들이다. 따라서 어떤 텍스트의 색인이 단순히 참조 자료만은 아니다. 그 자체로 하나의 텍스트이며, 아니 첫 텍스트에 (남아 있는 것이자, 우둘투둘한) **돋을새김**relief이라 할 두 번째 텍스트이다. 이어지는 문장들이 어떤 합리적 이성이라면 이런 것들은 (그러다 갑자기 중단된) 정신착란 같은 것이다.

회화라고 해봤자 점묘법처럼 괴발개발 그렸던 나는 인내심을 가지고 규칙적으로 그리는 데생 수업을 받아보기로 결심한다. 그래서 (〈사냥하는 영주〉 같은) 17세기 페르시아풍의 그림 구도를 모사해본다. 어떻게 해서든 비율이나 조직, 구조 등을 재현하려고 하기보다, 디테일을 하나하나 순진하게 그대로 따라가며 모사한다. 그러다 보면 예기치 않은 것이 '도래'한다. 기사의 다리가 너무 위로 가 말 가슴팍에 걸리는 등. 요컨대 나는 소묘가 아니라 하나하나 더하기 연산을 하고 있는 것이다. 나의 (제1의) 선호적 취향은 디테일, 아니면 파편, **러시**rush,˙ 서툴고 미숙함이다. 하나의 '구성'을 향하여 가는 건 아니다. 나는 이른바 '덩어리'를 재생하지 못한다.

시작débuts을 찾는 것을, 그리고 그것을 쓰는 것을 좋아하는 그는 그 기쁨을 더 증식하고 싶어 한다. 그가 글을 파편적으로 쓰는 이유가 바로 이것이다. 파편이 곧 시작이자 기쁨이다(그러나 끝은, 결말은 좋아하지 않는다. 수사적 결구는 그 리스크가 너무 크기 때문이다. 최후의 단어를, 최후의 응수를 잘 하지 못할까 하는 두려움).

선禪은 **돈오돈수**torin,頓悟頓修에 속하는데, 이것은 갑자기 가파르게 떨어져 나가 부서지면서 열리는 방법이다(**돈오점수**kien, 頓悟漸修는 그 반대로, 점진적으로 다가가 여는 방법이다).* (하이쿠 같은) 파편은 돈오돈수이다. 여기에는 무매개적인, 즉 즉각적인 기쁨이 내포되어 있다. 이것은 담론이라는 환상이다, 아니 욕망이라는 벌어진 틈이다. 생각-문장이라는 형태로, 파편의 싹은 어디서든 나온다. 카페에서, 기차에서. 아니면 한 친구와 떠들면서도(그가 말하는 것에서 옆으로 삐져나오기도 하고, 내가 말하는 것에서 옆으로 삐져나오기도 하고). 그때 수첩을 꺼낸다면 그것은 '생각'을 적기 위해서가 아니라, 한 대 탁! 치는 그 무언가를 적기 위해서다. 예전에는 그것을 '행vers'이라 했다.

뭐라? 파편들을 이어 붙이는 것만으로는 조직화가 전혀 가능하지 않다고? 아니다, 이런 파편들은 (〈본 샹송bonne chanson〉, 〈디히터리베Dichterliebe〉** 같은 연작 가곡처럼) 어떤 순환적 원

---

* 쇄도, 밀려드는 인파 같은 형상과 그런 속도.

** '시인의 사랑'이라는 뜻으로, 슈만이 하이네의 시에 붙여 작곡한 열여섯 곡으로 된 연작 가곡이다.

cercle을 그리는 음악 개념일 수 있다. 각 조각으로 충분하다. 하지만 각 조각은 이웃한 양옆 조각들 사이 틈새에 다름 아니다. 작품이, 쪽수가 표시되지 않은 별면 삽화hors-texte로 이루어진 셈이다. (베베른˙ 이전에) 파편 미학을 가장 잘 이해하고 실행한 사람은 아마도 슈만일 것이다. 그는 이런 파편을 **인테르메조**라 불렀다. 슈만은 그의 작품에서 이런 것을 많이 증식시켰다. 그가 생산해낸 것이라는 게, **삽입된 것**에 불과한 셈이다. 그렇다면 무엇과 무엇 사이? 일시적으로 중단된 것들의 연속체. 이건 뭘 의미하는 걸까?

파편은 자기 이데아가 있다. 고도의 응축이 그것이다. (잠언 같은) 생각이나 지혜, 또는 진실의 응축이 아니라 음악적 응축. '전개'와 '톤'은 같이 가는 것이 아니라 반대로 가는 것일지 모른다. 분절되면서 노래가 되는 그 어떤 것, 딕션. 바로 여기서 **음색**timbre이 결정된다. 베베른의 점묘풍의 짧은 곡. 카덴차 cadence˙˙ 없이 **급선회하며** 끝내버리는 이 놀라운 지배력!

환상으로서의 파편적 단상

나는 내 담론을 부서뜨림으로써, 나 자신에 대해 상상적으로 말하는 것을 멈추며, 그로써 초월의 위험을 줄인다고 착각한다. 하지만 파편(하이쿠, 잠언, 단상, 일기)은 **결국엔** 수사적 장르이다. 그리고 수사란 해석에 가장 잘 열려 있는 언어의 층위다. 나는 나를 흐트러뜨린다고 믿지만, 상상계의 침대로 얌전히 되돌아갈 뿐이다.

파편적 단상에서 일기로

파손된 논문이라는 알리바이를 갖고 글을 쓰다 보면 파편적 단상을 규칙적으로 쓰게 된다. 이런 단상이 이제 '일기' 속으로 옮아간다. 그렇다면 이 모든 목적은 결국은 나 자신에게 '일기'를 쓸 권한을 주기 위한 것 아니었을까? 어떤 비밀스럽고도 집요한 노력을 하듯, 내가 쓴 이 모든 것은 결국 언젠가 지드식의

---

* 안톤 베베른(Anton von Webern, 1883-1945)은 오스트리아 작곡가로, 1904년 쇤베르크를 만나 그의 제자가 되었다. 짧으나 매우 치밀하고 섬세하며 응축된 작곡법을 보여주었다는 평을 들었다. 나치 정권이 들어서면서 그의 조용하고도 신비주의적인 성격은 더욱 강화되었다. 연합군이 오스트리아를 통치하던 시절 담배 한 대를 피우고 싶어 조용히 집 밖으로 나와 길거리에서 라이터를 꺼내 불을 붙이는 순간, 한 미국 군인이 그에게 총을 겨눈다. 그가 권총을 꺼내는 것이라 오인한 것이다. 그를 사격한 군인도 아무 잘못 없는 음악가를 죽게 만들었다는 자책감에 알코올 중독자가 되어 10년 후 폐인이 되어 세상을 떠났다.

** 음악에서는 한 곡이 끝나기 전 바로 앞 무반주 솔로 부분을 뜻한다. 문장이나 어구에서는 말미를 뜻한다. 끝을 알리는 전조를 주지 않고 단숨에 끝내버리는 이 기법은 바로 앞 각주에서 언급한 대로 나치 시대와 세계 대전 시절의 갑작스럽고도 허무한 그의 죽음을 떠올리게도 한다.

'일기'*라는 주제를 어느 날, 자유롭게, 다시 나타나게 하려고 한 것 아니었을까? 최종 지평선에 아마도 초기 글이 오게 될 것이다(그의 맨 첫 글은 지드의 **일기**를 대상으로 했다).

그런데, (자전적) '일기'는 오늘날 평판을 잃었다. 교차점. 반감 없이 이런 글을 쓰기 시작한 건, 16세기였다. 그때는 그것을 **디아레**diaire라 불렀다. **설사**diarrhée와 **가래침**glaire이라 불렀다.

내 파편들의 산물. 내 파편들의 관조(교정, 윤문, 기타 등등), 내 부스러기들(나르시시즘)의 관조.

딸기주

갑자기 여성이 샤를뤼스**의 수면에 떠오른다. 군인들이나 마부들의 뒤꽁무니를 따라다닐 때가 아니라, 베르뒤랭네 집에서 앙칼진 목소리로 **딸기주**를 부탁했을 때. 음료는 좋은 독해의 출발점이 될 수 있을까(몸수색을 하는 탐색기처럼)?

우리가 좋아하지도 않으면서도 평생 마시는 음료. 차, 위스키. 때가 되면 마시는 음료, 효과를 위해 마시는 음료. 그러나 취향의 음료는 아니다. 이상적인 음료의 탐색. 이로써 아주 풍부한 온갖 종류의 환유가 생길 것이다.

좋은 포도주에 대한 취향(포도주의 **올바른** 취향)은 음식과 떼려야 뗄 수 없다. 포도주를 마시기, 그것은 먹는 것이다. 식이요법을 핑계로, T의 주인장께서는 나에게 이런 상징주의 규칙을 주셨다. 만일 식전에 포도주를 마셔야 한다면, 약간의 빵을 곁들이라고. 대위법을, 병존을 창조할 것. 문명은 이중성으로 시작한다(다원적 결정). 좋은 포도주는 그 맛이 살살 벗겨지면서 두 갈래로 나뉘는 느낌이다. 개시할 때의 첫맛과 목을 다 축였을 때의 맛이 완전히 똑같지 않은? 좋은 포도주 한 모금에서는 텍스트에서 잡히는 것 같은, 어떤 비틀림? 아니면 도度 바뀜이 있다. 아니면, 머리카락처럼 삐친 것도 같고.

유년 시절 그에게 없었던 것이 무엇인지 기억을 더듬다 그는 오늘 그가 좋아하는 것을 찾아냈다. 예를 들어, 얼음 음료(아주 차가운 맥주). 왜냐하면 그때만 해도 아직 냉장고가 없

---

* "나는 1869년 11월 22일 태어났다"라는 간단한 문장으로 앙드레 지드의 일기는 시작되는데, 일기를 쓰는 이 발화자로서의 자아는 서서히 픽션적인 자아로 변모해간다. 앙드레 지드라는 인물은 쓰고 읽고 비평하는 인물이 아니라, 쓰여지고, 읽히고, 비평되는 인물이 된다. 탐미주의자이자 상징주의자, 성 개방주의자이자 동성애자로서의 지드의 모습들이 이 일기에 투영되어 있다. 바르트가 지드의 일기를 자신의 일기에 일부 반영시키는 이유가 여기에 암시되어 있다.

** 프루스트의 『잃어버린 시간을 찾아서』에 나오는 주요한 등장인물로, 사교계의 인사이고, 동성애자이다.

었기 때문이다(B.에 있었던 수돗물. 아주 무더운 여름날에 그 물은 늘 미지근했다).

프랑스인

과일을 통해 본 프랑스인(다른 사람들은 "여자를 통해 본" 프랑스인 이렇게 말하지만). 배 맛, 버찌 맛, 딸기 맛. 오렌지 맛은 이미 좀 아니다. 이국적인 과일인 망고, 구아바, 리치는 전혀 아니다.

오타

타자기로 쓰면, 어떤 흔적도 남지 않는다. 흔적은 존재하지 않지만, 이어 갑자기 어떤 자취가 남는다. 어떤 **생산**도 없다. 그 비슷한 것도 없다. 문자의 탄생은 없지만, 이런저런 부호의 축출은 있다. 따라서 오타들은 정말 특수하다. 그것은 핵심적 오류이다. 잘못 건든 탓에, 시스템의 중심부에 와 있는 식이다. 오타는 절대 아리송한 게 아니다. **해독 불가능한** 것도 아니다. 다만 읽을 수 있는 실수이다. 또 하나의 의미이다. 내 몸 전체는 이 부호의 오류 속으로 들어간다. 오늘 아침, 실수로 너무 일찍 일어났다. 나는 한시도 틀리지 않는 법이 없다. 내 복사본을 위조한다. 나는 그렇게 전혀 다른 텍스트를 쓴다(환각제, 피로). 평상시에도 항상 같은 실수를 한다. 가령, 집요한 음위 전도로 '구조'를 해체하거나 복수 접미사 'S'를 'Z'(오타)로 대체한다(손으로 쓸 때는 이 실수만 빈번하게 한다. 'm' 대신 'n'으로 쓰면서, 세로획을 잘라버리는 것이다. 사람 다리가 세 개가 아닌 두 개인 것처럼 문자도 그러길 원해서인지). 이런 자동적 실수는 일탈이 아니라 대체인 것이다. 손으로 쓸 때의 이런 특정적 실수와는 다른 혼란. 손으로 쓰는 자연적 필기보다 기계를 거치면 무의식이 훨씬 확실히 쓴다. 시시한 필적학과는 다른 문자 분석 같은 걸 상상해볼 수도 있겠다. 좋은 **타이피스트**라면 틀리지 않는 것도 사실이다. 무의식이란 없을 테니!

의미의 떨림

모든 그의 작업 대상은 분명 기호의 덕성이다(여기서 **덕성**은 **도덕**이 아니다).

이 덕성에서, 자주 등장하는 테마인 의미의 떨림에는 두 개의 층위가 있다. 첫 번째 상태에서, 이것이 흔들리면서 의미가 생긴다(비로소 상관성이, 역사성이, 관용성이 생긴다). 이른바 **'자명한 것'**에 대한 환상이 (너무 싫어 몸서리를 치듯) 떨어져 나간다. 그러면 이제 언어의 기계가 작동하기 시작한다. '자연'은 자기 안에 압착되어 잠들어 있던 일체의 사회성에 전율한다. 나는 헤겔식의 옛 그리스가 자연 앞에서 놀라며 의미의 떨림을 들은 것처럼, 지극히 당연시되는 문장들 앞에서 놀란다. 그런데 의미를 따라가며 읽는 독법에서 '진짜' 의미(가령,

역사의 의미)를 찾아가며 계속 읽어가지만 이에 화답하는 것은 거의 이와 상반된 다른 가치다. 의미가 무의미 속으로 떨어져 소멸하기 일보 직전, 그저 떨리는 상태의 의미가 그것이다. 그러니까 **의미는 거기 있지만**, '잡히지'는 않는다. 액체 상태로 있는 것도 같고 가벼운 비등 속에 몸을 떤다. 그래서 사회성의 이상적 상태는 이렇게 선언된다. 드넓고 무한한 도란거림이 이루다 셀 수 없는 의미들을 소생시켜 번쩍 빛나고 터지며 작렬할 뿐, 기의라는 슬프고 무거운 기호의 결정적 형태는 취하지 않는다고. 행복하면서도 불가능한 테마. 왜냐하면 의미의 떨림이라는 이상적 의미는 견고한 의미(독사의 의미 같은) 아니면 별 볼 일 없는 의미(가령, 자유라는 신비주의적 의미)를 통해서만 냉혹하게 되찾아지는 것 같기 때문이다.

(이 전율의 형태: 텍스트, 의미작용 그리고 아마도 중립.)

질주하는 귀납

추론의 유혹. 왜냐하면, 꿈 같은(혹은 유혹하는) 이야기는 청중을 (그 지시 대상의 감미로움으로부터) 배제하기 때문이다. 이를 귀납적으로 추론해보면, 이른바 이야기 기능 중 하나는 그 독자를 **배제한다**는 것이다.

(두 가지 신중치 못함. 그런 사실이 확실하지 않다는—꿈의 이야기가 지겨워지는 것은 사실이 아니어서거나, 아니면 너무 개인적인 감정이어서다—것에서만 아니라, 너무 추상적이어

서 이른바 이야기라는 전체 범주로까지 확대되어서다. 불확실한 사실에서 출발하기에 자의적으로 확대될 수 있다. 다 휩쓸어버리기. 그런데 이것이 역설의 맛이다. 이야기가 꼭 투사적일 필요는 없다는 것을 암시하는 힘. 서술적 독사를 전복할 수 있는 힘.)

왼손잡이

왼손잡이는 무엇을 의미할까? 스푼, 나이프, 포크 등 식기 세트는 다 정해진 자리가 있는데, 이걸 반대로 놓고 먹는다. 오른손잡이가 당신보다 먼저 전화기를 썼으면 당신은 이걸 또 반대로 들어야 한다. 가위는 당신 엄지를 쓰기 좋게 만들어져 있지 않다. 옛날에, 교실에서는, 다른 아이들과 똑같이 되기 위한 투쟁을 해야 했다. 자기 몸을 정상에 맞춰 규격화해야 했고, 고등학교 같은 작은 사회에서는 말 잘 듣는 착한 손을 신에게 갖다 바쳐야 했다(나는 강요에 못 이겨 데생은 오른손으로 했지만, 색칠은 왼손으로 했다. 반항심으로). 초래된 결과가 그리 심각하지는 않지만, 사회생활을 위해 참아야 하는 이런 정도의 얌전한 배제는 청소년기의 삶에 작지만 완고한, 꺾인 주름을 만든다. 거기 적응하며 계속 살아갈 뿐이다.

교정? 차라리 텍스트를 별로 가득 차게 하는 즐거움을 위해.

몸짓 착상

(가령) 라캉의 주제는 그에게 전혀 도쿄라는 도시를 생각나게 하지 않지만, 도쿄는 그에게 라캉의 주제를 생각나게 한다. 그는 항상 이런 방식을 쓴다. 아이디어에서 출발해 이미지를 만드는 일은 극히 드물다. 그는 어떤 감각적인 오브제에서 먼저 출발한다. 이어 그가 하는 작업 속에 이 오브제를 추상화할 가능성이 있는지 엿본다. 그러다 어느 순간, 그가 가진 지성과 문화를 채취하여 추상화를 시도한다. 따라서 철학이란 개별적이고 특수한 이미지 및 아이디어 착상이 섞여 있는 저장고에 불과하다(오브제들을 빌리는 것이지 개념적인 추론을 빌리는 게 아니다). 말라르메는 '몸짓 착상'이라는 말을 했는데, 그는 우선 몸짓(몸의 표현)을 먼저 찾고, 이어 아이디어(문화의 표현, 텍스트 간 텍스트 표현)를 찾는다.

압그룬트*

자신을 타자로 여기지 않고 글을 쓰기 시작할 수 있을까—적어도 예전에는 쓸 수 있었다. 근원의 이야기를 형상의 이야

---

* 독일어 Abgrund에서 ab는 떨어져서라는 뜻의 접두사이고, grund는 땅, 토대, 바닥이라는 뜻이다. 바닥이 없는, 또는 바닥을 알 수 없는 심연, 절벽, 나락을 뜻한다. 중의적 이 단어를 우리말로 번역하지 않고, 독일어 그대로 음독한다.

기로 대체해야 한다. 작품의 기원, 그것은 작품에 미치는 첫 영향이 아니라, 첫 자세이다. 하나의 역할을 모방한다. 이어 환유적으로 한 예술을 모방한다. 나는 내가 되고 싶은 것을 재생산함으로써 생산하기 시작한다. 이 첫 맹세(나는 그것을 갈망하니, 그것에 나를 바칩니다)가 환상이라는 비밀스러운 체계를 정초한다. 이 체계는 시대에 시대를 거듭해 살아남지만, 그가 흠모했던 저자가 쓴 것들과는 완전히 별개일 때도 많다.

그가 초기에 쓴 글들 중 하나(1942년)는 지드의 『일기』에 관한 것이었다. 또 다른 글(「그리스에서」, 1944년)은 딱 보아도 『지상의 양식』을 모방한 것이었다. 지드는 그의 젊은 날의 독서에서 커다란 자리를 차지했다. 지드가 알자스와 가스코뉴가 교차한다면, 그는 이와 대각선으로, 노르망디와 랑그독이 교차한다. 신교적이며, '문자' 취향과 함께 피아노를 연주하는 취미까지 있으니 나머지는 볼 것도 없다. 이 작가를 어찌 흠모하지 않을 수 있을까? 지드의 불변성인 이른바 압그룬트 Abgrund는 내 머릿속에서 아직도 완고하게 꿈틀거린다. 지드는 나의 원조 언어이다. 나의 우루수페 Ursuppe*이다. 나의 문학적 수프다.

알고리즘** 취향

그는 단 한 번도 진짜 어려운 알고리즘 연산을 해본 적이 없다. 한때는 (하지만 그 취향은 금세 사라진 듯하다) 좀 덜 까다로운 도식화에 손을 대기도 했다. 간단한 방정식의 겉모습, 도식, 표, 수형 같은 것들. 사실 이런 것들은 별 쓸모가 없다. 손수건 귀퉁이를 말아 만든 인형처럼 그냥 좀 덜 복잡한 장난감일 뿐이다. **자신을 위한** 놀이일 뿐이다. 졸라가 만든 플라상스[***] 지도는 자기 소설을 쓰는 데 필요해서 작성한 것이다. 그도 알고 있었지만, 이런 데생들은 과학적 근거를 가지고 말할 수 있는 정도의 것은 아니었다. 거기에 누가 속겠는가? 그래도 콜라주처럼 과학을 갖고 노는 것이다. 아니 과학을 그림 속에 넣는 것이다. 마찬가지로 푸리에게도 계산은—여기서도 **기쁨**이 부각된다—환상을 만들어내는 연쇄고리의 하나였다(왜냐하면 거기에는 말로 이어지는 환상이 있었기 때문이다).

---

[*] 독일어 Ursuppe에서 Urs는 원형, 원조라는 뜻이고 suppe는 수프, 국물을 뜻한다.

[**] algorithme, 바그다드 태생의 아랍의 수학자 알고리즈미(Al-Khwârizmî, 780-850)에서 기원한 이 용어는 원래는 아라비아 십진법을 뜻했으나, 지금은 문제 해결을 위한 연산 방식 일체를 뜻한다. 문제 해결을 위해 입력된 자료를 토대로 원하는 출력을 유도하는 규칙의 집합을 의미한다.

[***] 에밀 졸라의 루공 마카르 총서는 총 20편의 소설 시리즈이다. 플라상스는 『플라상스 정복(La Conquête de Plassans)』이라는 제목의 소설에 나오는 가공의 도시이다. 그가 어린 시절을 보낸 엑상프로방스에서 영감을 받았다고 알려져 있다.

그런데 만일 내가 읽지 않았다면……

그런데 만일 내가 헤겔을, 『클레브 공작부인』*을, 레비스트로스의 『고양이들Chats』**을, 『안티 오이디푸스』***를 읽지 않았다면? 내가 읽지 않은 책은, 그리고 내가 읽을 시간을 내기도 전에 내게 이미 말해진 책은(아마도 이런 이유로, 나는 그 책을 읽지 않는다) 다른 책과 같은 위상을 갖는다. 마치 읽은 것처럼 명료하고, 기억이 나고, 반응까지 하기 때문이다. **문자 바깥에서** 텍스트를 받아들일 만큼 충분한 자유가 우리에게 있지 않은가?

(단, 철학 교수가 될 자나 마르크스주의 지식인, 아니면 바타유 전공자가 헤겔을 안 읽었다면 어처구니없는 잘못이 되겠지만 나야 괜찮지 않을까? 그렇다면 나의 필독서는?)

쓰기를 늘 수행하는 자는 신랄하면서도 부담을 주는 이런 견해를 적당히 받아들이거나 그냥 무시할 수도 있다(그래서 보통 이런 투로 말할 수 있다. **그래서 어쩌라고? 나한텐 그게 본질이 아닌데?**) 글쓰기에는 어떤 무기력한 관능미가 있다. 어떤 정신적 **간편함**이 있다. 마치 내가 말할 때보다 글을 쓸 때 내 자신의 어리석음에 더 무관심한 것처럼 말이다(그러니 얼마나 교수가 작가보다 힘든가. 훨씬 머리를 많이 써야 하니).

헤테롤로지와 폭력

어떻게 해야 한쪽에서는 헤테롤로지hétérologie****라는 텍스트론(다시 말해, 파열적인 텍스트에 관한)을 지지하고, 또 다른 한쪽에서는 폭력에 관한 비평(물론 그것을 끝까지 발전시키거나 감내한 적은 한 번도 없지만)을 끊임없이 개시할 수 있을까. 그는 자신에게도 이를 제대로 설명하지 못한다. 자신의 대부들과 함께하면서 아방가르드한 길을 갈 수 있을까? 기원에서 파생해 표류하는 동안 화해를 꾀하는 취향이 생기긴 하지만. 아니 좀 더 정확히 말해, 약간 뒤로 물러날 줄만 알면, 분열증적인 **전혀 다른** 스타일을 살짝 엿볼 수 있는데, 그렇다면 그런 수고는 할 만하지 않을까?

고독의 상상계

그는 항상, 지금까지도, (마르크스, 사르트르, 브레히트, 기호학, 텍스트 같은) 대체계의 후견하에 계속해서 작업해왔다.

---

* 라파예트가 1678년에 쓴 소설이다. 16세기 앙리 2세 치하 말기 프랑스의 복잡다단한 정치와 정념의 한가운데 놓인 느무르 공과 클레브 공작부인의 사랑 이야기다.

** 클로드 레비스트로스와 로만 야콥슨이 샤를 보들레르의 시 「고양이(Le Chat)」에 대해 쓴 글이다.

*** "자본주의와 정신분열증"이라는 부제가 붙은 질 들뢰즈와 펠릭스 가타리의 첫 공저이다. 같은 부제의 두 번째 책 제목은 『천 개의 고원』이다.

**** 종류가 다르거나 성질이 다른 것들을 다루는 학문 일체를 뜻한다.

그러나 지금은 스스럼없이 자신을 드러내면서 글을 쓰는 것 같다. 지난 언어들의 벽면 그 일부에 몸을 기대고 있을지언정, 이젠 그 어떤 것도 그를 지지해주지 않는다. (왜냐하면 다른 텍스트들에 기대고 서야 할 필요를 느끼기 때문이다.) 그렇다고 그가 무슨 유아독존식의 독립 선언을 하는 것은 아니다. 슬픔을 표방하진 않아도 고독을 고백할 뿐이다. 아니 그보다는, 오늘날 그가 느끼는 불안감을 자신에게 설명하는 것이다. 아니면 아마도, 아무것도 아닌 것을 향해 더 옛날 것을 향해, **후퇴**하면서 생기는 미묘한 고통을 자신에게 토로하는지도 모른다.

그렇다면 당신은 여기서 이런 겸손한 선언과 함께 상상계로부터, 더 심하게는 정신병리적인 세계로부터 나오지 않겠다는 것이군요. 그렇습니다, 그래도 그렇게 하다 보면, 당신이 예상치 못한 이런 방향 전환을 통해 당신의 진단이 정확하다는 걸 알게 될 겁니다. 물론 당신은 이런 방향 전환 없이도 그럭저럭 잘 지내시지만요. 맞아요, 정말로 당신은 **퇴행하고 있어요**. 한데 그렇게 하면서 난 쏙 비켜나요……(계속되는 **돌출부**).

위선?

어떤 텍스트에 대해 말할 때, 독자를 관리하지 않는 저자에 대해 그는 더 좋은 신용 평가를 한다. 그런데 이런 칭찬은, 그가 자신이야말로 독자를 끝까지 배려하려 애쓰며, 결국 효과$_{effet}$의 예술을 포기하지 않으리라는 사실을 깨달은 끝에 나온 것이었다.

쾌락으로서의 관념

통념은 지식인의 언어를 좋아하지 않는다. 그런데 그 역시도 지식인 은어 고소장 서류에 자주 분류되어 있다. 그럴 때마다 그는 어떤 인종 차별의 대상이 된 기분이다. 그의 언어를 배제한다는 것은, 곧 그의 몸을 배제한다는 것이다. "넌 나처럼 말하지 않아. 따라서 난 너를 배제할게." 미슐레 역시(그러나 주제가 방대해 용서되었다) 지식인들, 필사가들, 성직자들에 격노하면서 그들에게 이른바 **하위 성별**infra-sexe이라는 지역을 할당한다. 프티부르주아적 시각으로는 지식인은 그들이 **쓰는 언어 때문에** 무성적인, 다시 말해 남성성이 사라진 존재로 보인다. 지식인에 대한 반감은 남성성의 상실에 대한 항의처럼 비친다. 그렇다면 이제 지식인에게는 사르트르의 주네* 같은 것밖에 없다. 외부에서 붙여준 딱지를 그대로 받아들이면서 그냥 그런 존재가 되고 싶어 하거나, 되면서 사는 일.

아니, 그에게 **기쁨으로 붉어짐**이 관념이 아니라면 대관절(모든 사회적 비난에서 가장 빈번하게 말해지는 요설) 무엇이 관

---

* 장 주네는 사생아로 태어나 어릴 때부터 감화원을 들락거리는 불우한 생활을 했다. 절도, 동성애, 부랑 생활을 이어오면서 이를 그만의 시적 언어로 써냈다. 당대 대표적인 지식인이며 작가인 사르트르의 도움으로 그의 책은 출간되었으며, 이후 반복되는 절도죄로 종신형을 선고받았을 때도 사르트르를 비롯한 많은 작가들이 탄원서를 내 대통령 특별사면을 받기도 했다.

념이란 말인가? "추상은 관능과 전혀 모순되지 않는다."[28] 인간의 **지성**을 묘사하는 것이 핵심적인 과제였던 구조주의 연구 과정에서도 그는 항상 지적 능력을 쾌락과 연관시켰다. 가령, 에펠탑에서 보이는 것이 **파노라마**라면,[29] 그것은 지적인 오브제이자 행복한 오브제이다. 그의 모든 시선 범위를 **다 아우른다는 기쁨**을 주는 순간조차 그는 몸을 해방시킨다.

인정받지 못한 개념들

매번 같은 비판이 쏟아지지만(가령, **운명은 영리한 구도이나** 전혀 예상치 못한 곳에 **정확히 툭** 떨어진다) 이 비판에서 영감받아 또 한 권의 책이 나오고(『라신에 관하여』), 또 몇 년 후에는 또 다른 책(『S/Z』)에서 나타나는 것을 보게 된다.[30] 이런 식으로 되돌아오는 개념들. 바로 그래서 그는 이걸 고수한다(어떤 매력이 있어서?). 그런데 이런 소중한 개념들은 보통은 어떤 메아리도 없다. 요컨대 바로 그렇기 때문에 나 자신을 독려하여 더 반복하는 것이다. **더 정확히 말하면**, 독자가 "날 그냥 내버려둘 때까지." (바로 이 점에서—똑같은 말을 반복해봅시다—운명은 영리한 구도이다). 한편, 나는 "사랑받기 위해 쓰다" 같은 (겉으로는 유치해 보이는) 것을 공공연히 밝히는 것을 개의치 않았다. 누가 나에게 와서 전해주기를 M. D.는 그런 문장이 바보 같다는 것이었다. 좋다, 그러나 이런 문장은 **3도로** 소비할 때만 참아줄 수 있다. 이런 문장은 처음에는 감동이 온다. 이어 바보 같은 문장으로 여겨진다. **마침내**, 그래 그럴 수도 있겠다고 생각하는 자유가 주어진다(M. D.는 거기까지 갈 줄 몰랐다).

문장

문장은 이데올로기적 산물의 오브제이자 쾌락으로서 공포된다(이것은 단상을 축소해 정수를 뽑아낸 것이다). 그래서 모순되는 주제는 규탄할 수 있고, 이 모순에서 어떤 경이를 끌어낼 수도 있다. 더 나아가 비판적 회귀를 시도할 수도 있다. 여기서 부수적이나 도착적인, **이데올로기적 쾌락**이 생겨나는 걸까?

이데올로기와 심미

이데올로기는 반복되면서 **성립된다**(이 후자의 동사는 기표의 체계를 따르지 않는다). 따라서 이데올로기적 분석 또한 반복되면서 성립되는데(곧장 통관通關되듯이 **바로 그 자리에서** 유효성이 선포된다), 이로써 그 자체가 이데올로기적 오브제가 된다.

무엇을 할 것인가? 해결책 하나가 가능하다. 바로 **미학**이다. 브레히트에서 이데올로기적 비판은 직접적으로 이뤄지지 않는다(중언하고 동어반복하면서 투쟁적인 담론이 만들어진다). 이데올로기적 비판은 미학이라는 중간항을 거친다. 반이데올로기가 픽션의 형태 밑으로 들어온다. 이것은 전혀 현실적이지 않지만, **올바르다**. 아마도 이것이 우리 사회에서 미학의 역할일 것이다. **간접적이고 추이적인** 담론의 규칙이 제공된다(이로써 언어체계가 변형될 수 있으나, 그 지배 욕구나 자기 양심은 드러내지 않는다).

나는 X.에게 그의 원고가(텔레비전을 비판하거나 체제 비판적인 무거운 글) 너무 논술적이어, **미학적으로는** 충분히 보호받지 못하고 있다고 말했다. 그는 이 말에 펄쩍 뛰더니 당장에 나한테 앙갚음을 했다. 그는 동료들과 함께 『텍스트의 즐거움』에 대해 많은 토론을 했다고 했다. 그가 말하기를 내 책은 "거의 파국에 이를 지경"이라고 했다. 그의 눈에, 파국이란 바로 미학으로 떨어지는 거였다.

상상계

상상계는 상의 일관적인 승천昇天으로, 동물들에게는 아직도 존재한다(상징계는 전혀 아니다). 그도 그럴 것이 동물들은 미끼를 향해 나아가기 때문이다. 그것이 성적인 미끼든 적이라는 미끼든 그쪽으로 몸이 긴장된다. 동물계에 존재하는 이런 지평선은 상상계를 설명하기 좋은 걸출한 예 아닐까? **인식론적으로는** 이게 아직 받아들여지지 않지만, 아마도 미래의 범주가 아닐까?

이 책의 가장 중요한 노력은 상상계를 미장센하는 것이다. '미장센mise-en-scène', 다시 말해 무대의 각 기둥을 세우고, 역할을 나누고, 층을 높이고, 제한선을 둔다. 난간을 만들어 불확실하나마 어떤 빗장을 치는 것이다. 여기서 중요한 것은 상상계에는 각 도가 있어야 한다는 것이다(상상계는 일정한 밀도가 있어야 하고, 그 밀도는 각 도度들이 있어야 만들어진다). 그래서 이 파편적인 글들을 보면, 상상계로 이루어진 여러 개의 도라고 할 수 있다. 어려움은, 이 도들에 번호를 붙일 수 없다는 것이다. 독주毒酒에도 도수가 있고, 고문拷問에도 난이도가 있는데.

고대의 학자들은 가끔 어떤 명제를 말할 때, 지혜롭게도 '**불확실한**incertum'이라는 완화제를 사용했다. 만일 상상계가 잘 잘린 조각으로 이뤄져 있다면, 잘린 면 때문에 **불편함**은 항상 있다. 따라서 매번 이 조각은 몇 개의 메타언어 장치와 함께 나올 것이다. 그래야 앞에서 쓴 것이 무사히 잘 통관될 수 있을 것이다. 몇몇 단상들(**따옴표, 괄호, 인용 구술, 장면, 돌출부** 등)과 함께 여기서 수행될 수 있는 것은 둘로 갈라진 (혹은 그렇게 **스스로 상상하면서**) 주체가 가끔 자기 상상계에 서명한 것이다. 하지만 이게 꼭 확실한 방법은 아니었다. 왜냐하면 우선 상상계가 너무 명철해서였다. 내가 말한 것을 쪼개면서 고작 훨씬 더 멀리서 상을 가져와 다시 인상을 찌푸리게 하는 게 고작 내가 한 일이었다. 그리고 특히, 상상계는 자주 늑대의 발걸음처럼 왔다. 단순과거 위에 조용히 이름을, 추억을 만지작거리면서 "**나라는 나**Moi,je"를 즐겼다. 다시 말해, 거울 단계의 나**와 자기 상image*** 속의 나가 분할되면서도 다시 합해졌다. 따라서 꿈은 이런 게 될 것이다. 무용한 텍스트도 아니고, 명철한 텍스트도 아니다. 다만 불확실한 따옴표들과 둥둥 떠다니는 수많은 괄호들(이 괄호들은 절대 닫혀서는 안 된다. 왜냐하면 아주 정확히 말해 **표류한 것, 파생한 것**이기 때문이다)이다. 이를 읽는 것은 독자에게 달려 있다. 독자는 **일정한 간격을 둔 배열** 독법을 만들어낼 것이기 때문이다.

(이렇게 다양하게 도를 채워야 상상계는 입증된다. 내가 나에 대해 쓰고 싶은 그 모든 것, 그리고 쓰면서 **결국은** 나를 불편하게 하는 것. 독자의 호의 없이는 쓰일 수 없는 것. 그런데 독자마다 그 호의의 방식이 다르다. 이것들을 분류할 수 있으려면, 각 단상들**** 자체가 분류되어야 할 것이다. 각 단상들은 각기 다른 상상계다. 수평선 같은 이 상상계 안에 있으면 사랑받거나, 적어도 벌은 안 받는다고 믿게 된다. 독자를 의식하지 않아도 주체가 쓴 글이 주체에 의해 읽힌다. 또는 그냥 **누가 본다는 것만으로도** 생기는 불편함이 이 상상계에서는 공제된다.)

댄디

패러독스를 너무 열렬히 사용하면 개인주의적 입장이 들어갈 위험이 있다(또는 그냥 이미 내포되어 있다). 이런 것을 일종의 댄디즘이라 할 수 있다. 댄디dandy는 외롭긴 해도 혼자는 아니다. S.는 본인도 학생인데—애석하다는 듯—학생들은 개인주의적이라고 나에게 말했다. 역사적인 상황에서는 매사에 염세주의적이거나 거부감을 갖는다. 지식인 계급이 대개 그렇다. 지식인 계급이 투사가 못 된다면 가상적 댄디는 된다. (댄디에겐 종신의 철학 그 외에 다른 철학은 없다. 다시 말해, 댄디에게 시간이란 내 인생의 시간일 뿐이다.)

영향이란 무엇인가?

『비평 에세이』에서 글 쓰는 주체가 어떻게 "진화"하는지(작가에 대한 다짐과 그 도의에서 기표의 도덕성으로 이행한다)

---

* 앞의 Moi는 1인칭 주어로서의 '나(je)'의 강세형이다. 더 강력한 동화성을 희구하면서 강조되는 투로, 흔히 상상계의 나를 가리킨다. 뒤의 je는 나를 발화 주체로 설정한 1인칭의 나다.

** 자크 라캉의 정신분석학 개념에서의 거울 단계를 뜻한다. 유아가 거울 속에 비친 상을 보며 자신을 알아보는 동시에 그 동화성 속에 희열을 느끼는 단계이다. 분리보다는 동화가 더 강력한 기제로 작동하는 상상계 단계이다.

*** 우리의 자아는 흔히 자기 상 속의 자아를 갖는데, 여기서 자기 상은 실제하는 자기와는 좀 다른 상일 수 있다.

**** 중간 제목 아래 파편적으로 계속 이어지고 있는 이 글을 가리킨다. 단상 또는 파편이라는 표현을 혼용하여 번역했다.

그는 말한 바 있다. 그가 다루는 저자들에 따라 조금씩 다르지만 점진적으로 진화한다. 여기서 유도적 또는 귀납적 오브제는 내가 말하는 저자가 아니라, **그에 대해 말하도록 나를 이끄는 그 무엇**이다. 이것이 허용됨으로써 나는 나 스스로에게 영향을 준다. 내가 그에 대해 말하므로, 그를 생각하면서도 결국은 나에 대해 말하게 된다(또는 그를 생각하지 않게 된다). 기타 등등.

따라서 두 저자를 구분할 필요가 있다. 먼저, 지금 쓰고 있는 글의 대상이 되는 저자. 그 저자의 영향은 지금 말하고 있는 것 밖에 있는 것도, 그 이전에 있는 것도 아니다. 그리고 또 다른 저자는 (훨씬 고전적 개념에서) 지금 읽고 있는 글의 대상이 되는 저자이다. 그런데 이런 저자는 내게 무엇으로 오나? 일종의 음악으로, 생각에 잠긴 듯한 음색으로 온다. 상당히 조밀한 철자 바꾸기 놀이로도 온다. (나는 막 읽은 니체로 머릿속이 가득하다. 그러나 내가 갈구하는 것은, 내가 포획하고 싶은 것은, 어떤 개념-문장 들의 노래다. 순전히 운율적인 것, 여기서 영향은 그것이다.)

미묘한 도구

아방가르드한 프로그램.

"세계는 경첩에서 나와야 열린다. 또한 경첩에서 세게 움직여야만 다시 제자리로 돌아간다. 그렇다 해도 거기 사용되는 도구들 가운데 살살 조작해야 하는 작고 약한 도구도 있다."(브레히트, 『구리 구매L'Achat du cuivre』.)

잠시 휴식, 기왕증*

간식 시간에, 차가운 우유에 설탕을 넣었다. 오래된 하얀 주발 바닥이 살짝 패여 있었다. 숟가락을 살살 돌리는데 숟가락이 이 파인 곳을 만진 건지, 잘 안 녹았거나, 잘 안 씻긴 설탕 자국을 만진 건지 모르겠다.

할머니, 할아버지 댁에서 전동차를 타고 돌아온 일요일 저녁. 방에서 저녁 식사를 했다. 방구석에는 난로가 있었다. 뜨거운 국과 구운 빵을 먹었다.

여름날 저녁, 아직 날이 다 저물지 않았을 때, 어머니들은 작은 도로 위를 산책하고 있었고, 아이들은 그 주변을 뛰어다녔다. 축제였다.

---

* 원어는 anamnèses. 보통 기왕증(既往症)으로 번역된다. 의사의 질문에 대해 환자가 스스로 말하고 답하면서 밝혀지는 병의 이력이라는 뜻이다. 여기서 상을 떠올리며 기술하는 상기(想起), 또는 가톨릭 미사의 기념기도라는 뜻이 파생되었다.

박쥐가 방으로 들어왔다. 머리채에 달라붙을까 무서워 엄마는 그를 등에 업고 침대 시트 밑으로 기어 들어갔다. 그리고 작은 부젓가락으로 박쥐를 쫓아냈다.

투우장으로 들어가는 길모퉁이 의자 위에 포미로 대령이 말을 타듯 걸터앉아 있었다. 몸집이 크고 소정맥이 튀어나올 정도로 얼굴이 붉으락푸르락했다. 콧수염을 길렀으며, 근시안이고, 말투가 어눌한 이 대령은 그 앞을 지나가고 또 지나가는 투우 관람객 무리를 보고 있었다. 그가 이 무리 중 한 사람을 껴안으면 아, 얼마나 끔찍하고 무서울까!

그의 대부는, 조제프 노가레였는데 이따금 그에게 호두 봉지와 5프랑짜리 동전을 주었다.

라퐁 마담은 바욘 고등학교 부속 유치원 여선생님이었는데, 투피스에 슈미즈를 입고 그 위에 여우 모피를 걸쳤다. 답을 잘 맞히면 그 보상으로 딸기 맛이 나는 통통한 사탕 하나를 주셨다.

그르넬, 아브르 가의 목사 베르트랑 씨는 눈을 감고 천천히 엄숙히 말을 하곤 했다. 식사 때마다 그는 녹색 나사 천으로 장정되고 태피스트리 십자가 각인이 찍힌 오래된 성경책을 조금씩 읽었다. 출발하는 날에는 기차를 놓칠까 걱정했다.

티에르 가 다리그랑 씨네가 주문한 두 마리 말이 끄는 마차가 1년에 한 번은 그 댁으로 와서 여행객들을 실어 바욘 역으로 데리고 갔다. 파리로 가는 저녁 기차를 기다리며 우리는 황색 난쟁이 카드놀이를 했다.

서신으로 임대 신청이 가능한, 가구가 다 갖춰진 아파트는 매번 빨리 나갔다. 파리의 11월 아침, 그들은 글라시에르 가에서 여행 가방과 짐들을 가지고 재회했다. 바로 옆 유제품 크림 가게에도 사람들이 묵었는데, 뜨거운 초콜릿 차와 크루아상을 그들에게 대접했다.

마자린 가에 있는 툴루즈 풍의 문방구에서는 삽화 잡지들을 살 수 있었다. 가게에서는 방금 튀긴 감자 냄새가 났다. 문방구 여자는 먹던 감자튀김 한쪽을 계속 씹으며 가게 안쪽에서 나왔다.

매우 품위 있던 그랑세뉴 도트리브 선생은 4학년 담당으로, 외알 코안경을 만지작거리곤 했다. 그한테서는 후추 냄새가 났다. 그는 반을 '캠프'와 '벤치'로 나누어 각각에 '대장'을 두었다. 이건 다름 아닌 그리스의 아오리스트* 시제를 놓고 겨루는 기마창 시합이었다. (왜 선생들은 항상 추억의 좋은 안내자일까?)

---

* 그리스어 동사 시제로서 명확한 시점을 밝히지 않는 과거.

1932년 무렵, 스튜디오 28, 5월의 목요일 오후, 혼자서 나는 영화 <안달루시아의 개>를 보았다. 나오니 5시였고, 톨로제 가에서는 밀크커피 냄새가 났다. 세탁소 여직원들이 다림질과 다림질 사이 중간에 마시는 커피였다. 과잉된 무미無味로는,* 이른바 탈중심화된 말로는 표현할 수 없는 추억.

바온에는 정원에 서 있는 키 큰 나무들 때문에 모기가 많았다. (사이가 벌어진) 창문틀에 붙여놓은 얇은 망사 천들이 있었다. 피디뷔스라는 작은 고깔 모양의 방향제를 태웠다. 이어 치익치익 펌프질을 해 약을 뿜어대는 플라이-톡스**의 초기 시절이 왔다. 플라이-톡스는 거의 항상 비어 있었다.

괴팍한 뒤푸에 씨는 1학년 담당 교수로 자기가 던진 질문에 대해서는 결코 자기가 먼저 대답하지 않았다. 그는 가끔 학생이 답을 찾을 때까지 침묵하며 한 시간을 기다리기도 했다. 아니면 학생을 내보내 학교를 한 바퀴 산책하고 오게 한 적도 있다.

여름, 아침, 오전 9시, 두 어린 소년이 베리스 마을의 아주 낮고 소박한 집에서 나를 기다리고 있었다. 그 애들에게 여름방학 숙제를 내줘 풀게 해야 했기 때문이다. 내 일기장 종이 위에도 나를 기다리고 있는 게 있었다. 몸이 왜소한 우리 할머니가 준비해주신 아주 창백한 빛의, 너무 달아 토를 할 것 같은 밀크커피 작은 한 컵이었다.

기타 등등. (자연의 질서를 따르지 않는 이런 기왕증은 '기타 등등'을 달고 다닌다.)

나는 기왕증을 행동—쾌락과 고생이 뒤섞여 있는—이라 부른다. 왜냐하면 주체로 하여금 추억을, 그러니까 그 추억을 너무 확대하지도 않고 너무 뒤흔들지도 않으면서 아주 작은 추억을 되찾게 해주기 때문이다. 이런 게 하이쿠다. 비오그라펨 biographème***이다.31 이런 것도 인위적으로 만든 기왕증이니까.

나는 내가 사랑하는 저자에게 이것을 빌려준다. 몇몇 기왕증은 광택이 없어 뻑뻑하다(무의미해서, 의미가 배제되어서). 그것들을 훨씬 더 최고로 뻑뻑하게 만드는 데 성공할수록, 상상계를 최고로 잘 벗어난다.

---

* 쉽게 풀어 쓰면 '너무 싱겁게는'이겠지만, 지식인 어투의 조어를 자조하며 쓰는 듯하다.

** 당시 유행하던 살충제

*** 바르트가 만든 신조어라 우리말로 굳이 번역하지 않았다. Biographie(전기)와 graphème(문자소. 의미를 띠는 문자의 가장 작은 단위)을 조합한 말로, 전통적 자서전이 한 인물의 생애를 거시적인 일관성을 가지고 전체를 기술하는 것에 반해 자신이 쓰는 이 자서전처럼 사소하거나 세부적인 요소들을 비정합적으로 또는 파편적으로 써보는 시도이다. 구조주의 신화학에서 언급되는 신화소(神話素)와 유사해 전기소(傳記素) 정도로 번역할 수 있겠다.

바보짓

고전적 관점(인간성의 통일성에 기반하여). 바보짓은 히스테리일 것이다. 좀 모자란 사람으로 보이려면 바보처럼 보이는 것으로도 충분하다. 변증법적 관점. 나는 나를 복수화하는 것을 받아들인다. 바보짓을 자유롭게 하는 영역이 내 안에서 많이 살아나도록 하는 것을 받아들인다.

그는 바보 같을 때가 많다. 그것은 그가 도덕적 **지성**만 갖고 있었다는 것이다(다시 말해 그의 지성은 과학적이거나 정치적이거나 실용적이거나 철학적이거나 또 그 밖의 기타 등등의 지성은 아니었다는 것이다).

글 쓰는 기계

1963년 무렵(라 브뤼예르에 관해 쓰면서),[32] 그는 **은유**와 **환유**의 쌍을 가지고 폭주한다(1950년, G.와의 대화 이후 이미 알려진 사실이지만). 이런 게 지하수맥 탐사가의 막대기이며 개념이다. 특히 그게 쌓이면 글쓰기의 가능성이 **들고 일어난다**. 그는 말한다, 여기 뭔가 말할 수 있는 힘이 있어.

작품은 개념적 열광과 얼굴이 붉어질 정도의 연속적 흥분, 소멸하기 마련인 편집증을 통해 진행된다. 담론은 작은 운명들, 사랑에 빠진 것 같은 위기들을 통해 진행된다. (언어의 짓궂은 장난. **열광이 진로를 방해하니까.** 단어는 잠시 목구멍 속에 남아 있다.)

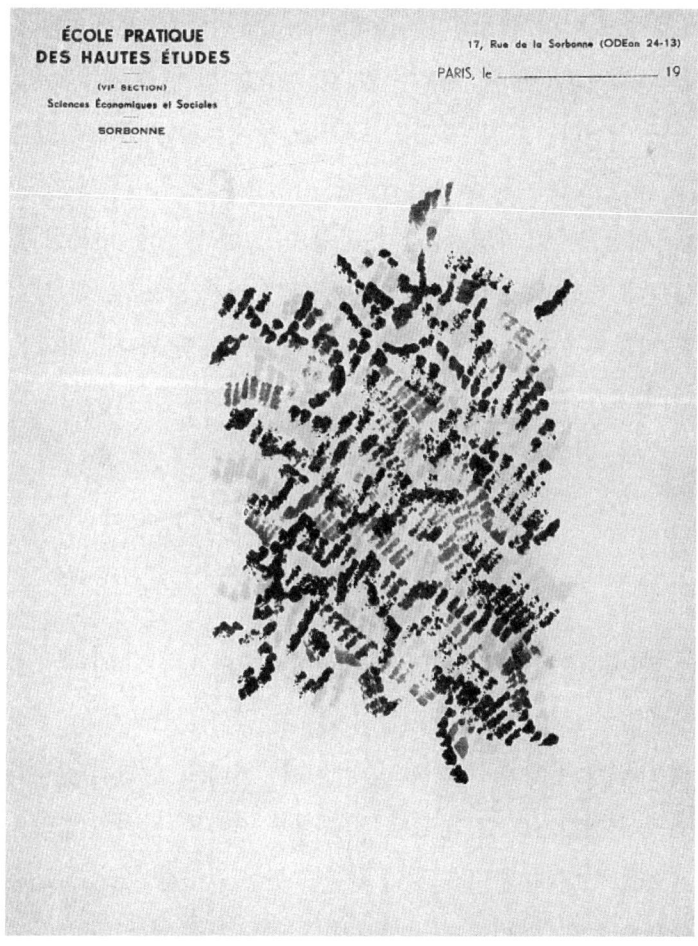

낭비

단식

다음 리허설을 위해 배우들과 약속을 잡으며, 브레히트는 그들에게 이렇게 말했다. **뉘흐테른Nüchtern! 단식!** 끈적거리는 것을 바르지 말 것. 꽉 채우지 말 것. 영감을 받지 말 것. 감동받지도 친절하지도 말 것. 건조하게 있을 것. **단식** 상태로 있을 것. 내가 써놓은 것을 단식 8일 후 다시 보아도 참아줄 수 있을까? 이 문장, 이 개념(이 개념-문장)이 그때 볼 때는 마음에 들었는데, **단식**의 공복 상태에서는 구토가 나지 않을까? 내 혐오를 어떻게 설명할 수 있을까?(내 배설물에 대한 혐오?) 바라옵건대 내가 쓴 것을 최고로 잘 읽어내려면, 써놓은 것을 사랑하지 말고, 다만 **단식하며 참아내야 할까?**

질랄리의 편지

"친애하는 롤랑, 저의 안녕을 받아주세요. 당신의 편지는 저에겐 큰 기쁨이에요. 그런데 이 편지는 결점 없는 방식의 우리의 내밀한 우정에 대해 어떤 상을 제공하네요. 당신의 진지한 편지에 대한 답장을 하면서 저도 너무 기뻐요. 당신의 놀라운 표현들에 대해 제 마음 깊이 정말 무한한 감사를 드리고요. 친애하는 롤랑, 이번에는 당신에게 좀 곤란한 주제를(제 생각으로는요) 말할 거예요. 주제는 다음과 같아요. 제게는 저보다 어린 남동생이 하나 있어요. AS 3학년 학생이에요. (기타를 사랑하는, 아니 사랑에 빠진) 음악광이에요. 한데 가난 때문에 그의 재능은 감춰져 있어요. 내 동생은 끔찍한 자기 세계에 숨어 있어요(그는 고통받고 있는데, '당신의 시인은 이럴 때 뭐라고 말하나요') 롤랑, 부탁드려도 될까요? 되도록 빠른 시일 내에 당신의 사랑스러운 나라에서 그 아이가 일자리를 찾게 말이에요. 왜냐하면 그 아이는 지금 너무나 불안하고 걱정인 삶을 살고 있어요. 한데 모로코 청년들의 상황을 아시겠지만, 전 정말 놀라서 환한 웃음을 지을 수 없을 정도예요. 선생님은 외국인 혐오증이나 인간 혐오증 같은 건 없는 분이지만 그래도 저희 상황을 아시면 놀랄 겁니다. 선생님의 답을 초조하게 기다리면서, 저의 신에게 선생님의 건강을 완벽하게 지켜달라고 부탁하겠습니다."

(이런 편지의 진미. 화려하면서도 반짝이는. 말 그대로의 문투. 직접적인 문장. 문화나 교양은 없지만 문학적인 문장. 문장마다 언어적 유희가 있는. 어조를 달리 하며 정확히, 무자비할 정도로 할 말 다 하는. 미학의 차원을 넘어 아니, 그 먼 나라에서는 이런 미학은 검열당했을 테고[우리 가련한 동포들은 미학을 포기하지 못했지만]. 이 편지는 진실을 말하면 **동시에** 욕망을 고스란히 말했다. (기타와 사랑이라는) 질랄리의 그 모든 욕망. 모로코의 정치적 진실. 이런 것이 정확한 유토피아적 담론이다. 우리가 희망할 수 있는.)

쾌락 같은 패러독스

G.는 〈콩스탕스 호수의 기마행렬La Chevauchéesur le lac de Constance〉*을 보고 완전히 흥분하고 도취되어 나에게 이런 용어로 그 극을 묘사하였다. "이건 바로크야. 이건 미쳤어. 이건 키치야, 이건 낭만주의야." 기타 등등. 그리고 덧붙이기를 "이건 완전 유행이 지난 거야." 그러므로 어떤 감각 조직들에게는, 패러독스가 가장 강렬한 황홀경이고, 상실이다.

『텍스트의 즐거움』의 부가적 첨가물은 쾌락이다. 쾌락은 욕망에 답하는 것(그것은 만족이다)이 아니라, 욕망을 기습하여 괴롭히고, 길을 잃게 하여 표류시키는 것이다. 주체를 탈선시킬 수 있을 만큼 좋은 형식을 갖기 위해선 신비적인 곳으로 몸을 돌려야 한다. 루이스브루크.** "나는 이런 상태, 즉 쾌락이 욕망이 엿보이는 가능성을 추월해버린 상태를 정신의 도취라 부른다."

(『텍스트의 즐거움』에서, 쾌락은 **이미** 예측 불가능한 것으로 말해졌고, 루이스브루크의 말도 **이미** 인용되었다. 그러나 나는 항상 어떤 고집, 강박을 의미하기 위해 나 자신을 인용할 수 있다. 그도 그럴 것이 그것은 곧 나의 몸의 사안이기 때문이다.)

환희의 담론

―**사랑해요, 사랑해요**! 몸에서 솟구친, 억제할 수 없는, 반복되

는 이 사랑의 선언이 보이는 발작의 절정에는 어떤 결핍이 **감춰져 있다**? 만일 이것이, 갑오징어가 먹물을 내뿜듯, 긍정의 과잉 아래 욕망의 실패를 감추기 위한 것이 아니었다면, 이런 말을 할 필요도 없었을 것이다.

―뭐라고? **평균적** 담론이라는 음울한 귀환을 영영 선고받았다고? 로고스 시대가 사라진 어느 후미진 구석에라도 환희에 찬 순수 담론이 존재할 가능성은 전혀 없을까? 이 맨 끝 가장자리 중 어디 하나에서라도―그렇다, 신비주의가 그 옆 바로 가까이에 있을 수 있다―언어가 마침내 최초의 **표현**, 그러니까 충만함의 **무의미한** 표현에 이를 수 있지 않을까?

―이것 말고는 할 수 있는 게 하나도 없어. 이건 구혼할 때 하는 말이다. 따라서 이 구혼을 받는 사람을 불편하게 만들 수밖에 없다. 단 어머니는 제외하고―그리고 단 신은 제외하고!

―적어도, 내가 이런 말을 던져도 정당화될 수 있으려면, 최소한 이런 경우다(가능할 법하지 않지만 기대할 수는 있다). 이 두 번의 "**사랑해요**"가 유일무이하게 빛나는 섬광처럼 발화

---

* 피터 한트케의 극 작품이다.

** Jan Van Ruysbroeck. 14세기 아우구스티노 수도회의 수사로 신비주의적 교리를 펼쳤다. 스콜라 철학의 교리와 달리, 농민이나 여자, 직인 들에게 더 파급되었다. 신이나 초월적 존재는 학문이나 지식, 이성이 아닌 직관과 직감으로만 체험할 수 있다고 주장하였다. 바르트의 『텍스트의 즐거움』, 『사랑의 단상』에서도 그는 몇 번 언급된다.

되면서 어떤 절대 순수의 일치를 만들어내고, 바로 이 동시성에 의해 주체의 타자에 대한 일종의 공갈 협박 효과를 없애 버리는 경우다. 그러면 공갈 협박은 가라앉고 구혼만 **부양하게** léviter 될 것이다.

충만함

이런 구혼 속에 있는 모든 시와 모든 음악. **사랑해요**je t'aime, **이히 리베 디히**Ich liebe dich! 그런데 기적처럼 환희에 찬 대답이 닥친다면, 어떻게 될까? 이 **충만함**의 맛은 어떨까? 하인리히 하이네는 이렇게 노래했다. *Doch wenn du sprichst : Ich liebe dich! So muss ich weinen bitterlich*. **나는 쓰러지네, 나는 무너지네, 나는 비통하게 우네.**

(사랑이라는 단어는 마치 애도하듯 작업한다.)

단어 작업

이어 장면 전환. 나는 변증법적 출구를 찾고 또 찾는 나를 상상한다. 사랑의 돈호법은, 내가 하루하루 반복해도 시간의 경과로 어떤 새로운 상태를 재차 덮게 될 것이다. 아르고호가 이름을 바꾸지 않고도 여행하는 동안 배를 늘 새롭게 한 것처럼, 사랑에 빠진 주체는 같은 감탄문을 통해 맨 처음의 구혼을 서서히 변증법적으로 바꿔가면서 그 긴 경주를 완료할 것이다. 물론 처음 보낸 백열전구처럼 밝은 빛을 전혀 퇴색하지 않고. 사랑의 작업이나 언어의 작업은 항상 새로운 그러나 같은 굴곡의 문장을 만난다. 기호의 형태는 반복되지만 기의는 결코 반복되지 않는 여태 없던 언어를 창조하면서 말이다. 발화자는, 사랑에 빠진 자는 마침내 잔인한 축소를 극복한다. 언어는 (그리고 정신분석학은) 우리의 모든 정서에 영향을 미친다.

(내가 방금 끌어낸 세 개의 상상계 중 가장 잘 작동하는 것은 마지막이다. 왜냐하면 만일 상이 만들어졌다면, 이 상은 최소한 변증법적 변형의 상, 즉 **실천**praxis의 상이기 때문이다.) 상이 세워지면, 이 상은 적어도 변증법적 변형을 거치기 때문이다.

언어의 두려움

그런 텍스트를 쓰면서, 그는 은어에 대한 죄책감을 느낀다. 특별한 나머지, 미친 것 같은 담론에서 빠져나올 수 없다는 듯이. 만일, 여태, 결국엔 그가 잘못된 언어를 쓴 거였다면? 이런 공포가 그를 더 강렬히 붙잡는다(U.에서). 저녁이라 나갈 수 없어 그는 텔레비전을 많이 본다. 계속해서 그에게 그와 떨어진 일상어가 재현되었다(다시 보였다). 그는 이 언어에 관심이 있다. 그러나 상호적은 아니다. 이 언어는 그에게 관심이 없다. 텔레비전을 보는 시청자에게 그의 언어는, 완전히 비현실적으로 보일 것이다(미학적 쾌락 밖에서 그 모든 비현실적 언어는 웃음거리가 될 성싶다). 솟구쳤다 축 처지는 게 언어의 기운일까. 처음에는 다른 사람의 언어를 유심히 듣는다. 이 거리감에서 안전감을 확보한다. 다음에는 이렇게 뒤로 물러나 있는 게 괜찮은지 의심한다. 사람들이 말하는 것이 두렵다(말하는 방식과 불가분으로).

하루 동안 그가 썼던 것에 대해, 그는 밤의 공포를 느낀다. 밤에는, 글쓰기의 모든 상상계가 엄청나게 출동하기 때문이다. 쓴 것이 어떻게 보이는지, 그 상이. 온갖 비판(때론 우정 어린)과 충고. **이건 너무 그렇고, 저건 너무 그렇고. 이건 충분하지 않고……**. 밤에는 형용사들이 더미들로 몰려온다.

모국어

외국어에 왜 그다지 취향이 없거나 그다지 능력이 없을까? 고등학교에서 배운 영어('매브 여왕La Reine Mab*, 『데이비드 카퍼필드David Copperfield』,** 『지는 것이 이기는 것She Stoops to Conquer』*** 등은 지겨웠다). 이탈리아어에는 훨씬 재미를 느꼈다. 그중에서도 밀라노의 옛 목사(기묘한 조합이다)의 글을 통해 몇몇 기초를 배웠다. 그러나 이렇게 익힌 관용어들은 여행할 때 잠시 사용했을 뿐, 한 번도 제대로 그 언어 속으로 들어간 적은 없다. 외국 문학에 대한 취향이 거의 없어 번역에 대해서도 항상 염세적이었고, 번역자들의 질문 앞에서는 공황 상태가 되었다. 나는 내포connotation를 한 단어의 의미 자체라고 생각하는데, 번역자들은 이를 흔히 무시하는 것처럼 보였다. 이 모든 차단은 사랑, 즉 모국어(여성의 언어)에 대한 사랑의 이면이다. 그러나 이것이 애국심은 아니다. 한편, 그는 어떤 언어도 우월하다고 믿지 않으며 프랑스어에서도 끔찍한 결핍감을 자주 느낀다. 한편에서는, 모국어의 어떤 언어적 탁월함을 믿지 않는다. 도리어 프랑스어에서 끔찍한 결핍감을 자주 느낀다. 다른 한편, 자기 고유의 언어에서 그 어떤 안전감도 느끼지 못한다. 위협적인 분열을 인지하는 경우도 왕왕 있다. 때론, 길거리에서 프랑스인들이 하는 말을 듣고, 그걸 이해하며 자기 몸 일부를 통해 그들과 언어를 공유하는 자신에 놀라기도 한다. 그에게 프랑스어란 아마도 탯줄 같은 언어일 뿐이다.

(그런데, 나에게는 더 낯선 언어에**** 대한 취향이 있다. 그건 바로 일본어이다. 그 구조는 그와 전혀 다른 주체의 조직―상image과 그 상을 통한 일종의 질책remontrance을 **재현하기** 때문이다.)

---

* 셰익스피어의 『로미오와 줄리엣』에 등장하는 맵 여왕(Queen Mab) 관련 긴 독백(Act 1, Scene 4)을 가리킨다.

** 찰스 디킨스의 자전적 장편소설로, 1849-1850 무렵 발표하였다.

*** 올리버 골드스미스의 극 작품으로, 18세기 영국 무대에서 상연되었다.

**** 바르트는 『기호의 제국』에서 일본어와 일본어 기호 체계를 다룬다.

불순한 어휘부

그는 이렇게 정의될 수 있을까? 순수한 통합축syntaxe*을 꿈꾸되, (단어의 어원과 거기서 파생한 특수한 의미들을 뒤섞어) 불순하고 이질적인 어휘부를 즐기는 자. 이런 식의 조제調劑는 어떤 역사적 상황**에 대한 보고이기도 하지만, 어떤 소비 재료에 대한 보고이기도 하다. 순수 아방가르드보다 살짝 더 읽히지만, 훌륭한 교양을 갖춘 작가보다는 훨씬 덜 읽힌다.

나는 좋아한다, 나는 좋아하지 않는다

나는 좋아한다. 샐러드, 계피, 치즈, 피망, 아몬드 파이, 잘라 말린 건초 냄새('코'에서 아예 그런 향기를 만들어내면 좋으련만), 장미, 작약, 라벤더, 샴페인, 정치적 입장은 가볍게, 글렌 굴드, 아주 차가운 맥주, 납작한 베개, 바싹 구운 빵, 하바나 시가, 헨델, 절제된 산책, 배, 백도 또는 포도밭에서 재배된 복숭아, 버찌, 색깔, 시계, 만년필, 깃털 펜, 앙트르메entremets,*** 정제하지 않은 소금, 리얼리즘 소설, 피아노, 카페, 폴록Jackson Pollock, 톰블리Carol Twombly, 모든 낭만주의 음악, 사르트르, 브레히트, 베른, 푸리에, 에이젠슈타인, 열차, 메독, 부지,**** 잔돈을 가지고 있기, 부바르와 페퀴셰, 저녁에 남서쪽 지방 소로들을 샌들을 신고 걸어 다니기, L. 의사 댁에서 보는 아두르강의 굽이, 막스 브라더스,***** 살라망크에서 나와 아침 7시에 먹는 세라노.******

나는 좋아하지 않는다. 하얀 스피츠, 바지 입은 여성들, 제라늄, 딸기, 클라브생,˙˙˙˙˙˙˙˙ 미로, 동어반복, 애니메이션 영화, 아르투스 루빈스타인Arthur Rubinstein, 빌라, 오후, 사티Erik Satie, 바르톡Béla Bartók, 비발디, 전화하기, 어린이 성가대, 쇼팽 협주곡, 부

˙ 흔히 통사론, 구문론 등으로 번역되는 Syntaxe는 합을 뜻하는 접두사 Syn을 염두에 두고 그 개념을 이해할 필요가 있다. 보통 문장을 발화할 때, 단어 하나를 발화하면 의미론적 유사성이 연상되어 그다음 단어가 나오고, 이렇게 연쇄적으로 발화가 진행되면서 하나의 구문이 완성된다.

˙˙ 프랑스 현대 구조주의 철학의 흐름이 거세던 68혁명 및 그 이후의 시기를 가리킨다고 볼 수 있다. 구조주의 철학에서는 통합축보다 계열축에 주목한다. 달리 말해, 단어를 이어가며 의미를 총합하는 방식, 즉 언어 단위들의 연산 체계보다 위계질서에 더 관심을 가지면서 이 위계질서의 붕괴 또는 그 유지 능력의 상실로 인해 생기는 언어 효과들을 분석한다.

˙˙˙ 식후에 먹는 단 음식이다.

˙˙˙˙ 부지는 프랑스 북부 루아레 지방에 있다. 메독이 보르도를 중심으로 한 중서부 지방의 포도주라면, 부지는 북부 지방의 포도주로 유명하다.

˙˙˙˙˙˙ 뉴욕 출신의 미국 배우들로, 브로드웨이 무대만이 아니라 영화, 텔레비전 등에서도 왕성한 활동을 했다. 이들의 활동명은 Groucho, Harpo, Chico, Gummo, Zeppo이다.

˙˙˙˙˙˙˙ 하몽 같은 스페인의 훈제 햄 요리이다.

˙˙˙˙˙˙˙˙ 하프시코드의 프랑스어 이름.

르고뉴 지방의 브랑르,* 르네상스 때의 춤곡, 오르간, M.-A. 샤르팡티에,** 그의 트럼펫과 팀파니, 정치와 성을 항상 연결하는 태도, 부부싸움, 주도권, 성실 및 충성 또는 정절, 임의적 자발성, 내가 모르는 사람들과의 저녁 모임, 기타 등등.

나는 좋아한다, 나는 좋아하지 않는다.* 누가 무엇을 좋아하느냐, 좋아하지 않느냐는 중요한 게 아니다. 더욱이 별 의미도 없다. 하지만 이건 이런 의미를 갖기에 중요할 수 있다. **나의 몸은 당신의 몸과 같지 않아요.** 이렇게 기호와 혐오의 이런 무정부주의적인 거품 속에서 일종의 흩어진 가는 선이 새어 나온다. 공모 또는 분개라 부를 만한 수수께끼 같은 몸의 형상이 서서히 그려진다. 바로 여기서 몸의 협박이 시작된다. 타자에게 나를 관대하게 참아달라고 하기 때문이다. 아니면 어떤 쾌락이나 거부 앞에서 가만히 조용히 있어 달라고 하기 때문이다. 그가 비록 이런 쾌락이나 거부를 공유하지 않아도.

(파리 한 마리가 날 성가시게 하면, 난 파리를 죽인다. 당신을 성가시게 하는 게 있으면 그것을 죽인다. 만일 내가 파리를 죽이지 않았다면, 그건 순전히 관대한 마음 때문일 것이다. 나는 암살자가 되지 않으려 관대해진다. 나는 암살자가 되지 않기 위해 자유를 구가한다.)

구조와 자유

구조주의자, 여전히 그는 구조주의자인가? 적어도 이런 점에서는. 한결같이 수선스러운 곳이 그에게는 비구조적으로 보인다. 왜냐하면 이런 곳에서는 침묵이나 말을 선택할 어떤 자유도 없기 때문이다(그는 바에서 옆에 있던 사람에게 몇 번이나 이렇게 말을 했는지. **너무 시끄러워서 당신하고 말을 할 수가 없어요**). 적어도 내게 구조는 두 개의 사항을 제시하는데, 하나는 자유롭게 하나를 택하고, 다른 하나를 물리칠 수 있다. 따라서 구조는 자유를 (소극적으로라도) 보장할 수 있어야 성립하는 것이다. 이런 날, 내 침묵에 어떻게 의미를 부여할 수 있겠는가? 그도 그럴 것이, **온갖 수를 써도**, 내가 말할 수 없는데?

---

* 부르고뉴 브랑르 지방의 전통춤으로 매우 활달한 원을 그리며 춘다.

** Marc-Antoine Charpentier. 프랑스 17세기 바로크 음악가이다.

*** 바르트가 여태 강조한 계열축. 즉 양항 및 이원론을 통해 제3항을 만드는 일. 바로 그 사례로 나는 좋아한다(1)/ 나는 좋아하지 않는다(2) /나는 좋아한다, 나는 좋아하지 않는다(3)의 계열이 완성된다.

수용적

수용적L'acceptable. 그는 이 언어학적 개념을 충분히 많이 사용했다. (가독적이고 문법적이면) 어떤 형식이든 수용적이라고 말해진다. 의미는 주어진 언어 내에서 받아들여진다. 개념은 담론 내에서 연기延期될 수 있다. 하이쿠도 항상 이런 식으로 제안된다. "간단하고, 통용적이고, 수용적이다."[33] 로욜라 Ignacio de Loyola의 『영신수련Exercices Spirituels』 기계에서 "부호화된 요구, 즉 수용 가능한 요구가 나온다.[34] 일반적 방식으로는, 문학이라는 과학은(언젠가 이런 게 존재한다면) 이런저런 의미를 증명하지는 못하지만, 왜 그런 의미가 수용 가능한지는 말할 수 있다.[35]

이 거의 과학적인 개념은(그도 그럴 것이 이것도 언어학적 기원에서 출발하므로) 열정적인 측면을 띤다. 어떤 형태의 유효성보다는 이제 그 진실이 더 중요해진다. 이제 이 진실에서, **조용하고 은밀하게,** 기대에 못 미치는 의미, 열외의 의미, 그러면서도 그토록 애지중지하는 테마의 문제가 대두된다. 의미가 표류 또는 파생할 여지가 있다는 것이다. 바로 이런 점에서, '**수용 가능한**'이 구조적 알리바이를 가지면 욕망의 한 형상이 될 수 있다. 나는 수용적인(즉 가독성 있는) 형태를 욕망한다. 이중의 폭력을 좌절시키면서. 하나는 의미가 부여된 꽉 찬 의미. 또 하나는 영웅적인 무의미.

읽을 수 있는, 쓸 수 있는 그리고 그 너머

『S/Z』에서 두 반대항을 제안했다. **읽을 수 있는**lisible/**쓸 수 있는**scriptible. 내가 다시쓰기réécrire* 할 수 없는 텍스트가, 읽을 수 있는 텍스트다(오늘날 내가 발자크처럼 쓸 수 있을까?) 내가 어렵사리 읽은 텍스트가, 쓸 수 있는 텍스트다, 단 나의 독서 방식을 완전히 바꿔야 할지도 모르지만.** 그렇다면 이제(누가 나에게 보내준 어떤 텍스트들을 보면 이런 생각이 든다) 나는 아마도 제3의 텍스트 같은 어떤 실체가 있을 거라고 상상한다. 읽을 수 있는 것, 쓸 수 있는 것, 그 바로 옆에 **받아들일 수 있는**recevable*** 어떤 것이 있게 될 것이다. **받아들일 수 있는** 것이란, 그럴 법한 것의 영역 밖에서 무언가를 계속해서 생산해내는 아주 뜨거운 텍스트이다. 달라붙어 읽지만 도저히 읽을 수 없는 것. 이런 텍스트의 기능은—쓴 자에 의해 그 기능이 확연히

---

* 여기서 다시쓰기는 특수한, 제한된 개념으로 보고 띄어 쓰지 않고 붙여 썼다. 단순한 모방이나 필사를 의미하기보다, 글쓰기의 어떤 전범이나 스타일을 보여준 작가의 글을 모방하면서도 재해석하여 전위적으로 바꾸는 것까지 포함한다.

** 두 문장 모두 패러독스한 문장이어 유의할 필요가 있다. 전제 명제는 부정문("다시쓰기 할 수 없는" "어렵사리 읽은"이며, 파생 명제는 긍정문("읽을 수 있는" "쓸 수 있는")이다. 그러나 맨 마지막 문장에는 별도의 유보조항이 붙고, 이것이 바르트 특유의 제3의 항이다.

*** 바로 앞 글에서는 수용적(L'acceptable)이라는 표현을 썼다.

인지되어 있지만—글쓰기라는 상업적 구속을 거부하는 것이다. 도저히 출판 불가능한 어떤 생각이 이 텍스트를 끌고 나아가는데, 아마도 다음 답을 불러낼 것이다. 당신이 생산해낸 것을 나는 읽을 수도, 쓸 수도 없지만 그걸 **받아들이오**. 불로서, 마약으로서, 수수께끼 같은 혼돈으로서.

마테시스로서의 문학

고전 문학을 읽으면서(『황금 당나귀』부터 프루스트까지) 그는 항상 문학 작품에 의해 쌓이고 환기된 지식의 총체에 놀란다(그 고유 법칙에 대한 연구는 새로운 구조주의적 분석의 대상이 되어야 한다).*

문학은 하나의 **마테시스**Mathésis, 즉 하나의 질서이자 체계이며, 지식으로 구조화된 하나의 장場이다. 그런데 이 장은 무한하지 않다. 한편으로, 문학은 그 시대의 지식을 넘어갈 수 없다. 다른 한편, 문학은 모든 것을 다 말할 수 없다. 언어처럼, **종결된** 일반론처럼 문학은 문학 자신을 아연실색하게 만들 정도로 압도하는 오브제들을, 놀랄 만한 광경들을, 도래한 사건들을 일일이 헤아릴 수가 없다. 브레히트가 보고 말한 게 바로 이것이다. "아우슈비츠의 사건들, 바르샤바 게토에서 본 사건들, 부헨발트 강제수용소에 본 사건들은 문학적 성격의 묘사를 분명 참지 못할 것이다. 문학은 이런 것에는 준비되어 있지 않았다. 헤아려볼 어떤 수단도 제시되지 않았다."36

지금도 우리가 사실주의 문학을 생산해내고 있다면, 이로써 이젠 이것도 할 수 없다는 무력감이 설명될 수 있을 것이다. 이제 더 이상 발자크도, 졸라도, 프루스트도 심지어 그다지 좋은 소설이라 할 수 없는 사회주의식 소설도 다시 쓸 수 없다. 그 묘사들이 여전히 진행되고 있는 사회 내 분리에 기반하고 있다고 해도 말이다. 리얼리즘은 언제나 소심하다. 세계에서는 너무 놀라운 일들이 벌어지고 있다. 정보가 너무나 다량으로 흘러넘치고 정치 전반에 온갖 것이 쏟아져 나와 그것을 투사적으로 형상화할 수 없을 지경이다. 문학적 오브제로서의 세계가 달아난다. 지식은 문학을 저버린다. 이제 문학은 **미메시스**

---

* 지식의 총량과 총체가 압도적으로 많아진 현대에 구조주의적 사유 방식과 그 방법론이 도입될 수밖에 없을 거라는 말이다. 주체가 객체 및 대상을 보면서 일종의 비교 우열론에 빠지지 않기 위해 구조주의적 연구 방법론에서는 실제 사실들이 동일한 것이어서는 안 되고 다양하고 이질적인 것들이 최대한 많을수록 좋다. 불시에 발견할 어떤 공통적 속성에 이르기 위해서는 이 실제 사실들이 모순되어서는 안 되고, 최대한 검증 및 논박 가능해야 하기 때문이다. 구조주의 및 후기 구조주의 철학에서 '복수성'에 대한 사유가 압도적인 이유도 이런 맥락에서 짐작할 수 있다. 그러나 이런 구조주의적 사유의 한계 또한 지적되곤 한다. 그래도 알 수 있다는 인식의 가능성을 완전히 포기한 건 아니기 때문이다. 바로 뒤에서 아우슈비츠 이후의 문학을 잠깐 언급하는 것도 그래서다. "안다"?, 아니 "안다고 하지 말 것", 지식의 무용함을 암시하는 많은 홀로코스트 문학을 참조해볼 수 있을 것이다. 바르트는 그 어떤 사유든 이데올로기가 되는 것을 늘 경계한다.

Mimésis도, **마테시스**도 될 수 없다. 그저 **세미오시스**Sémiosis,, 즉 언어적으로 불가능한 모험에 가까운 이것으로밖에는 가능하지 않은 것이 된다. 이것을 한마디로 말하면 텍스트다('텍스트'라는 개념은 '문학'이라는 개념을 배가한 거라고 말하면 안 된다. 문학은 **끝장난**fini 세계를 **재현**하며, 텍스트는 끝장나지 않은infini, 무한한 언어를 **형상화한다**. 지식 없이, 합리적 이유 없이, 지성 없이).

'나'의 책

그의 '개념들'은 현대성, 더 나아가 아방가르드(주체, 역사, 성, 언어)라 부르는 것과 얼마간 상관성이 있다. 그런데 그는 자신의 개념들에 저항한다. 그의 '나'는 이성적인 응집체여서 끊임없이 저항한다. 보기에는 이런 '개념'들의 연속으로 이뤄진 것일지라도, 이 책은 그런 개념을 쓴 책은 아니다. 이것은 '나의' 책이되,* 내 고유한 개념들에 대한 내 저항들을 담은 책이다. 이것은 (**물러나는**, 아니 물러나 거리를 두고 보는) **열성**劣性의 책이다.

모든 것이 소설 속의 한—혹은 여러 명의—등장인물에 의해 말해지는 것으로 간주되어야 한다. 왜냐하면 소설의 숙명적 질료이자 돌출부redan** 많은 미로로 이뤄진 이 상상계에서 자기 자신에 대해 말하는 자가 길을 잃고 헤매고 있기 때문이다.

무대의 깊이에 따라 엇갈리게 배치된 여러 개의 가면(**페르소나**)이 상상계를 떠맡는다(하지만 그 뒤에는 **아무도** 없다). 이 책은 선택하지 않는다. 교대로 작동할 뿐이다. 간단한 상상계와 비평적 접근이라는 입김을 내뿜으며 걸어가는 것이다. 그러나 이런 접근 자체도 반향의 효과에 불과하다. (자기) 비평보다 더 순수한 상상계는 없다. 결국, 이 책의 실체는 완전히 소설적이다. 에세이 같은 담론에 3인칭이 끼어드는 것은, 어떤 가공적 피조물을 지시하려는 게 아니라 이른바 장르들을 개혁할 필요가 있어서다. 에세이라고 말하면서 사실상 **거의** 소설임을 자백하는 것이다. 고유명사 없는 소설.

---

* 소유의 대상인 책('나의 책')을 말할 때는 보통 'Mon livre'라고 하지만, 여기서 원문은 'Le livre du Moi'라고 되어 있다(제목도 마찬가지이다). 더욱이 Moi의 첫 자가 대문자로 강조되어 있다. moi는 1인칭 주어 '나'의 강세형으로, 나를 강조하는 표현인데, 정신분석학에서 상상계의 나를 암시하는 표현이기도 하다. 원문과 달리 임의로 '나'에만 작은따옴표를 써서 뉘앙스의 차이를 둔다.

** 여기서는 비유적 표현이지만, 원래는 건축 용어다. 철각(凸角)의 보루 또는 세로형 돌출부를 뜻한다.

달변

1972년 6월 7일, 이상야릇한 상태. 피곤해서인지 신경질이 나고 침울하다. 그런데 내 안의 달변이 나를 붙잡더니 문장 폭탄이 떨어진다. 다시 말해, 내가 아주 지적이면서 동시에 아주 헛된 기분이 든다. 이것은 절제 속에서도 인색한 글쓰기와는 완전히 상반된다.

명철성

이 책은 '고백'의 책이 아니다. 진지하지 않은 것은 아니지만, 어제와는 다른 앎을 오늘 갖게 되었기 때문이다. 이 앎은 이렇게 요약된다. 나에 대해 쓴 것은 결코 **결정적인 발언**이 아니다. '진지할수록', 나는 더 해석할 만하다. **정통성**이라는 단 하나의 법칙에 순응한다고 믿는 옛 저자들의 눈보다 다른 담화 사례의 눈에 비춰볼 때 나는 더 해석할 만하다. 이 발화 사례들은 역사, 이데올로기, 무의식이다. 이렇게 다른 미래들에 열려 있는(달리 어쩌겠는가?) 내 텍스트는 탈구되었다. 어떤 텍스트가 다른 텍스트를 덮지 않는다. 이 책은 또 하나의 텍스트일 뿐, 일련의 마지막 텍스트이지 의미의 궁극은 아니다. **텍스트 위의 텍스트**, 이는 결코 아무것도 명료하게 밝혀내지 못한다.

무슨 권한이 있어 내 현재가 내 과거에 대해 말하겠는가? 내 현재가 내 과거보다 우세한가? 어떤 '은총'이 있어 나를 밝혀주겠는가? 흘러가는 시간의 은총이 있으면 모를까. 혹은 길 위에서 만나는 좋은 명분의 은총?

바로 이런 사안이다. 최고의 꾸밈이 아니라, **진위의 여부를 알 수 없는 꾸밈**feinte indécidable(헤겔이 한 말)을 제시하게 될 이 글쓰기가 계획하는 것은 무엇일까?

결혼

이야기(재현, **미메시스**)와의 관계는 오이디푸스를 통해 이루어진다. 이는 잘 알려진 사실이다. 그러나 우리 다중 사회에서는 결혼과의 관계를 통해서도 이루어진다. 아직도 상당수의 연극 영화에서 간통이 주제이다. 나는 (TV에서) 이런 종류의 (힘든) 장면 속에서 그 징후를 본다. 배우 J. D.에게 부인(부인도 배우이다)과 그의 관계에 대해 질문하며 이 배우를 요리한다. 인터뷰하는 사람은 이 착한 남편이 불륜을 **저질렀으면 하고 바란다.** 이게 그를 자극한다. 그는 당황스러울 수 있는 단어를, 이야기의 싹을 **요구한다.** 결혼은 여기서 거대한 집단적 흥분을 제공한다. 오이디푸스를, 결혼을 제거하고 나면, 우리가 **이야기할 게** 아직도 남아 있을까? 그것들도 사라지면 대중 예술은 바닥부터 꼭대기까지 다 바뀔 것이다.

(오이디푸스와 결혼의 관계. 이는 '소유하다'l'"avoir와 '전승하다'le"transmettre의 문제이다.)•

어린 시절의 추억

어렸을 때, 나는 마라크라는 동네에서 살았다. 이 동네는 건축 중인 집들이 많아 여기저기 공사 현장이 많았다. 아이들은 이런 곳에서 놀았다. 집들의 기초 공사를 위한 점토질의 커다란 구멍이 파여 있었는데, 우리는 이 구멍 중 하나에 들어가 놀곤 했다. 아이들은 다시 위로 올라갔다. 나만 빼고. 나는 도저히 올라갈 수 없었다. 땅바닥에 있는 나를, 위에 있는 아이들이 놀려댔다. 졌어! 너만! 꼴 좋다! 넌 제외!(제외당한다는 것은 밖에 있는 게 아니라, **구멍 속에 혼자**, 하늘이 활짝 펼쳐진 곳에 갇혀 있는 것이다. **권리 상실**). 나는 그때 엄마가 달려오는 것을 보았다. 엄마는 나를 거기서 끌어내 아이들한테서 멀찍이, 아니 아이들 반대쪽으로 데려갔다.

새벽의 판타지

평생, 나는 일찍 일어나기를 꿈꾸었다(계급적 욕망. '생각하기' 위해, 쓰기 위해 일찍 일어나기. 교외로 가는 기차를 타기 위해서가 아니라). 그러나 이 판타지가 다가오는 새벽, 내가 아무리 일찍 일어난다 해도 그 환영을 난 결코 보지 못하리라. 왜냐하면 그게 내 욕망과 정확히 들어맞으려면 기상하자마자, 잠이 깨는 순간, 바로 그것을 봐야 하기 때문이다. 저녁부터 부푼 감각을 인지하는 상태에서, 아니 그 감각을 더 축적한 상태에서 바로 그것을 봐야 할 것이다. 어떻게 해야 **마음대로 이용**할 수 있을까? 내 판타지의 한계, 그것은 곧 나의 **비-재량권**에 있다.

메두사

독사doxa, 그것은 통념이다. 반복되는 의미이다. **마치 아무 일도 없었다는 듯이**. 그것은 메두사다. 그걸 바라보는 사람의 머리를 돌처럼 굳게 만드는. 이 말은 메두사가 **명명백백**하다는 것이다. 보여졌다는 말인가? 심지어 그 이상이다. 그건 망막 안쪽에 붙

---

* 원문은 두 동사 바로 앞의 관사에만 따옴표가 붙어 있다. 보통 동사에는 관사를 붙이지 않지만 명사처럼 명명하거나 개념화할 때 사용할 수 있다. 앞의 관사는 'l'에만, 뒤의 관사는 'le'에 따옴표가 붙었다. 정관사 le는 바로 뒤에 모음이 나오면 e가 탈락한다. 그런데 앞의 oedipe(오이디푸스)도 마찬가지 원리가 작용해 e가 탈락한 정관사 l만 있고, mariage(결혼)는 e를 탈락시키지 않은 정관사를 그대로 쓰고 있다. 바르트가 어떤 설명도 붙이지 않고 있지만, 미묘한 암묵적 함의가 있는 듯하다. 오이디푸스 신화를 이른바 근친상간으로 해석하기보다, 모태와의 합일(기원과의 합일)로 해석한다면, 태생 자체가 모태와의 분리인 인간은 끊임없이 이 분리의 고통(모든 태생동물에게 분리 불안이 내재되어 있는 것도 그래서다)을 다른 동화를 통해서라도 만회하길 원하며 또 다른 타자를 만난다. 이것이 사랑의 원리라면 원리다. 반면, 결혼은 생식과 번식을 통해 세대 전승을 하기 위해 인류 문명이 선택한 불가피한, 그러나 항구한 제도일 수 있다. 사랑과 결혼이 연동되나 반드시 등가적이지 않은 이유이다. 같은 정관사여도 Le/L(e)로 구분함으로써 '같지만 다른' 세계가 암시된 것일 수도 있다.

어 있는 젤라틴 덩어리다. 치료제는? 청소년기에 나는 어느 날 말로-레-뱅에서 해수욕을 했다. 메두사가, 해파리가 득실거리는 차가운 바다에서(도대체 이런 해수욕을 왜 했냐고? 어떤 객기로? 우린 그룹으로 있었다. 이른바 객기를 정당화하기 딱 좋은 상황). 차가운 목욕을 마치고 나면 샤워실 관리인이 태연하게 내민 자벨수*를 온몸에 끼얹었다. 온몸이 화상으로, 물집으로 뒤덮이는 일이 다반사였다. 똑같은 방식으로 우리는 독사가 가득한 대중문화 제품에서 기쁨을 취한다고(비뚤어진 방식으로) 볼 수 있다. 대중문화라는 해수욕에서 나오게 하려고 누군가가, 매번 아무 일 없다는 듯이, 이런 세척제를 당신에게 내밀 것이다.**

흉측한 고르곤 자매의 여왕이자 막내인 메두사는 원래 눈부신 머리칼을 지닌 매우 보기 드문 미녀였다. 넵튠은 그녀를 덮치고 미네르바 사원에서 그녀와 결혼했다. 미네르바***는 그녀를 몸서리칠 만큼 아주 끔찍한 얼굴로 만들었다. 그 빛나던 머리칼은 뱀들로 변형시켰다.

(사실, 저 옛 독사의 담론에는 잠든 미녀가 숨어 있다. 한때 화려하고도 싱싱했던 지혜의 여신과 그 추억. 지혜의 여신 아테나는 독사를 캐리커처로 만들어 복수한 것이다.)

메두사 또는 거미는 거세를 상징한다. 그래서 나는 이에 **아연실색**한다. **아연실색하게 만드는** 한 장면이 있다. 나는 이 장면을 들을 뿐 보지 못한다. 내가 듣는 것은, 보면 거세라는 큰일을 당하기 때문이다. 나는 **문 뒤에** 조용히 있다.

독사는 말한다, 나는 그것을 듣는다. 하지만 나는 독사의 공간에는 있지 않다. 다른 작가들처럼 역설의 인간인 나는 **문 뒤에 있다**. 독사가 지나갔으면 하고 정말 바란다. 말해진 것을 정말 보고 싶다. 공동체적인 장면에 나도 참여하고 싶다. 나는 끊임없이 **내가 배제된 세계를 듣는다**. 그래서 나는 아연실색 상태에 있다. 언어의 대중성으로부터 후려쳐지고, 잘려나가.

독사는 다들 알다시피, 압제적이다. 아니 아마도 권위적이고 폭군적이다. 혁명적 지면에 실린 이 끔찍한 단어를 읽어보자.[****]
"세 가지 권력기관 위에 감시와 여론 기능을 하는 감찰 권력이 들어서야 한다. 이 권력은 모든 이에게 속할 것이며, 대표성 없이도 권력을 수행할 수 있을 것이다."

---

[*] 하이포아염소산 칼륨과 염화 칼슘의 혼합 수용액. 프랑스의 자벨 지방에서 섬유 공업용 표백제로 만들었다.

[**] 해수욕이 대중문화라면, 메두사, 자벨수는 바르트적인 글쓰기일 수 있다.

[***] 미네르바는 로마 신화에서는 지혜와 군사 전술을 관장하는데, 기원전 2세기부터 로마인들은 미네르바를 그리스 여신 아테나와 동일시했다.

[****] 혁명적 지면이란 「La Bouche de Fer」(1790)를 가리킨다. '강철 입'이라는 뜻으로, 단두대가 등장하는 프랑스 혁명기의 공포정치 시기 바로 몇 년 전 발행된 파리의 신문이다.

아부 노바스와 메타포

욕망은 오브제와 차별되지 않는다. 한 남창이 아부 노바스˚를 보았을 때, 아부 노바스는 그의 시선에서 돈의 욕망이 아닌 아주 단순한 욕망을 보았다―그리고 그는 감동했다. 전위 가능한 모든 학문에 이것은 교훈이 된다. 사실상 전위된 의미는 그다지 중요하지 않다. 이동의 두 항도 그다지 중요하지 않다. 오로지 중요한 것은―이로써 메타포가 세워진다―**이동 그 자체니까**.

언어적 알레고리

1959년 프랑스화된 알제리에 대해, 당신은 '-이다'라는 존재 동사에 대한 관념적 분석을 내놓는다. 문법적 오브제라는 게 있다면, '문장'이 그런 오브제이다. 탕헤르의 바에서 일어난 일을 당신이 말할 때 도움이 된다. 당신은 '메타언어'의 개념을 그대로 고수하지만, 상상계의 자격을 줌으로써다. 이런 과정은 항상 똑같다. 당신은 유사-언어학을, 메타포 언어학을 수행하는 것이다. 여기서는 말이 되도록 문법적 개념들이 상을 탐색하는 게 아니다. 오히려 그 반대다. 이 개념들이 알레고리를 구성하며, 소설적 목적을 위해 추상화된 제2의 언어를 형성하기 때문이다. 과학 중 가장 진지한 과학이라면 언어 존재 그 자체를 떠맡아야 한다. 그리고 준엄한 이름들로 된 몫을 또 그에 기꺼이 떼어줘야 할 것이다. 이런 과학이라면 상들images **또한** 비축하고 있다. 시적인 언어가 바로 이런 과학이다. 당신의 욕망을 가장 적절하고 고유하게 발화하는 데 쓰일 것이다. 언어학자들은 두 대립항에서 의미 손실이 어떻게 생기는지 과학적으로 설명하기 위해 '중립화neutralisation'와 그 게시된 의미를 쓴다. 그런데 이런 압제적 의미의 강요된 표시를 해소하기 위해 필요한 윤리적 범주로서의 **중립**Neutre도 있다. 당신은 이제 둘 간의 친화성을 보게 될 것이다.**

---

* 8~9세기 페르시아 또는 이란의 시인으로 그의 시대 가장 위대한 아랍계 시인으로 알려져 있다.

** 전자의 Neutralisation이 중립화, 중성화, 즉 두 항 사이의 대립 속에 하나를 선택함으로써 어떤 것이 배제 또는 손실되는 것을 막기 위한 하나의 방법으로 제시되는 통용적 의미라면 후자의 Neutre는 롤랑 바르트가 쓴 『중립(Le neutre)』에서 주로 다뤄지는 화두이기도 하다. 그러나 바르트가 새로운 신조어를 제시하려는 건 아니다. '중립화'가 접미사 '-tion(-화)'을 붙여 사역적 행위를 뜻한다면, 바르트는 이런 통념으로부터 한발 물러나 이를 다르게 사유해 보려 한다. 바르트가 쓴 neutre는 형용사에 불과하다. 바르트는 종국에 일체의 패러다임을 좌절시키는 시도를 한다. 전쟁과 평화, 행복과 불행 등 보편타당하게 인식되는 두 대립항 사이에는 갈등과 긴장이 존재한다. 결국 이 긴장을 없애기 위해 '중립화'라는 방법을 제시함으로써 일종의 무심함, 초연함이 생겨날 수 있다. 그러나 바르트는 제3의 길로서의 이런 기회주의적 중립은 사실상 존재하지 않는다고 말하는 듯하다. 바르트의 중립은 차라리 두 항 중 어느 항도 선택하지 않음으로써 더 집요하고 더 불처럼 뜨겁다. 어느 길도 선택하지 않음으로써 자신만의 불안전한 길 위에서 더 자신 안에 집중하며 뜨겁게 사는 태도일 수 있다.

그것이 작동하는 것을 보면, 이런 단어의 의미 자체가 유치한 장난처럼 여겨질지 모른다. 마치 신제품을 사면 시동장치를 자꾸 작동해보는 구매자의 유치한 장난처럼.

편두통

나는 **두통**을 **편두통**Migraine*이라고 말하는 습관이 있다(아마도 단어가 아름다워서). 이 적절치 않은 단어는(왜냐하면 내가 아픈 곳이 내 머리의 딱 절반이라고 하기 때문이다) 사회적으로는 적절한 단어이다. 부르주아 여성이나 문인에게만 부여되는 신화적 표장이기 때문이다. 편두통은 한 계급의 실태다. 프롤레타리아나 소상인에게 편두통이 있는 걸 보았는가? 사회적 분리가 내 몸에서 일어난다. 아니, 내 몸 자체가 사회적이다.

그런데 왜 (남서부) 시골에서 나는 편두통이 더 세게, 더 자주 있는 걸까? 야외에서 공기를 마시며 쉬는데 왜 나는 더 편두통이 생기는 걸까? 나는 무엇을 억압하고 있는 걸까? 도시와 이별해서? 바욘에서 내 과거가 재개되어서? 어린 시절의 권태 때문에? 내 편두통은 어떤 이동 혹은 전위의 흔적일까? 그런데 편두통이 도착증으로 인한 거라면? 내가 두통이 있을 때는, 내가 부분적으로 욕망에 사로잡혔을 때인 거 같다. 마치 내가 내 몸의 정확한 어떤 부분, 즉 내 **머리의 내부**를 맹목적으로 숭배할 때처럼. 따라서 난 내 작업과 불행한/사랑에 빠진 관계 속에 있을 수도 있다. 나를 둘로 분할하다 보니. 나의 작업을 갈망하면서 동시에 두려워하다 보니?

미슐레의 편두통은 또 아주 다른 것들이다. "경탄과 구토가 섞임." 내 편두통은 그에 비해 광택이 덜하다. 두통이 있다는 것은(절대 아주 세진 않고), 나로선 내 몸을 불투명하게, 완고하게, 침하되게, 넘어지게 만들어서다. 다시 말해 (여기서 다시 찾은 큰 주제인) **중립**으로 만들어서일 것이다. 편두통의 부재, 몸의 사소한 경계, 영도의 체감. 요컨대 난 이런 것들을 건강 **연극**이라 읽을 것이다. 내 몸이 극도로 건강한 건 아니라는 걸 확인하기 위해 때때로 내 몸의 투명도 **표시**를 잡아떼거나, 약간 암울한 기관처럼 살아야 할 것이다. 의기양양한 인물로 사는 게 아니라. 따라서 편두통은 (신경계의 문제가 아니라) 심신의 문제인 것이다. 상징화 회피이기도 한 이 치명적인 인간의 병 속으로 들어가는 것을, 아니 **조금만 들어가는 것을**(편두통은 미세하긴 해도 아프기는 하니까) 나는 받아들이기로 한다.

---

* Mi(절반)-Graine(알곡). 곡식 알맹이가 두 쪽으로 갈라진다는 뜻이다. 롤랑 바르트의 1962년부터 1980년까지의 인터뷰를 모아 출간한 책 제목도 "La graine de la voix"이다. 바르트에게 '알갱이'라는 단어는 일종의 페티시즘이다.

시대에 뒤떨어진

책에서 벗어나면, 그의 인생은 계속해서 시대에 뒤떨어진 주체의 인생이었다. 사랑에 빠졌을 때(방식 때문이기도 하지만 사실 자체로도)는 그래서 시대에 뒤떨어졌다. 그가 엄마를 사랑했을 때(그가 아빠를 잘 알았고, 불행히도 아빠를 사랑했다면 어땠을까!)에도 그는 시대에 뒤떨어졌다. 그가 민주주의자라고 느꼈을 때, 그는 시대에 뒤떨어졌다. 기타 등등. 그러나 나사를 추가로 한 번 더 돌리듯 모드가 한 번 더 돈다면, 일종의 심리적 키치가 될 것이다, 결국.

큰 단어들의 물렁함

그는 두 종류의 큰 단어를 쓰는데 거기엔 이런 게 있다. 하나는 그냥 잘못 사용된 단어들. 모호하고 집요한 이 말들은 여러 의미를 대신하며 자리를 채운다('결정주의', '역사', '자연'). 나는 이런 단어들이 물렁한 것을 느낀다. 달리의 시계들*처럼 물렁하다. 다른 것들('글쓰기', '문체')은 사적인 계획으로 개량한 것들이다. 그 의미가 개인어인 단어들이다.

어쨌든 '건강한 작성'의 관점에서도 이 두 분류는 같은 가치를 갖지 않지만, 서로 통한다. (지적으로) 모호한 단어에는 훨씬 생생한 것이, 존재감을 보여주는 간결함이 있다. **역사**는 도덕적 개념이다. 자연적인 것을 상대적으로 보게 해주고, 그래서 시간의 의미를 믿게 해준다. **자연**은 압제적이고, 부동적이다. 기타 등등의 것이 있지만, 그 안에는 또 사회적인 게 있다. 각 단어가 관용적 어법이 잘게 부서진 공간에서 마치 우유처럼 흔들리며 **돈다**. 덩굴손처럼 주체의 신경질적인 뿌리까지 뻗어간다. 다르게 말하면, 결국엔, 다 끌어서 담는 예망 어부 같다. 그들은 만나는 거면 다 따라간다. 1963년, **상상계**imaginaire 는 바슐라르식의 모호한 용어에 불과했다.37 그러나 1970년에는38 다시 세례명을 받아 완전히 다 라캉적인 의미(왜곡된 형태로까지)로 통용되었다.**

---

* 나뭇가지에도, 사각형 테이블에도 걸려 있는, 흘러내리는 형상의 물렁한 시계를 그린 살바도르 달리의 그림을 가리킨다. 대중에게는 달리의 〈시계〉로 알려져 있지만, 원래 제목은 〈기억의 완강함〉이다. 물렁하게 흘러내리는 것과는 반대되는 단어-개념이 들어간 셈이다. 달리 역시나 심한 편두통을 앓았는데, 이 그림을 그릴 당시에도 편두통에 시달렸다고 한다. 그림 제목과 그림 형상이 통하지 않는 것 같으면서도 통하는 듯한 이 모호한 양가성과 함께 바로 앞서 바르트가 언급한 '편두통'의 의미를 떠올려볼 만하다.

** 가스통 바슐라르는 상상(image) 및 상상계(imaginaire)를 가령, 『물과 꿈』, 『공기와 공상』, 『땅과 의지의 몽상(La terre et les rêveries de la volonté)』 같은 저서를 통해 물질 및 물성으로서의 힘 정도로 인식하다 현상학적 측면으로 더욱 선회한다. 이미지 또는 상에 대한 시선에서 중요한 것은 이제 자아가 아니라 그 이미지를 바라보는 시선이 된다. 라캉이 제시한 상상적 또는 상상계(imaginaire)는 착각(illusion), 매혹(fascination) 등의 의미를 내포하며, 특히 자아와 거울상의 이자관계(dual relation)와 관련된다. 유아기 때 아이는 거울을 보며 거울에 비친 상을 자신

댄서의 장딴지

저속함은 곧 조신함을 훼손하는 것이라고 가정해본다면, 글쓰기는 항상 저속해질 위험이 있다. 우리의 글쓰기는 (이 시간에도) 아직도 수사적인 언어 공간 속에서 전개된다. (약간이라도) 소통하려면(해석과 분석에 자신을 내맡기려면) 수사학을 포기할 수 없다. 글이란 따라서 **담론에서 효과가 생기는 것을** 가정한다. 그런데 이 효과가 억지로 강요된 것이라면, 글은 저속해진다. 그럴 때마다 그런 글에 대해 이렇게 말할 수 있을지 모르겠다. **댄서가 장딴지를 보여주는 것 같아.** (이 단상 제목은 그래서 '저속하다.')

작가의 판타지 아래 멈춘, 붙잡힌, 움직이지 않는 상상계. 이건 스냅 사진을 찍을 때의 효과와 같다. 순간 얼굴을 **찌푸리게 만드는.** 그런데 만일 그렇게 찌푸리는 포즈를 일부러 원한 거라면, 이 찌푸림은 의미로 변경된다(문제는 뭐냐, 그게 그건 줄 어떻게 아는가?).

정치/도덕

평생, 정치적으로, 난 화가 나 있었다. 따라서 이런 추론이 가능하다. 내가 아는(내게 주어진) 유일한 아버지는 정치적 아버지였다.

이것은 **단순한** 생각이지만, 자주 드는 생각이다. 그런데도 나는 그 생각을 절대 도식화해볼 생각은 하지 않는다(아마도 **바보 같은** 생각이라). 정치에는 **항상** 윤리가 있지 않나? 정치와 사회 질서, 즉 사회적 현실에 관한 순수 과학의 기초를 세우는 것이 곧 가치 아닐까? 투사는 어떤 명분으로 투쟁하기로 결심하는 걸까? 도덕이, 심리적 통찰이 아예 없는 정치적 실천이라면 이런 실천에는 심리적 기원도, 도덕적 기원도 없으므로 아무런 명분이 없는 것 아닐까?

과 동일시하며 자아를 형성한다. 그러나 엄밀히 말하면 거울에 비친 상이 자신은 아니다. 우리의 자아 형성은 결국 착각 및 오류에서 출발하는 셈이다. 라캉의 상상계는 훗날 더 심화된 연구를 통해 상징계, 실재계와 대비되어 나중에 라캉의 3부 도식을 정초한다. 상상계는 자기 상으로서의 나르시시즘으로 빠질 수 있지만, 타자(소타자)와의 관계에서도 이런 동일시를 유지하려는 경향을 띠므로 일방적이고 공격적인 자기애가 되기도 한다. 그러나 거울 효과와 같은 강력한 최면 효과가 있어 주체를 사로잡고 매혹하는 힘을 발휘함으로써 상징계(능기 측면)와 함께 중요한 의미 작용(소기 측면)을 갖는다. 바르트가 암시한 것처럼, 현재 상상계는 거의 라캉적인 의미로 통용되고 있다. 한편, 바슐라르 이전에 장-폴 사르트르도 이미 그의 석사 논문에서 상상 또는 상상계 및 상상력을 연구한 바 있다. 사르트르는 이성주의에 기반한 고전적인 서양 철학이 상상 또는 상상력을 주관적이고 기만적인 혼란스러운 동요로만 인식한 것을 비판하며, 세계가 있고, 세계에 대한 의식이 있고, 이 의식에는 여러 다양한 정신의 작용이 있는데 상상력도 그 하나로 본다. 요컨대, 사르트르에게 있어 상상적인 것, 상상계란 부정성을 통한 자유 획득에 있다.

(이것은 완전히 **뒤처진** 생각이다. 도덕과 정치를 결합하면, 당신은 거의 200년 전, 1795년으로 돌아간다. 국민공회*가 도덕과 정치 과학 아카데미를 창설한 해이다. 늙어빠진 카테고리, 낡아빠진 등불.—그런데 이게 뭐가 **틀렸나?**—**틀리지 않다**. 그게 더 이상 통용되지 않을 뿐이다. 고대 주화처럼 더 이상 통화되지 않을 뿐 위조 화폐는 아니다. 그것은 박물관 소품처럼 옛것의 소비라는 특별한 소비를 위해 거기 소장되어 있는 것이다.—그러나 이 오래된 주화에서 약간의 유용한 철을—그러니까 이 바보 같은 생각 속에서도 유용한 것을—끌어낼 수 있지 않을까? 다루기 힘들지만 마르크스 사상과 프로이트 사상이라는 두 인식 체계의 대결을 여기서 되찾아볼 수 있지 않을까?)

단어-모드

그는 잘 **심화할 줄** 모른다. 단어, 수식, 그러니까 어떤 생각의 형상, 메타포. 수년 동안 어떤 형태가 그를 엄습하면 그는 그걸 반복하며 도처에 사용한다(가령, '몸', '차이', '오르페우스', '아르고' 기타 등등). 그러나 이런 단어 또는 형상을 깨달으면 거기서 훨씬 더 앞으로 밀고 나가기 위한 성찰은 거의 시도하지 않는다. (설령 하더라도, 설명 대신 새로운 비유를 찾을 뿐이다.) 그러나 똑같은 타령을 심화할 순 없다. 다른 것으로 대체할 수 있을 뿐이다. 모드가 하는 것이 요컨대 그것이다. 그것이 이른바 자신의 내적인 모드, 사적인 모드이다.

단어-가치

그가 즐겨 사용하는 단어는 흔히 대립쌍으로 묶인다. 한쪽은 찬성하고, 한쪽은 반대하는 식으로 두 단어가 짝을 이룬다. **생산/생산물, 구조화/구조, 소설적/소설, 체계적/체계, 시적/시, 채광창이 뚫린/통풍이 되는, 복사/유사, 표절/모방, 형상화/표상화, 소유화/소유물, 발화/발화된 것, 웅성거림/소음, 모형/도면, 전복/이의제기, 텍스트 간 텍스트/맥락, 에로스화/에로틱**, 기타 등등. 가끔은 단순히 (두 단어 간에) 대립만 있는 건 아니고, (한 단어에서) 쪼개져 나온 것도 있다. **자동적인**automobile은 행위로서는 선이지만, 오브제 **자동차** automobile로서는 악이다. **배우**acteur**˙˙**는 물리physis를 거스름으로써 구원되지만, **주동자**acteur는 사이비 물리에 소속되면서 선고

˙ 국민공회(Convention nationale)는 프랑스혁명 시절, 특히 로베스피에르를 위시한 자코뱅 당이 맹활약을 펼친 공포정치 기간의 의회 형태이다. 프랑스 혁명 초기의 주역들이 돈에 매수되거나 도덕적으로 부패한 반면, 로베스피에르는 거의 지나치다 할 정도로 도덕적으로 부패하지 않았고(그의 별명이 'L'incorruptible[부패할 수 없는]'일 정도였다), 그러나 이 지나친 도덕적 결벽증 때문에 동료들과 민심의 이반을 불러온 측면도 있다. 현실정치에서 '정치'와 '도덕'을 분리해서 볼 것인가, 그럼에도 불구하고 '도덕'이 없는 '정치'가 무슨 의미가 있을까 하는 다양한 논쟁이 있을 수 있다.

˙˙ acteur는 acte라는 행위에서 파생하여, 전자는 무대에서 연기를 하는 배우를 뜻하지만, 후자는 어떤 일에 가담된 관계자, 당사자, 주동자, 주모자라는 뜻이다.

기호학의 역사

받는다. 만일 보들레르라면, **인공**artifice은 갈망하지만(솔직히 대놓고 자연과 반대되기에), **모조**simili(자연마저 흉내 낼 수 있다고 주장하기에)는 평가절하한다. 같은 단어여도 단어들 사이에, '가치라는 칼이'³⁹ 지나가고 있다.

단어-색

나는 색 물감을 살 때, 그 이름만 보고 산다. 색 이름(**인디언 옐로, 페르시안 레드, 셀라돈**[*] **그린**)에는 일종의 발생 지역의 흔적이 있지만, 그 색의 정확하고 특별한 효과는 예측 불가능하다. 그 이름은 그래서 기쁨의 약속이자, 작업해야 할 프로그램이다. 다시 말해, 항상 이 이름에는 **미래**가 있는 것이다. 마찬가지로, 내가 어떤 단어가 아름답다고 말할 때, 그러니까 그것을 사용할 때는 그냥 내 마음에 들기 때문이다. 그것이 어떤 음성적 매력이나 의미의 독창성, 또는 그 둘의 '시적' 조합을 가져서는 아니다. **내가 그 단어와 어떤 것을 할 것 같을 때** 그 단어가 나를 사로잡는다. 그것은 미래를 만든다는 전율이다. 아니면 어떤 **식욕** 같은 것. 이런 욕망은 표식처럼 꼼짝도 하지 않고 있는 언어를 뒤흔들어놓는다.

---

[*] 동양의 청자라는 뜻으로, 그 특유의 연푸른빛이다.

단어-마나

한 저자의 어휘집에는 항상 마나mana* 같은 단어가 있어야 한다. 뜨거운 의미 작용이 일어나고 여러 형태가 되어 포착할 수도 없지만, 성스러워 이 단어 하나면 모든 것에 답할 수 있을 것만 같은 환상을 주는 것. 이런 단어는 원심적이지도 않고 구심적이지도 않다. 표류 상태로 크게 움직이지 않으면서 살짝 이동할 뿐, 절대 **안착하지** 않는다. 항상 **아토피크**atopique**(모든 토픽을 벗어나는 것)하며, 잔여물이면서 동시에 추가물이다. 모든 기의의 자리를 차지한 기표이기도 하다. 이런 단어가 그의 작품에 서서히 등장했다. 그의 단어는 우선은 진실을 다루는 심급 기관에 의해(역사의 재판정처럼), 이어 유효성 및 타당성의 심급 기관에 의해(체계systèmes 와 구조 structures***를 판단하는 재판정처럼) 가려져 있다. 그러다 이제 그 단어는 활짝 편다. 이 마나로서의 단어는 바로 '몸'이라는 단어이다.

과도적 단어

어떻게 단어가 가치가 될까? 몸의 차원에서다. 몸으로서의 단어 이론은 『미슐레』에서 나온다. 이 역사학자의 어휘들에는 단어-가치 표식이 있는데, 몸의 전율에 따라 구성되어 있다. 역사적으로 실제 있었던 어떤 몸들에 대한 취향 및 혐오에 따라 몸의 전율이 달라진다. 변수가 많은 복잡한 중계항을 통해 (마법적인 의미를 갖는) '소중한' 단어들과 '우호적인' 단어들이

* 물건이나 사람에 내재하는 초자연력을 의미한다.

** atopos 또는 atopique는 바르트가 『사랑의 단상』에서도 다루는 주제로, 아토포스는 장소를 뜻하는 그리스어 토포스(topos)에 a(결여, 부정)가 붙어 어떤 장소에도 고정되지 않거나 정체를 헤아릴 수 없다는 의미이다. 소크라테스의 별명이기도 했다. 소크라테스의 산파술로도 유명한 소크라테스식 철학은 정확한 답을 주지 않고 끝없는 대화를 통해 계속해서 표류하며 깨닫게 한다.

*** 구조주의 철학에서는 système(체계)과 structure(구조)를 분명히 구분한다. 또는 전자에서 후자를 파생시켜, 후자를 애지중지한다. 왜냐하면 전자는 구조주의 철학이 말하고자 하는 바를 잘 대변해주지 못하기 때문이다. 전자가 외적인 구조라면 후자는 내적인 구조일 수 있다. 바르트는 이 구조를 절대 안착할 수 없는 곳이나 그래도 '살 만한 곳(habitable)', 내적인 힘으로 살아낼 수 있는 곳이라고 표현하기도 한다. 가령 어릴 때 하던 놀이인 의자 놀이에 비유한다. 아이들 숫자보다 하나가 모자란 만큼의 의자가 놓여 있다. 아이들은 선생님이 치는 피아노 반주에 맞추어 노래를 부르며 빙빙 의자 주변을 돈다. 선생님이 갑자기 피아노를 멈추면 아이들은 모두 의자로 달려가 각자 자기 의자를 차지해야 한다. 그러나 서투르고, 덜 난폭한, 혹은 운이 없는 아이들만 홀로, 다소 멍청하게 여분인 채로 남아 있다. 바로 이렇게 시스템(체계 및 제도권)에 안착하지 못한 자의 자리가 구조주의 철학이 사유하는 자리다. 이런 자리는 편하고 안전하지 못하나 그렇다고 살 수 없을 만큼 힘들어 거부하거나 회피할 만한 자리는 아니다. 바르트는 사회의 여백에서 살아가고 있는 사람들의 이런 자리를 원기둥 위에서 살던 고행자 다니엘에 비유하기도 한다. 원기둥 같은 높은 곳은 외부에서 볼 때만 이상한 곳이지, 안에 들어와 내부에서 보면 살 만한 공간이다. 구조주의적 사유는 외연의 가치가 갖는 편견과 비교론을 적극 극복하려는 자세에서 출발한다(롤랑 바르트, 『사랑의 단상』 중 「모든 안착한 사람들」 참조).

만들어진다. 또한 (밝고 행복한) '경이로운' 단어들이 만들어진다. 이것은 아이가 집요하게 빨아대는 베개 모퉁이나 요 가장자리와 비슷한 '과도적인' 단어들이다. 아이에게 이런 부분이 소중하듯 이 소중한 단어들은 놀이 지대의 일부를 이룬다. 과도적 오브제들처럼 그 단어들은 불확실한 지위를 갖는다. 기저에는 일종의 오브제의 부재, 의미의 부재가 있다. 바로 그렇기 때문에 단어들이 그것을 무대에 올리듯 표현하는 것이다. 윤곽선이 단단하고 반복을 통해 힘이 생겼지만, 이 단어들은 흐릿하고 떠돈다. 이 단어들은 종국에 부적이 될 길을 찾는다.

평균적 단어

말하면서 나는 정확한 단어를 찾았는지 확신이 없다. 그래도 엉터리 단어는 피하려고 한다. 하지만 내가 너무 일찍부터 진실 따위는 포기한 터라, 애석하긴 하지만, 그래서 난 평균적 단어에 의지한다.

자연적인

자연적인* 것의 착각성은 부단히 고발되었다(『신화학』, 『모드의 체계』, 『S/Z』에서조차. 외연이 도리어 언어에서 자연으로 되돌아간 것이라고까지 말했다).**

자연적인 것은 물리적 자연의 표장이 전혀 아니다. 그것은 사회적 대다수가 꾸민 알리바이이다. 자연적인 것은 곧 적법하다. 법을 이런 자연적인 것 아래서 나타나게 한 것은 비평적 필요 때문이다. 브레히트의 표현에 따르면, 그런 '규칙'은 일종의 '남용'이다.

---

* 우리말로 번역하면 나쁜 뜻은 없지만, 바르트는 이 단어를 으레 자연적인 것으로, 당연한 것으로, 정상적인 것으로 쉽게 통용하는 것을 비판한다.

** 일반 기호학에서 말해지는 개념처럼, 보통 기표(시니피앙)와 기의(시니피에)가 있으면, 기표가 외연이고, 기의가 내포라고 짐작해볼 수 있다. 그러나 바르트의 기호학은 더 나아간다. 첨부한 표처럼 바르트에게도 우선은 기표(시니피앙)와 기의(시니피에)가 있다. 그런데 이 둘이 합해져 하나의 기호(Signe)를 만든다. 이 기호는 그 자체로 기표(Signifiant)가 되고, 여기에 다시 기의가 생기면서 또 기호를 만든다.

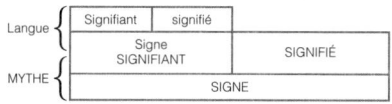

바르트에게 기표 또는 언표로서의 외연은 이미 내포를 전제한 것으로, 기호는 늘 언표적이다. 자연적인 것이 착각이라고 하는 이유가 여기 있다. 언어는 결코 자연적이지 않고, 차라리 신화적이다. 왜냐하면 기호 자체가 신화 구조를 갖고 있기 때문이다. 외연이 차라리 자연으로 돌아간 것이라고 역설적으로 말하는 것은, 언어 안에 자연적인 게 따로 있는 게 아니라, 언어는 언어 자체로 자연이라면 자연일 수 있다는 말이다. 언어와 자연을 분리해서 판단하거나 둘 간의 포함 관계를 설정하지 않고, 언어와 자연을 계열축으로 놓으면 다른 것이 곧 같은 것이 될 수 있는 사유의 가능성이 열린다.

R. B. 자신도 해당되지만 소수자들의 입장에서나 이런 비평의 기원을 볼 수 있다. 그는 항상 어떤 소수에, 어떤 주변부에 속해 있었다―사회든, 언어든, 욕망이든, 직업이든, 예전에는 심지어 종교에서도(그는 작은 가톨릭 집단에 있으면서도 프로테스탄트로 있는 것에 무심하진 않았다). 그러나 혹독한 상황에 있었던 것은 전혀 아니었고, 그는 그 모든 사회적 존재성을 드러냈다. 프랑스에서 가톨릭이고, 결혼을 하고, 좋은 학벌을 갖고 있는 게 얼마나 **자연스러운 것**인지 못 느끼는 사람이 누가 있겠는가? 이런 공인된 순응 도식에 최소한의 태만 또는 회피를 끌고 들어오면 이른바 사회적 가마litière*라 부를 수 있는 것에 일종의 미세한 주름이 생긴다.

이 '자연스러운'에 저항하며 나는 두 가지 방식으로 저항할 수 있다. 법률가처럼 나 없이, 나의 의사에 반하여 만들어진 법에 항의하면서("**나 또한 그럴 권한이 있다**" 하고 말하며). 또는 아방가르드한 위법적 행동으로 다수결의 횡포로 만든 법을 결판내면서. 그러나 그는 이 두 거부의 네거리에서 이상하게 남아있는 듯하다. 그는 위반에 공모를 느끼면서도 개인주의적 자질 역시 갖고 있다. 그래서 여전히 이성적인 반-자연 철학을 제시한다. 이 철학에서는 **기호**가 이상적인 오브제다. 왜냐하면 그 자의성을 규탄하면서도 찬양하는 게 다 가능하기 때문이다. 언젠가는 이 부호들codes을 다 폐지할 것을 우수를 띠고 상상하면서도 이 부호들을 실컷 즐기는 게 가능하기 때문이다. 이런 것이 간헐적 **아웃사이더다**. 나는 안으로 들어갈 수도 있고, 내키는 대로 이 무거운 사회성에서 나올 수도 있다. 편입되기도 하고 거리를 두기도 한다.

새로 산/새로운

프랑스어가, 운 좋게도, 가까우면서도 다른 단어들의 짝을 제공할 때 그 편파성(가치 선택)이 그에게는 생산적으로 보인다. 그런데 하나는 그가 좋아하는 것을 가리키고, 또 다른 하나는 그가 좋아하지 않는 것을 가리킨다. 마치 하나의 어휘가 의미의 장을 훑고, 재빠른 꼬리 움직임으로 방향을 전환하는 듯하다(이것은 항상 같은 구조이다. 계열축이라는 구조. 요컨대 이것은 그의 욕망 구조이다). 하여 새로 산neuf/새로운nouveau**

---

* 말 그대로 사람이 타는 가마이다. 침대(lit)에서 파생한 단어이다. 행차하는 가마는 사회적 신분의 표상일 수 있지만, 침실이 운송 수단이 되는 것은 다소 희화적이다.

** 둘 다 '새로운'이라는 뜻의 형용사이다. 프랑스 사람이어도 정확히 구분하여 쓰기 힘든데, 관용적인 예시문에서 그 미묘한 차이를 짐작할 수 있다. 바르트가 프랑스어에 운 좋게도 이런 단어 짝이 있다고 말한 것도 그래서다. 'nouveau'는 '옛것'에 비해 새로운 것이라는 뜻으로 주로 사람이나 구체적 또는 추상적 사물에 쓴다. 그리고 명사 앞에 주로 쓴다. 가령, Un nouvel appartement(새로운 아파트). 그러나 neuf는 명사 뒤에 쓰고, 자주 사용해 '닳은' 또는 오래 써서 '낡은' 것을 새로 사거나 개량해서 쓸 때 쓴다. 가령 오래 입어 낡아 새로 산 바지를 입었다고 말하려면, Il met un pantalon neuf라고 하면 된다.

라는 구조가 나온다. '새로운nouveau'은 좋은 것이다. 그건 텍스트의 행복한 움직임이다. 혁신은 역사적으로도 모든 사회에서 정당화된다. 그 체제 때문에 퇴행의 위협이 도사리고 있는 사회라면 더더욱 그렇다. 그런데 '새로 산neuf'은 나쁘다. 새로 산 옷을 입으려면 새 옷과 싸워야 한다. 신품은 목이 쏙 들어가듯 어색하다. 몸과 대조되기 때문이다. 몸에 잘 안 맞기 때문이다. 입던 것이 편하듯, 어떤 마모는 일종의 보장이 되는데, 이런 신품은 그 역할을 제거한다. **새로 산 것**이 아닌데 **새로운 것**은 예술, 텍스트, 의복에 있어 이상적 상태일 것이다.

중립

중립은 능동적이고 수동적인 수단이 아니다. 그것은 오히려 둘을 오고 감이다. 도덕과 관계없는, 짧은 진동이다. 더 말해본다면, 이율배반이 아니라 이율배반의 반대이다. (종교에서 말하는 수난Passion*에서 나온) 가치이기도 한 중립은 강력한 힘에 상응하는 것으로, 바로 이런 사회적 실천을 통해 형식적 이율배반 논리를 일소하고 이 논리 자체를 공상으로 치부한다(마르크스의 다음과 같은 문장. "주관주의, 객관주의, 영혼주의, 물질주의, 능동성, 수동성 같은 이율배반 논리가 그 이율배반적 성격을 잃어버리는 것은 다만 사회적 실존 속에서다.").**40**

중립의 형상. 문학적 연극을 제외한 백색의 글쓰기—아담의 언어—맛있는 무의미—잔잔함—텅 빔, 천의무봉天衣無縫—산문prose**(미슐레가 묘사한 정치적 카테고리)—신중함—'인물의' 결원 또는 부재, 아니면 취소. 최소한 거의 감지가 안 되게—**이마고**의 부재—판단 및 재판 보류—자리 옮기기—('용적이 주어지는 것'을 거부함. 아니 일체의 용적 거부)—정교함이라는 원칙—일탈—쾌락, 다시 말해 선전 선동, 장악, 협박을 용케 빠져나가거나 무력화시키거나 아니면 가소로운 것으로 만들며 느끼는 강렬한 기쁨.

자연이란 없다. 초기에는 모든 게 **유사-물리**pseudo-Physis(독사, 자연적인 것, 기타 등등)와의 투쟁으로, 또 **반물리**antiPhysis(나의

---

* Passion은 동사 Passer(지나가다)에서 파생되어 내 몸에 지나간 감각으로서의 열정, 정념을 뜻하지만 기독교에서는 골고다 언덕까지 온몸의 고통과 시련을 감내하고 십자가에 못 박혀 죽음으로써 그 신비를 입증하고, 그 자체로 하나의 종교가 되는 예수의 수난을 뜻하기도 한다.

** 쥘 미슐레(Jules Michelet, 1798-1874)는 역사학자이기 이전에 작가로서 '리듬'이 곧 산문이라는 개념을 일찍부터 강조한 것으로 알려져 있다. 단어와 문장의 그 모든 움직임, 가고 옴, 흔들림, 튀어나옴, 때로는 폭넓고도 느리게 종지부를 향해 가듯, 때로는 아주 짧고도 거의 발작적으로 단속적으로 등 모든 단어들은 그 소리를 통해 귀를 자극해야 하고, 그 의미를 통해 정신을 자극해야 한다고 보았다.

모든 개인적 유토피아)와의 투쟁으로 귀결되었다. 전자는 증오하는 것, 후자는 갈구하는 것. 그런데 나중에는 이 투쟁 자체가 너무 연극적으로 보였다. 그래서 조용히 이를 뒤로 물리거나 거리를 두었는데, 바로 중립의 옹호(갈망)를 통해서였다. 따라서 내가 말하는 중립은 어의적이면서 동시에 갈등적 대립을 벗어난 제3항―영도零度―이 아니다. 중립, 그것은 **언어라는 무한한 사슬의 또 다른 단계에서 폭력**(전투, 승리, 극장, 오만)이 충만한 항이 되는, 새로운 계열의 두 번째 항이다.

능동적/수동적

남성적인/남성적이지 않은. 이런 쌍은 유명하다. 모든 독사를 지배하며 모든 교대 놀이를 요약한다. 의미의 계열 놀이와 구애의 성적 놀이(잘 형성된 의미는 모두 하나의 구애 행위다. 짝짓기와 처형).

"어려운 것은, 다소 방탕한 자유론자의 계획에 따라 성을 해방하는 게 아니다. 어려운 것은 위반까지 의미에 포함하면서 의미로부터 성을 빼내 되찾는 것이다. 아랍 나라들을 보라. '좋은' 성이라고 일컬어지는 어떤 규칙들을 동성애라는 제법 용이한 실제를 통해 쉽게 위반한다. 그런데 위반해도 엄격한 의미라는 하나의 체제를 가차없이 받아들여야 한다. 동성애는, 그 자체로는 위반하는 행위인데, 그 안에 상상할 수 있는 것보다 더 절대적인 계열을 즉각 재생산해낸다. **능동적/수동적, 소유하는/소유된, 씹하는 자/씹 당하는 자, 박는 자/박히는 자**˚ 기타 등등"⁴¹ 따라서 이런 나라에서는, 교대alternative가 정밀하고 체계적이다. 중립적이거나 복잡한 항은 전혀 알지 못한다. 마치 양극을 벗어난 배제로서의 관계는 상상할 수 없을 것처럼. 한편, 이런 교대는 특히 부르주아 또는 프티부르주아 소년들에게서 표출되는데, 이들은 집합적 진급의 장에 놓여 있기에, **가학적**(항문)이면서도 **명확한**(의미 위에서 반아치형의 걸침벽처럼 있어야 하는) 담론을 필요로 한다. 그들은 어떤 누수도 없고, 오류도 없고, 가장자리로의 흘러 넘침도 없이 절대적으로 순수한 의미와 성의 계열을 원한다.

하지만 교대가 거부되는 때부터(계열이 흐려지는 때부터) 유토피아가 시작된다. 의미와 성은 자유로운 놀이 대상이 된다. 그 한가운데 (다의적인polysémiques) 형태들과 (관능적인) 실제 행위들이 양항론의 감옥에서 석방되어 무한히 확장되는 상태로 접어드는 것이다. 이런 식으로 온갖 기교를 부린 텍스트와 행복한 성이 생겨나는 것이다.

˚ 성교 행위를 뜻하는 비속어 및 은어가 그대로 쓰였다.

조정

나는 읽을 때, **조정한다**. 의미작용의 적절한 수준(나한테 적절하게)을 파악하기 위해 내 눈의 수정체만 조정하는 게 아니라, 내 지능의 수정체도 조정하는 것이다. 섬세한 언어학자는 '메시지'('메시지'는 악마에게 줘버리고)에 몰두하는 게 아니라, 이젠 층위를 통해, 층과 층 사이의 경계를 통해 진행되는 이런 조정에 몰두하게 될 것이다. 안구가 하는 것처럼 각자 뭉쳐 있는 텍스트 덩어리 속에서 그나마 이해 가능한 것을 포착하기 위해 자기 정신을 **구부린다**. 알고 즐기려면 이해 가능한 것이 필요하기 때문이다. 이런 점에서 독서는 노동이다. 독서를 구부리려면 근육이 있어야 한다.

정상적인 눈이 조정을 필요로 하지 않으면, 그건 다만 무한을 볼 때다. 마찬가지로 내가 텍스트를 무한히 읽을 수 있다면, 나는 더 이상 내 안에서 그 어떤 것도 구부릴 필요를 느끼지 못한다. 아방가르드하다고 일컬어지는 텍스트 앞에서 가정적으로 일어나는 것이 바로 이것이다(그러니까 조정하려고 애쓰지 마시오. 아무것도 파악하지 못할 테니).

누멘

보들레르 단어에 대한 편애로(특히, 캐치, 즉 프로레슬링) 여러 번 인용한 것. "삶의 중요한 상황에서 취하는 몸짓의 과장된 진실"*. 그는 이런 포즈의 과잉을 **누멘**numen**(인간의 운명을 발표하면서 신들이 취하는 조용한 몸짓)이라 부른다. 누멘은 굳어버린, 영원불멸이 된 함정에 빠진 히스테리이다. 그도 그럴 것이, 결국엔 기다란 시선 아래 사슬에 묶인 듯 끌려나가 옴짝달싹 못하기 때문이다. 이런 포즈(그림의 액자틀 안에 들어간다는 조건하에), 고상한 그림, 아니 비참하고 비장한 그림, 하늘을 향해 들어올린 눈 같은 것에 유독 관심이 가는 이유이다.

담론에서 오브제들의 통행

'착상'이든 '개념'이든 순전히 관념적이긴 하나, 여기서 분기된 **지적 오브제**는 기표를 재는 일종의 계량을 통해 만들어진다. 나 자신에게 일종의 **생각-언어**를 만들어주기 위해선 나로선 하나의 형태(어원, 파생, 메타포)를 **진지하게** 보는 것으로도 충분하다. 그래야 족제비 놀이***를 하듯 그 단어가 내 언어 속에

---

* 이 표현은 보들레르가 들라크루아 그림 〈트라야누스 황제의 정의〉에 대해 쓴 미술 비평에 나온다("Curiosités esthétiques", Œuvres complètes de Charles Baudelaire, vol. II, 1868). 바르트의 『신화학』 맨 첫 장 "프로레슬링을 하는 세계"에도 맨 처음에 이 문장이 인용되어 있다.

** Numen은 라틴어로 신성 또는 신의 존재, 신의 뜻이라는 뜻이다.

*** 프랑스에서는 이 놀이를 'anneau du furet'라고 한다. furet는 흰 족제비라는 뜻이며, anneau는 고리라는 뜻이다. 아이들

서 빙빙 돌기 때문이다. 이 단어-오브제는 안에서 **탐구된 것**(갈망된 것)이면서 동시에 **표피적**이다(사용은 하나 심화하진 않는다). 의식 행위로서는 존재한다. 그러니까 어느 순간에는 내 기호를 가지고 그것에 **세례를 준** 적 있다.

그는 생각했다. 독자를 고려하면 에세이 담론에서는, 감각적이고 관능적인 다른 오브제를 보며 시간을 보내는 것도 좋지 하고 말이다(더욱이 『젊은 베르테르의 슬픔』에서도 갑자기 버터에 익힌 작은 완두콩이 나오기도 하고, 껍질을 벗긴 오렌지가 나오기도 해서, 이른바 구역들이 분리된다). 은혜로운 두 가지 이득. 비틀림이나 기가 막힌 물질성의 현현 그리고 지식인의 중얼중얼 염불에다 자국을 내버린 돌연한 일탈.

미슐레도 이런 예시를 제공했다. 해부학적 담론과 동백꽃 간에 무슨 관계가 있을까? 미슐레는 이렇게 말했다. "아이의 뇌는 동백꽃의 그 뽀오얀 꽃에 다름아니다." 물론 글을 쓰면서, 여러 잡다한 열거를 하면서, **주의를 딴 데로 돌리기도** 하는 습관 때문이겠지만. 여기에 일종의 관능적 쾌락이 있진 않을까? 향내 나는 꿈을 꾸듯 사회학적 분석[42] 안에다 "야생 버찌, 계피, 바닐라, 헤레스산 백포도주, 캐나다산 차, 라벤더, 바나나" 같은 것을 넣으면서. 무겁게 어의론적 예시를 들다가 "날개, 꼬리, 투구의 꼭대기 장식, 깃털 장식, 머리카락, 스카프, 연기, 풍선, 길게 끌리는 꼬리 같은 옷자락, 벨트, 베일" 같은 걸 시각적 환영처럼 보게 된다면. 에르테가 그의 알파벳 문자를 만든 것처럼**43**—아니면, 사회학 잡지에 히피들이 주로 입는 "화려한 비단 바지, 텐트-망토, 긴 하얀 잠옷"을 삽입하면?**44** 당신에게 용기를 주기 위해, 아니면 그냥 용기를 **옮겨 쓰기 위해** 비평적 담론에 "푸르스름한 연기 고리"*를 지나가게 하면?

(이처럼 일본의 하이쿠에선, 이따금, 쓰인 단어들의 행이 갑자기 바뀌며 공간을 연다. 후지산 모양의 행이 나오기도 한다. 아니면 해고되어 쫓겨난 단어 자리에 얌전히 정어리 한 마리가 와 있는 것 같은 행이 나오기도 한다.)

이 원형으로 둘러앉았거나 서서 손을 잡고 둥글게 선다. 한 아이가 족제비 역할을 맡고, 둥글게 서 있는 아이들 사이를 돌아다니며 "Il court, il court, le furet(그가 달려요, 그가 달려요, 족제비가)" 하고 노래 부른다. 족제비 역할을 맡은 아이는 손에 작은 물건(종종 손수건이나 작은 물체)을 다른 아이 뒤에 눈치채지 못하게 떨어뜨린다. 둥글게 서 있는 아이들은 족제비가 언제 자기 뒤에 물건을 떨어뜨릴지 몰라 신경을 곤두세워야 한다. 만일 자기 뒤에 물건이 떨어져 있는데도 눈치채지 못하면 한 바퀴 돈 족제비가 작은 물건을 놓은 그 자리로 돌아와 그 아이를 잡아 벌칙을 준다. 벌칙을 수행한 아이는 이제 새로운 족제비가 된다. 우리나라에서는 소풍 가서 하던 손수건 놀이와 비슷하다.

* 담배를 피울 때 입을 동그랗게 만들어 연기를 조금씩 내뿜을 때 생기는 동그란 연기를 의미한다. 긴장과 불안을 가라앉히기 위해 피우는 한 모금이 때론 용기를 줄 수 있다고 말하는 듯하다.

냄새들

프루스트에게서는, 다섯 개 중 세 개의 감각이 추억을 안내한다. 그러나 나로선, 목소리가 알곡처럼 느껴져 목소리가 일종의 **냄새 나는** 후각이다. 이것만 빼고는 추억, 욕망, 죽음, 불가능한 회귀 같은 게 프루스트 같은 감각 체계에 있지 않다. 내 몸은 마들렌, 포석, 그리고 발베크의 냅킨 이야기 속에서도 작동하지 않는다.*

그런 식의 기억은 내게 돌아오지 않는데, 냄새에 대한 기억만큼은 돌아온다. 바욘에서 보낸 어린 시절도 그렇다. **만다라**로 둘러싸인 세계처럼 바욘은 프티-바욘(니브와 아두르 사이에 있던 동네)의 냄새, 그러니까 복합적인 냄새 속에 모여 있었다. 샌들 장인이 작업한 끈 냄새, 어두운 식료품 가게 냄새, 오래된 나무의 밀랍 냄새, 통풍이 잘 되지 않는 계단 승강기, 쪽진 머리를 덮는 잔 모양의 얇은 천까지도 검은색인 바스크 지방 할머니들이 입던 그 지방 특유의 옷에서 나는 냄새, 스페인산 기름 냄새, 장인들과 소상공인(제본 공장, 철물점)들의 몸에서 나는 습한 냄새, 시청 도서관 종이책 먼지에서 나는 냄새(나는 이 도서관에서 수에토니우스와 마르티알리스를 읽으며 성性을 배웠다). 보시에르 가게에서 수리하는 피아노들에서 나는 접착제 냄새, 그 도시 특산물인 초콜릿 냄새. 이 모든 확고하고도 역사적인, 지방적인, 남프랑스 풍의 냄새. (받아쓰기 하듯.)

(나는 이런 냄새를 거의 광적으로 기억한다. 내가 나이가 들었

나 보다.)

글쓰기에서 작품으로

자기 심취의 함정. 자기가 쓴 것을 '작품'이라 여기며 정말 그것을 믿고 글의 우발성을, 일원적이고 성스러운 산물의 초월성으로 둔갑하기. '작품 œuvre'이라는 단어가 이미 상상적인 단어다.

모순은 글과 작품(그에게는 텍스트가 더 포용적인 단어다. 그렇다고 그는 이 차이를 차별하지 않는다). 나는 계속해서 끝도 없이, 만기 없이, 글을 즐긴다. 글은 꼭 영원한 생산물 같다. 무조건적인 분산 같다. 유혹의 에너지 같다. 내가 종이 낱장 위에 던지는 나라는 주체를 법적으로 방어해도 멈출 수 없는 글. 그러나 우리의 장삿속 사회에서는, '작품'에 이르러야 한다. 하나의 상품을 건설해야, 그러니까 **완결해야 한다**. 내가 글을 쓰는 동안 내 글은 경쟁하듯 써야 하는 작품에 비해 그저 납작하고,

---

* 프루스트의 『잃어버린 시간을 찾아서』의 유명한 장면으로, 마들렌이나 포석, 발베크의 냅킨 등 프루스트의 작품에는 수많은 일상의 사물들과 그에 대한 감각의 기억들이 소환되고 화자 자신에 의해 분석된다. 각기 다른 사물 또는 물질이고, 다른 시간성 속에서 추억되는 것들이지만, 감각적 체험이나 관념적 연상 조합에서는 어떤 동일한 충만한 기쁨을 화자로 하여금 느끼게 한다.

하찮고, 왠지 죄를 지은 것처럼 초라하다. 작품이라는 집합적 상이 나에게 자꾸 따라붙는데, 이런 함정을 다 거치면서 어떻게 글을 쓸까? 글쎄, **그냥 눈 딱 감고**. 작업하는 매 순간, 나는 길을 잃고, 미칠 것처럼 괴롭고, 쫓기면서도 결국 내가 할 수 있는 것이라곤 속으로 이런 말을 하는 것이다. 사르트르의 『닫힌 방』*에 나오는 마지막 말. **계속 갑시다**continuons.

글이란 이런 좁은 공간 속에 좋건 싫건 다시 돌아가는 **놀이**이다. 나는 처박혀 있다. 글을 쓰기 위해 필요한 히스테리와 감시하고, 들어 올리고, 정화하고, 진부하게 하고, 체계에 편입시키고, 교정하고, 사회적 공동체의 관점(과 시각)을 부여하는 상상계 사이에서 분투한다. 한편에서는, 누가 날 갈망하길 원하고, 다른 편에서는, 누가 날 갈망하지 않길 바란다. 히스테릭하면서 동시에 강박적이다.

하지만 내가 작품을 향해 나아갈수록, 나는 글 속으로 내려간다. 참을 수 없는 바닥에 접근한다. 사막이 보인다. 파멸적이고 파열적인 사막이 생긴다. 이곳은 일종의 **공감의 상실** 지대이다. 나는 더 이상 (다른 사람에게, 나 자신에게조차도) **호감적**이지 않다. 단단한 진리가 나에게 나타나는 것은 바로 글과 작품이 접촉하는 이 지점에서다. **나는 더 이상 어린아이가 아니다**. 혹은, 내가 발견한 것은 쾌락의 금욕인가?

"알다시피"

확연한 허사 표현("**알다시피**", "**주지하듯**")은 어떤 문장을 전개할 때 맨 앞에 놓인다. 통념 및 일반상식을 거론하고 거기서 절이 출발하는 것이다. 이로써 진부함에 반하는 대응 과제가 주어진다. 종종 좌절시켜야 하는 것은, 통념의 진부함이 아니라 자기 생각의 진부함이다. 우선 나오는 담론은 진부하다. 원래의 이런 진부함에 대항해 싸우면서 서서히 글이 써진다. 만일 탕헤르 바에서의 그의 상황을 묘사해야 한다면? 우선 무슨 말부터 해야 할지 찾게 되는데, '내적 언어'가 들어갈 자리가 보이면, 아! 그거야 하고 시작하게 된다. 그에게 끈적끈적하게 붙어 있는 진부함을 벗어낼 시도를 하게 된다. 비록 입자 같은 것일지라도 이 진부함 속에 몇몇 욕망과 관련된 개념이 있는지 살핀다. 있다면, 바로 그게 문장이 된다. 이렇게 명명된 오브제만 있으면 다 구제된다. 그가 뭘 쓰든(이건 완벽함의 문제가 아니다), 이제 그건 항상 열정을 쏟은 담론이 될 것이다. 몸이 그 출현을 알리기 때문이다(진부함, 그것은 몸 없는 담론이다).

요컨대, 그가 쓴 것은 진부함을 **수정한 것**에서 유래한다.

---

* 장-폴 사르트르가 1943년에 집필한 희곡이다. 원제는 『Huit clos』. "L'enfer, c'est les autres." 지옥은 곧 타인이라는 유명한 말이 이 극에 나온다. 끊임없이 의식해야 하는 타자의 시선은 곧 지옥이지만, 그것 없이도 살 수 없다. 그냥 계속 그렇게 살 수밖에 없다.

불투명과 투명

설명 원칙. 이 작품은 두 항 사이를 다닌다.

— 본래의 첫 항에는, 사회적 관계라는 불투명성이 온다. 이 불투명성은 스테레오타입이라는 숨막히는 형태(교과서식 집필에 부득이 생기는 도식들이나 『글쓰기의 영도』 속에 있는 공산주의식 소설) 아래 바로 드러난다. 이어 독사의 다른 수천 가지 형태가 나타난다.

— (유토피아적인) 최종 항에는 투명성이 온다. 부드러운 느낌, 맹세, 한숨, 휴식의 갈구. 단단한 사회적 대화의 점도가 언젠가는 밝아지고, 가벼워지고, 투명해져 보이지 않게 될 때까지 스스로를 비워낼 것처럼.

사회적 분할이 불투명을 만들어낸다(명백한 역설. 사회적으로 너무 분할되어 있는 곳은 왠지 불투명하고 묵직하게 보인다).

불투명에 반대하여, 주체는 할 수 있는 모든 방법을 동원하여 스스로 다툰다.

하지만 만일 자신이 언어의 주체라면, 그의 전투는 곧장 정치적 출구를 가질 수 없다. 왜냐하면 이런 주체는 고정관념이라는 불투명성을 다시 갖게 되기 때문이다. 따라서 이런 전투는 묵시록의 흐름을 보인다. 가치들을 너무 많이 공유하고, 너무 심화하면서, 소위 유토피아적으로 산다. 숫제 **호흡한다**. 이런 것이 사회적 관계의 최종적 투명함이다.

안티테제

이원주의를 훨씬 고조시킨 대립 형상인 안티테제는 의미의 공연이다. 중립에 의해서든 실재를 모면해서든(라신적인 친구라면 비극적 안티테제는 폐기하고자 할 것이다),[45] 아니면 보충에 의해서든(발자크는 '사라진'식의 안티테제를 보충한다),[46] 제3항(지연 또는 회피)의 발명에 의해서든.

그 역시도, 기꺼이 안티테제에 도움을 청한다(예를 들어, "장식적 명분으로는 진열창의 자유. 그러나 구성적 명분으로는 그의 집의 질서").[47] 그런데 모순이 있다면? ─그렇다, 항상 같은 설명이 나올 테니까. 안티테제는 **언어의 도둑질**이다. 나는 내 고유의 폭력과 **나를 위한 의미**를 이용해 통용적 담론의 폭력을 빌린다.

기원론에서 탈퇴

그의 작업은 반역사적이지 않다(적어도 그걸 희망하나). 그러나 그의 작업은 늘 집요하게 반기원적이다. 왜냐하면 기원은 (물리) 자연에게는 해로운 것이기 때문이다. 독사는 이와 관련한 남용으로 기원과 진리를 함께 '쁘갠다.' 기원과 진리는 서로에게 곧 단 하나의 증거이자, 편리한 회전문처럼 서로 같이 돌며 커진다. 인문 과학은 모든 사실에서 그 **에티몬**(기원과 진실)을 찾으면서 **어원학**적이지 않은가?

기원을 좌절시키기 위해, 그는 우선 자연을 문화화한다. 어떤 자연적인 것도 없고, 역사적인 것밖에 없다. 이어 이 문화(벤

베니스트*의 말을 믿어본다면, 모든 문화는 언어에 불과하다)를 담론의 무한한 운동 속에 갖다 놓는데, 뜨거운 손 놀이에서처럼 하나를 (아직 발생하지 않은) 다른 것 위에 올려놓는 식이다.

가치의 흔들림

한편에서 가치는 통치하고, 결정하고 분리하고, 한쪽을 선으로, 다른 쪽을 악으로 놓는다(**새로 산/새로운, 구조/구조화** 기타 등등). 세계는 강하게 의미를 드러낸다. 그도 그럴 것이 모든 게 취향과 반감의 계열 속에 놓이기 때문이다.

다른 한편에서 모든 대립은 수상쩍다. 의미는 피곤하고, 쉬고 싶다. 가치는, 모든 것을 무장시키고, 자신은 무장 해제된다. 가치는 그렇게 유토피아 속으로 흡수된다. 더 많은 대립, 더 많은 의미, 더 많은 가치. 이런 식으로 폐지하면 남김없이 깔끔하다.

가치(그리고 가치와 함께 하는 의미)는 이렇게 끊임없이 흔들거린다. 작품은, 그 전체 속에서 흑백논리 외양(의미가 세다)과 회의주의(다 벗어나고 싶다) 외양을 띠고 절뚝거린다.

파라독사

(패러독스의 수정)

지적 분야에는 강력한 분파주의가 지배한다. 가까이서 보면, 항 대 항으로 대립한다. 그러나 같은 '레퍼토리'에 속해 있다. 동물 신경심리학에서, 레퍼토리는 주어진 동물이 어떤 행동을 할 때 그런 행동을 하게 만드는 목표들을 다 모아놓은 것이다. 쥐의 '레퍼토리'는 쥐의 것이거늘, 왜 인간의 질문을 쥐에게 던지는가? 왜 교수의 문제를 아방가르드 화가에게 물어보나? 패러독스의 실행은 약간 다르긴 하지만 바로 이런 레퍼토리 안에서, 그러니까 작가의 레퍼토리 안에서 전개된다. **명명되고**, 분파된 가치들에서는 대립하지 않는다. 작가라면 이런 가치들을 따라가고, 도망가고, 또 살짝 피한다. **탄젠트처럼** 슬쩍 빠져나간다**. 정확히 말하면 이건 뒤로 돌아 전진contremarche!(이

---

* Emile Benveniste(1902-1976)는 프랑스의 언어학자로, 인도유럽어 비교언어학을 집대성했다. 바르트는 중간태(능동태도 수동태도 아닌)에 대한 벤베니스트의 연구 논문을 특히 높이 평가했다.

** 원어는 수학에서 쓰는 용어인 탄젠트(tangente)를 그대로 썼다. 탄젠트는 그리스어 동사 tangere(만지다, 접촉하다. 영어나 프랑스어의 touch/toucher)에서 파생했는데, 유의해야 할 것은, 이 동사는 완료형 시제가 없다는 것이다. 완료 자체로 치명적이기 때문이다. 만지는 순간 부식된다, 다른 차원으로 이동한다. Noli me tangere(나를 만지지 말라. don't touche me. 예수의 부정 명령 또한 이것이다). 오디세우스가 기다리면서도 피해야만 했던 치명적 유혹의 세이렌의 노래처럼, 탄젠트는 도래하는 것에 대한 강렬한 기다림 속에 진행되다가도 접촉하기 바로 직전 닿지 않고 빠져나가야 하는 거의 불가능한 명령이 따른다. 수학에서의 탄젠트도 삼각형의 밑변을 벗어나면서 높이로 치솟아 오르는 순간적 용기로 상상해볼 수 있다.

단어는 푸리에르가 쓴 간편어이다)은 아니다. 대립, 공격, 즉 **의미 속에** 떨어지는 것이(그도 그럴 것이, 여기서 의미는 그 반대어, 즉 찰가닥 시동 걸기이기 때문이다) 두려운 것이다. 또한 간단한 반대말을 하나로 만드는 어의론적 연대 속에 떨어지는 것도 두렵고.

편집증의 가벼운 동력

조심스럽게, 아주 조심스럽게 움직이는 편집증paranoia의 동력. 그는 글을 쓸 때(아마도 그들도 다 이렇게 쓸 것이다), 어떤 것, 또는 이름없는 누군가(오로지 그만이 그에게 이름을 줄 수 있다)와 거리를 두고 있다. 이런 문장의—일반적인, 완화된 문장이긴 하지만—기원에는 어떤 **앙심 품은** 동기가 있는 걸까? 사실, 여기저기, **음험하지** 않은 글은 없다. 동기는 지워졌어도 그 효과는 남는다. 이런 지우기 혹은 빼기가 곧 미학적 담론을 만든다.

말하다/키스하다

르루아-구르앙Leroi-Gourhan*의 가설에 따르면, 인간이 말을 할 수 있게 된 것은 우선 걷기에서 앞다리**를 해방시켜서일지 모른다. 또 먹기에서 입을 해방시켜서일지 모른다. 나는 여기에 하나를 추가한다. **키스하기**. 왜냐하면 발성 도구가 곧 접촉

도구가 되기 때문이다. 직립으로 이행한 인간은 언어와 사랑을 발명하고 나서 자유로워졌다. 아마도 말과 키스라는 두 개의 공존적 도착倒錯은 인류학적 진보와 함께 탄생했을 것이다. 다시 말해, 인간이 훨씬 자유로워졌을 때(그들의 입에서부터), 인간은 훨씬 **더 말하고, 더 키스하게** 되었다. 그리고 논리적으로도, 인간은 진보로 모든 육체 노동에서 해방되었다. 이제 하는 것이라곤 말하는 것과 포옹하고 키스하며 사랑을 나누는 것밖에 없게 될 것이다!

같은 곳에 위치한 이 이중의 기능을 상상해보자. 말과 키스의 동시적 사용에서 생겨난 이 독특한 위반. **키스하면서 말하고, 말하면서 키스하고.** 이런 관능이 존재한다는 것을 믿어야 한다. 그도 그럴 것이, 연인들은 "사랑받는 입술 위에서 말을 마시는 것"을 멈추지 않기 때문이다. 그러면서 맛보는 것은, 이런 사랑스러운 투쟁 속에서의 감각과 의미의 놀이이다. 꽃이 피듯 벌어졌다, 순간 멈추는. 혼란스러운 기능. 한마디로 말하면, **더듬거리며 말하는 몸.**

---

* 프랑스의 선사학자로, 구조주의적 관점과 방법론을 적용해 선사시대의 동굴 벽화의 문양들과 기호들을 분석했다.

** 사족 동물의 앞다리는 이족 동물, 즉 인간에게는 팔이다. 직립 동물인 인간은 뒷다리, 즉 두 다리로만 걷고, 팔은 자유롭게 흔든다.

지나가는 몸들

"어느 날 저녁, 바의 긴 의자에서 반쯤 잠들어……."**48** 자, 이것이다. 탕헤르의 이 '유흥장boîte'*에서 내가 한 것이. 나는 거기서 약간 잠이 들었다. 그런데 이 유흥장은, 도시 소小사회학적 측면에서 각성과 행동의 장소로 명성이 높다(말하고, 소통하고, 만나는 등). 반대로 유흥장은 여기서 반半부재의 장소다. 이 공간은 몸이 없는 곳이 아니다. 심지어 아주 가까이 있기조차 하다. 중요한 것은 이것이다. 그러나 약한 움직임으로도 활기를 찾는 이 익명의 몸은 나를 나태와 무책임 그리고 부유의 상태 속에 놓는다. 모든 사람이 거기 있다. 그러나 아무도 나에게 아무것도 묻지 않는다. 나는 두 구도에서 이긴다. 유흥장에서 타자의 몸은 절대 '사람'(시민적인, 정신적인, 사회적인 기타등등으로서의 사람)으로 변하지 않는다. 타자의 몸은 나에게 대화나 대답이 아닌 그의 산책을 제안한다. 내 신체 조직에 특별히 적용된 약처럼 유흥장은 내 문장들이 작업하는 장소가 될 수 있다. 나는 꿈꾸지 않는다. 나는 문장을 쓴다. 이것은 더 이상 청취된 몸이 아니라 응시된 몸이다. 내 언어의 산물과 떠돌아다니는 욕망 사이에서 지금 (접촉의) **친교적** 기능을 하는 청취된 몸이 아니다. 이것은 전달을 위한 메시지가 아니라 깨달음과 각성으로 나온 산물이다. 유흥장은 요컨대 중립적인 곳이다. 이것은 제3항의 유토피아이다. **말하다/침묵하다.**

같은 너무 순수한 쌍에서 멀어진 표류물. 기차 안에서 착상이 떠올랐다. 사람들이 내 주변을 돌아다닌다. 지나다니는 몸들은 촉매제처럼 작용한다. 비행기 안에서는 완전히 반대다. 나는 꼼짝도 못한다. 쟁여져 있다, 앞을 못 본다. 내 몸은, 즉 내 지성은 죽었다. 그나마 내가 손에 넣을 수 있는 것은 탁아소의 요람들 사이를 무심히 돌아다니는 한 어머니처럼 비행기 좌석들 사이를 무심히 돌아다니는 여성 승무원의 광택이 나는, 그러나 부재하는 몸이다.

놀이, 혼성 모방

그가 자기 자신에 대해 갖고 있는 수많은 환상 중에 끈덕진 게 있다. 그건 **가지고 노는 걸** 좋아한다는 것이다. 따라서 그걸 잘할 수도 있었다. 그런데 해보고는 싶었어도, 고등학교 때를 제외하곤[49] 한번도 혼성 모방을 해본 적이 없다(일부러 해본 적도 없다). 여기에는 어떤 이론적 이유가 있을 수 있다. 혼성 모방은 주체는 **좌절시켜도**, 논다는 환각을 **즐길 수는** 있다. 찾고 있던 것과 아주 상반된 결과가 나오긴 해도. 놀이의 주체는 그 어느 때보다 묵직해진다. 그러나 진짜 놀이는 주체를 가면으로 가려선 안 된다. 놀이 자체를 가려야 한다.

---

* boîte는 원래 상자라는 뜻인데, 그 공간적 형상을 비유하여 유흥장이라는 뜻으로도 쓰인다.

패치워크

나를 해설한다고? 얼마나 지겨운가! 나는 지금의 나를 **다시-쓰기**—그것도 멀리서, 아주 멀리서—하는 것 말고 다른 해결책을 가지고 있지 않다. 책에, 테마에, 추억에, 텍스트에 전혀 다른 발화를 덧붙였는데, 이것이 내가 말하고 있는 나의 과거 혹은 나의 현재에 대한 것인지 절대 알지 못한 채 덧붙인 거였다. 난 이렇게 집필한 작품 위에, 몸 위에, 아니 지난 작품집 위에, 또는 살짝 건든 것 위에, 일종의 **패치워크**를, 그러니까 바느질로 꿰맨 랩소디* 같은 사각형 천조각을 던진다. 심화하기보다는 표면에 남는다. 왜냐하면 이번엔 '나'에 관한 것이니까, 그 깊이를 가늠하는 것은 다른 사람들 소관이니까.

색깔

통념은 항상 성이 공격적이기를 원한다. 행복하고, 부드럽고, 관능적이고, 즐거운 성 관념도 있는데, 어떤 글에서도 이런 건 찾아보기 힘들다. 그런 건 도대체 어디 가서 읽나? 회화에서, 아니 더 낫기로는 색깔에서. 내가 화가가 된다면, 나는 색깔만 그릴 것이다. 이런 장場은 내겐 법法(모방도 없고, 유사성도 없는)으로부터 그리고 자연으로부터 해방된 듯 보인다(왜냐하면 자연의 모든 색들이 결국엔 화가들에게서도 나올 테니까?)

이분된 인격?

고전 형이상학에선 인격을 '이분'하는 것에 어떤 불편함도 없었다(라신. "나는 내 안에 두 사람이 있다."). 오히려 두 반대항(**높은/낮은, 육신/정신, 하늘/땅**)으로 구성된 인격은 아주 좋은 계열을 갖춘 양 작동했다. 둘로 나뉘어 투쟁하던 부분들은 하나의 의미, 즉 인간의 의미 속에 서로 절충하며 잘 지낸다. 우리가 오늘날 이분된 주체에 대해 말하는 것은, 그 간단한 상호 모순이나 이중의 공리 기타 등등을 알아보기 위해서가 아니다. 여기서 겨냥하는 것은, 의미의 구조도 의미 안의 주요 핵도 더는 남아 있지 않은, 던져지며 산산이 흩어지는 것 같은 **회절**回折, diffraction이다. 나는 모순되지 않는다. 나는 산재散在된다.

이것을 어떻게 설명하실래요?** 이런 모순을 당신은 어떻게 묵인하실래요? 철학적으로, 당신은 유물론자인 듯해요(이 단어가 너무 늙은 단어가 아니라면). 윤리적으로, 당신은 이분되어 있어요. 몸으로는 쾌락주의자이고, 폭력에 관해서는 불자佛

---

* 관능적이면서 내용이나 형식이 비교적 자유로운 환상적인 기악곡이다.

** 이어지는 단락은 '당신(vous)'이라는, 다소 거리를 두며 공손히 말해야 하는 대화 상대자를 향해 말하는 화법으로 되어 있어, 어투를 일부러 바꾸었다. '이분된 인격'이라는 제목처럼 바르트가 이분된 바르트 자신을 향해 말하고 있는 듯하다.

子 같아요! 당신은 신념은 좋아하지 않지만 종교 의식에 대한 향수는 있는 거 같아요. 뭐랄까, 온갖 반응들에 대한 쪽매붙임 세공품 같아요. 당신에게 그래도 **첫째**가는 게 있다면요?

어떤 순서여도 상관없지만, 당신이 읽는 것에는 어떤 순서가 있지 않나요? 당신 자신을 그 도표 안에 넣고 싶은 마음이 생기지 않나요? 당신 자리는 어디에 있습니까? 우선은 찾은 거 같죠. 한데 마치 조각상이 서서히 풍화되고, 튀어나온 부조가 마모되고 펴지듯 당신의 그것도 형태가 변형되죠. 아니면 하포 마르크스 Harpo Marx*가 자신이 마신 물의 효과로 그의 가짜 수염이 떨어져나간 것처럼, 당신은 더 이상 분류 가능한 사람이 아니죠. 개성의 과잉이 아니라 그 반대로. 왜냐하면 당신이 그 모든 장식 술, 아니 스펙트럼의 그 모든 간섭무늬 속을 다 돌아다니기 때문이에요. 당신은 당신 안에 이른바 구분되는 선들을 다 모으지만, 바로 그래서 아무것도 더 이상 구분되지 않죠. 당신이 알아야 할 것은, 당신은 동시에(혹은 차례차례) 강박적이면서 히스테릭하고, 편집적이며, 도착적이고 변태적이라는 겁니다(사랑에 대한 강박관념까지 거론하지 않더라도). 아니면 당신은 이미 한물간 철학을 다시 다 추가하고 있어요. 에피쿠로스의 감각적 쾌락주의, 행복주의, 마니교식의 이원론, 동양사상, 피론의 회의주의.

"우리 안에 모든 게 행해져 있다. 왜냐하면 우리는 우리이므로, 항상 우

리이므로, 단 한 순간도 같지 않으므로."(디드로, 『헬베티우스의 논파법Réfutation d'Helvétius』.)

부분 관사

프티-부르주아. 이 술어는 어떤 주체나 붙을 수 있다. 누구도 이 해악으로부터 피해 있을 안신처가 없다(이건 정상이다. 책을 뛰어넘어 모든 프랑스 문화가 이를 통해 나오니까). 노동자에게도, 간부급에게도, 교수에게도, 반체제적인 학생에게도, 투사에게도, 내 친구들인 X., Y. 그리고 물론 나에게도 **프티-부르주아적인 게 있다.** 이 거대한 부분사partitif.** 한편, 이와 똑같은 성격의 유동적이면서도 공포스러운 또 다른 언어적 오브제가 있다. 이론적 담론에서 그것은 부분관사***로 형상화된다. '이것

---

* 뉴욕 태생의 미국 희극 배우. 마임 연기를 하기도 하고, 하프 연주가여서 이런 별명이 붙었다. 본명은 아더 막스이다. 앞에서 나온 막스 브라더스 중 한 명이다.

** 언어학에서 부분사는 전체 중 일부분을 표현할 때 쓰는 문법적 요소다. 특히 프랑스어에는 부분관사가 있는데, 명사 앞에 정관사나 부정관사에 비해 부분관사를 쓰면 그 명사가 훨씬 현동화, 활물화된다.

*** 프티 부르주아와 부분관사는 전자가 사회학적 개념이라면, 후자는 언어학적 개념으로 아무런 상관이 없어 보이지만, 바르트의 구조주의적 사유로는 이것이 물욕 또는 물성의 차원에서 같은 속성을 지닌 것일 수 있다.

은 텍스트다'. 그러면 내가 말할 수 있는 것이라곤 '**그런 작품은 하나의 텍스트다**'이다. 다시 말해, '**거기에 텍스트가 들어 있다**'라는 말이다.•

텍스트와 프티-부르주아는 이렇게 같은 보편적인 물적 실체를 구성한다. 여기선 해로운 것이, 저기선 흥분케 하는 것이다. 그것들은 같은 담론 기능을 갖는다. 가치를 보편적인 것으로 만드는 기능 말이다.

바타유, 공포

한마디로, 바타유Georges Bataille는 날 그닥 감동시키지 않는다. 웃음, 헌신, 시, 폭력에 관한 한 나는 딱히 할 게 없기 때문이다. '신성한 것' '불가능한 것'에 대해 나는 딱히 할 말이 없기 때문이다.

하지만 이 (낯선) 언어를 내 안의 **공포**라고 불리는 어떤 동요와 일치시키기기만 하면, 바타유는 나를 다시 사로잡는다. 그가 쓰는 모든 것이, 그때, 나를 묘사한다. 딱 들어맞는다.

단계들

텍스트 간 텍스트	장르	작품
(지드)	(쓰고 싶은 열망)	-
사르트르 마르크스 브레히트	사회적 신화학	『글쓰기의 영도』 연극에 관한 여러 글 『현대의 신화』
소쉬르	기호학	『기호학 요소들 Eléments de sémiologie』 『모드의 체계』
솔레르스 줄리아 크리스테바 데리다 라캉	텍스트성	『S/Z』 『사드, 푸리에 로욜라 Sade, Fourier, Loyola』 『기호의 제국』
(니체)	도덕성	『텍스트의 즐거움』 『롤랑 바르트가 쓴 롤랑 바르트 R. B. par lui-même』

* '텍스트' 앞에 각기 정관사, 부정관사, 부분관사를 써서 그 미묘한 차이를 전달하는 문장이다. 우리말에는 관사가 없어 번역을 해도 이 차이가 거의 전달되지 않는다. 정관사는 일반화, 개념화라면 부정관사는 구체적으로 지시된 않지만 있을 법한 어떤 것을 특정하면서 구체성이 부분적으로 살아난다. 반면, 부분관사는 훨씬 물적인 구체성이 살아나는 생생한 표현이다. 가령, 커피를 좋아한다고 말할 때는 커피라는 종류를 좋아하므로 정관사를 쓴다('J'aime le café). 그러나 커피를 마신다고 말할 때는 반드시 부분관사를 쓴다(Je bois du café). 왜냐하면 커피라는 물질을 입안에 넣기 때문이다. 원문에는 작은 따옴표가 없지만, 구분하기 위해 작은 따옴표를 했다. 해당하는 원문은 차례로 다음과 같다. 1) 이것은 텍스트다(C'est le Texte) 2) 그런 작품은 하나의 텍스트다(Telle oeuvre est un Texte) 3) 거기에 텍스트가 들어 있다(Il y a du Texte). 1)은 정관사를 썼고, 2)는 부정관사, 3)은 부분관사를 썼다.

비고: 1. 상호 텍스트는 반드시 지배력과 영향력이 미치는 장은 아니다. 그보다는 차라리 형상, 은유, 사유-단어들이 있는 음악이다. **세이렌**의 노래 같은 기표이다. 2. **도덕성**은 도덕의 반대로까지 들린다(그것은 언어 상태로 된 몸의 사유이다). 3. 우선 (신화적) 개입, 이어 (기호학적) **픽션**, 이어, 파열, 파편, **문장들**. 4. 물론 시기 별로, 중복과 복귀, 유사, 존속 등이 있다. 보통 이런 결합 역할을 보장해주는 게 (잡지의) 글들이다. 5. 각 단계는 반응적이다. 저자는 주변의 담론이나 자신의 담론이 지나치게 단단해질 때 이에 반응한다. 6. 하나의 못이 다른 못을 몰아내는 것처럼, 도착증은 신경증을 몰아낸다. 정치적, 도덕적 강박에 작은 과학적 착란이 이어진다. (물신주의적 기저가 있는) 도착적 쾌락이 이번엔 자기 차례가 되어 매듭이 풀린다. 7. 진화의 단계를 거친—비록 상상적 작용이긴 하지만—시간, 작품의 재단으로 지적인 소통 놀이 안으로 들어온다. 그렇게 해서 **이해 가능해진다.**

문장의 좋은 효과

X는 나에게 어느 날 "자신의 삶을 불행한 사랑에서 면제해주기로" 결정했다고 말해주었다. 그리고 이 문장은 그가 보기에 너무나 잘 만들어져, 이런 마음을 먹게 만든 여러 실패들을 보상해주기에도 충분하다고 했다. 그는 당시 (이토록 미학적인) 언어 속에 들어 있는 **아이러니의 보유물**을 더 많이 이용하려

고 하였다(그리고 나도 그렇게 만들었다).

정치적인 텍스트

정치란, 주관적으로는, 권태 그리고/또는 쾌락의 끊임없는 원천이다. 이것은 더욱이, 그리고 **사실상**(다시 말해, 정치적 주체의 거만에도 불구하고) 집요하게 다의적인 공간이다. 끝없는 해석으로 특화된 장소이다(만일 해석이 충분히 체계적이라면, 해석은 결코 지속성이 없게 될 것이다, 무한히). 이 두 확인된 사실로서 정치란 절대적으로 **텍스트적**이다. 그 넘침과 가면 때문에 텍스트의 터무니없는 형태, 격분한 형태, 전대미문의 형태는 아마도 텍스트에 대한 우리의 현재적 이해의 차원을 넘어버린다. 그런데 텍스트의 가장 순수한 형태를 생산한 사드. 정치라는 텍스트가 내 마음에 들 때는 **사드의**sadien 텍스트 같은 텍스트일 때이고, 내 마음에 들지 않을 때는 사드적인sadique, 그러니까 가학적인 텍스트일 때다.

알파벳

알파벳의 유혹. 파편들을 묶어놓기 위해 연속적인 문자들을 택하는 것. 이로써 계속해서 언어를 영광스럽게 할 수 있게 되었다(그리고 이로써 소쉬르를 절망시켰다). 그 일이란 (모방 영역 밖에서 이뤄지는) 무동기적 순서. 그렇다고 자의적이지도 않은(그도 그럴 것이 모든 사람이 이를 알고, 알아보고, 자기 오성으로 이해하기 때문이다). 알파벳은 행복 그 자체다. '계획'의 불안도 끝났고, 억지로 비틀어 논리를 만드는 '전개'의 강박도 끝났다. 논술 논문도 다 끝났다! 파편으로 생각이 나오고, 생각으로 파편이 나오고. 이런 원자들의 연속체를 위해선 프랑스 문자라는, 수천 년 동안 이어진 이 미친 순서(문자들 자체로만 보면 정신 나간 오브제들 같다. 의미 따위는 갖고 있지 않으니까) 말고 다른 것은 아무것도 필요없다.

알파벳은 단어를 정의하지 않는다. 파편을 명명한다. 사전에서도 거꾸로 한다. 발화된 말이 단어에서 나온 게 아니라, 단어가 발화된 말에서 나온다. 나는 용어 사전에서 가장 형식적인 원칙만을 고수한다. 한 단위의 순서. 그런데 이 순서는 심술궂을 수 있다. 때론 의미의 산출 효과를 만들어낸다. 만일 이 효과들이 원한 게 아니라면 더 상위의 규칙을 위해 알파벳을 부러뜨리면 된다. 더 상위의 규칙이란, 즉 (이성異性 이종異種 이라는) 파열의 규칙. 의미가 '잡히지' 않도록.

내가 더 이상 기억하지 못하는 순서

그는 그가 쓴 이 파편들의 순서를 대략은 기억한다. 그런데 이 순서가 어디서 왔지? 어떤 분류에 따라서? 어떤 연속에 따라서? 그건 더 이상 기억하지 못한다. 알파벳 순서는 모든 걸 지운다. 모든 기원을 완전히 뒤로 물러나게 한다. 아마도, 장소들에 따른 순서일 것이다. 어떤 파편들은 그 친근한 정도에 따라 이어진 것으로 보인다. 그런데 중요한 것은, 작지만 서로 오밀조밀 얽혀 있는 이 망들이 다 이어져 있는 건 아니라는 거다. 이른바 책의 구조, 그 의미가 될지 모를 단 하나의 거대한 망으로는 이 작은 망들이 미끄러져 들어가지 않는다는 것이다. 이 담론이 주체의 운명을 향해 내려가게 될까 봐 그걸 멈추게 하고, 빗나가게 하고, 갈라놓게 하기 위해서다. 그러다 한순간 알파벳이 당신에게 순서를(무질서의 질서) 생각나게 하면서 이렇게 말한다. 여기서 잘라 갑시다! 다른 방식으로 이야기를 시작합시다(그런데 가끔은 이와 똑같은 이유로 알파벳 자체를 부러뜨려야 한다).

잡록과 작품

나는 이 글에 대해 반_反구조적*이라는 비평이 들어올 것을 상상한다. 나름의 순서가 있는데 그 순서를 탐색하진 않을 테고, 작품의 무질서만 탐색하려 들 것이다. 그렇다면 쉽게 이 작**품을 백과사전**으로 보면 된다. 각 텍스트가 잡다한(지식이나 감각적 쾌락 면에서) 오브제들의 수로 정리되고 끝나면 되는 거

---

* 여기서 구조는 구조주의 철학자들이 주장하는 구조가 아니라 일반적으로 통용되는 개념의 구조이다. 파편적인 이 글이 구조적으로 취약하다는 비평을 의식하고 쓴 자조적 표현이다.

구조주의적 모드

모드mode 자체가 몸에 닿는다.
모드를 통해 나는 소극笑劇 또는 풍자극 같은 나의 텍스트로 돌아온다.
일종의 집단적 "그거ça"가 내가 나에 대해 갖고 있다고 믿는 상image을 대체한다.
그것이 나다, 바로 이 "그거"가.

아닐까? 인접성(환유 및 접속사 생략)이라는 간단한 형상의 도움을 얻어 그 많은 오브제들을 무대 위에 세웠다고 보면 되는 거 아닐까? 백과사전처럼 이 작품에는 이질적이고 잡다한 오브제들의 리스트로 가득하다. 진력이 날 정도로. 이런 리스트가 작품의 반구조성이라 한다면 그것은 어두운, 미친 잡록 polygraphie[•]일 수 있다.

언어-사제

의식과 관련하여, 사제가 된다는 것이 그렇게 유쾌하지 않은 일일까? 믿음과 관련하여, 어느 날 '믿는다'―이것이든, 저것이든―는 그 경제적 행위에 자신은 적합하지 않을 거라고 어떤 인간 주체가 장담할 수 있을까? 언어로서는 그게 잘 되지 않는다. 언어-사제? 불가능.

• 원뜻은 자유 기고가가 다방면으로 쓴 모든 글이다. 또는 도서관에 기타 서적으로 분류되어 있는 진열장이다. 한 작가의 이른바 위대한 작품에 견주어 이런저런 잡문을 모아놓은 글로 다소 평가절하하는 자조적인 의미가 있다.

예측 가능한 담론

예측 가능한 담론에 대한 지겨움. 예측성은 구조적 범주에 들어간다. 왜냐하면 기다림 또는 만남(요약하면, **긴장**)의 방식을 가능하게 하기 때문이다. 그리고 여기서 언어는 곧 무대이다(이야기를 위해 무대를 만든 것이다). 따라서 예측성의 정도에 따른 담론 유형학을 정초해볼 수 있을 것이다. **사자**死者**들**의 텍스트. 한 단어도 바꿀 수 없는 기도문 같은 텍스트.

(어제 저녁, 이걸 쓴 이후였다. 레스토랑 바로 옆 테이블에 두 사람이 대화를 나누고 있었다. 목소리가 아주 크지는 않았지만, 마치 발성 훈련을 받아 공공의 장소에서도 옆에 있는 사람들에게 아주 잘 들리도록 말하는 법을 배운 사람들처럼 정확히 찍히면서 또렷하고 울림도 좋은 목소리였다. (친구들 이름에 대해 말하거나, 파졸리니의 마지막 영화에 대해 말하고 있었는데) 그들이 말한 것은 다 한 문장 한 문장 이어지면서 합이 맞고 예측 가능했다. 독사적인 체계로서는 어떤 결함도 없었다. 아무도 선택하지 않는 이 목소리와 어떤 인정에도 끌리지 않는 냉혹한 독사의 완벽한 조화. 그런데 이것이 곧 **객설** jactance이다.)

책 프로젝트

(이 착상들은 다 다른 시기에 나온 것이다.) 《욕망 일기》*(매일매일의 욕망, 현실의 장에서). 《문장》(문장의 이데올로기와 에로틱). 《우리의 프랑스》(오늘날 프랑스의 새로운 신화학. 또는 나는 프랑스인이어 행복한가/불행한가?). 《애호가》(내가 그림을 그릴 때 내게 일어난 것을 기록하기). 《협박의 언어학》(가치에 관한, 의미의 전쟁에 관한 언어학). 《천 개의 환상》(그의 꿈들이 아니라, 그의 환상을 쓰기). 《지식인의 인성학》(개미들의 습성 연구만큼이나 중요하다). 《동성애 담론》(또는 동성애'들'의 담론). 《음식 백과사전》(영양학, 역사, 지리 경제학 특히 상징주의). 《저명한 인간들의 삶》(자서전을 많이 읽기 그리고 그 특성들을 모아놓기, 사드나 푸리에를 위해 했던 것 같은 생애 단편biographèmes을 모아놓기). 《시각적 고정관념 모음집》("어두운 옷을 입은 마그레브인, 팔에 「르 몽드」를 끼고, 카페에 앉은 금발 여성에게 끈질기게 구애하는 모습"). 《책/삶》(고전 책을 하나 선택해 1년 동안 삶의 모든 것을 거기에 연결하기). 《사소한 사건들》(미니텍스트, 주름, 하이쿠, 기보법, 의미 놀이, 종이 낱장처럼 떨어지는 그 모든 것), 기타 등등.

---

* 이어지는 책 제목은 실제 저술되거나 출판된 책이 아니라 계획하고 기획했던 것에 불과하므로 책 표시 약호를 놓지 않고 《 》으로 묶어 표시했다.

정신분석학과의 상관성

그와 정신분석학의 상관성은 그렇게까지 밀접한 건 아니다 (그 어떤 반론이나, 거부를 통해 자신을 피력하며 우쭐댈 수 있는 수준이 아니라서). 그냥 **미확정적** 관계이다.

정신분석학과 심리학

정신분석학psychanalyse이 제대로 기능하려면 또 다른 담론을, 즉 약간 미숙한, 그러니까 아직은 정신분석학적이지 않은 담론을 감추고 있어야 한다. 정신분석학과 약간 거리를 유지한, 그러면서도 약간 **뒤처진**—옛 문화와 수사학이 많아 다소 답답하게 느껴지기도 하지만—담론은 여기서는, 그 간판으로만 보면 심리학적psychanalytique 담론이라 할 수 있다. 요컨대 심리학의 기능은 하나의 좋은 오브제로서 결국은 정신분석학을 지향하는 것이라 할 것이다.

(당신보다 우위에 있는 자에 대해 호의를 사려는 태도. 루이르그랑 고등학교에서 역사 선생님에게 나는 이런 적이 있다. 선생님은 매일 습관처럼 필요했던 자극을 얻기 위해 학생들에게 소동을 일으킬 수많은 빌미를 제공했다. 꾸며낸 말, 고지식한 말, 이중 의미가 담긴 말, 애매모호한 태도, 심지어 그 모든 행동 뒤에 감춰진 슬픔까지. 이를 재빨리 알아챈 학생들은 어떤 날에는 약간 가학적인 쾌감으로 그 선생을 조용히 내버려 두는 잔인한 즐거움을 맛보았다.)

"그게 무슨 의미예요?"

모든 실제에 대해, 아주 미세한 것이어도, **그게 무슨 의미예요?** 를 제기하는 변함없는(그리고 허망한) 열정. 이건 아이가 궁금해서 "**왜요?**" 하고 묻는 것이 아니라, 마치 만물은 다 의미로 전율한다는 듯 그 의미를 묻는 고대 그리스인 방식의 물음이다. 어떻게 해서든 사실을 개념으로, 묘사로, 해석으로 변형해야 한다. 요컨대 자기 아닌 다른 이를 찾아야만 한다는 것처럼. 이런 편집증은 부질없는 일일 수 있다. 만일 내가 다른 곳 말고 꼭 정원 텃밭에서 소변을 보는 것을 좋아하는 것을 확실시 한다면—그걸 확실시 하려고 열의를 보인다면—이내 나는 **그것이 무엇을 의미하는지** 알고 싶어 한다. 가장 단순한 사실마저 의미를 부여하려는 이런 격정적인 열의는 사회적으로는 악덕의 주체임을 드러내는 것이다. 이름들의 **사슬을 벗겨서는 안 된다. 언어를 해체해서는 안 된다.** 이런 명명화의 과잉은 항상 가소로움을 유발할 수밖에 없다(주르댕 씨, 부바르와 페퀴셰).

(이런 경우는, 단 **기왕증**은 제외하고, 가령 가격이 그런 것으로 그 가격이 의미하는 바가 없다면 보고될 이유가 없다. 감히 무의미 상태 속에 그걸 놔둘 수가 없는 것이다. 이런 게 우화의 기제인데, 파편처럼 작은 실재에서도 교훈을, 의미를 끌어내려 하기 때문이다. 아니면 이와는 반대인, 거꾸로 된 책을 상상해 볼 수 있다. 수천 가지 '사소한 사건들'을 보고하는데, 한 줄의 의미도 절대 끌어내서는 안 된다는 금기가 요구되는 것. 이게

바로 **하이쿠** 책이다.)

도대체 어떤 논법?

일본은 긍정적인 가치라면, 재잘거림은 부정적 가치다. 한편, 일본인들도 재잘거리며 수다를 떤다. 그건 아무래도 좋다. 거기서 재잘거림은 부정적이지 않다고 말하면 되니까("당신과 일종의 재잘거림을 나누지만 오로지 몸으로써다. 코드가 지배하지만 퇴행적이거나 유치한 성격은 제거된 상태").50 R. B.는 미슐레가 말한 것을 정확히 그대로 한다. "미슐레적인 어떤 인과론을 지키지만, 이 인과론은 도덕성이 있을 법하지 않은 지역에 조심스레 물러나 있다. 그러나 그것은 도덕적 질서의 '필수성', 달리 말하면 모든 심리학적 전제들이기도 하다. 그리스는 동성애적인 것이 **없었어야 한다**. 그도 그럴 것이 그리스는 완전한 빛이었으므로."51 일본식의 재잘거림은 퇴행적**이지 않아야 한다**. 그도 그럴 것이 일본인들은 상냥하니까.

어떤 '그럴싸한 이유'란, 요컨대 메타포들의 연속으로 이뤄져 있다. 그것은 어떤 현상을 취한다(Z라는 문자의 내포 및 함의). 이어 눈사태 같은 다량의 관점들이 막무가내로 생겨난다. 논박의 자리에 접혔던 상의 펼쳐짐이 들어선다. 미슐레는 역사를 '먹는다'. 따라서 그는 그것을 '뜯어먹는다'. 따라서 그는 역사 안에서 '걷는다', 목장의 풀을 뜯어먹는 동물에게 일어난 일이라면 다 이런 식으로 미슐레에게 **적용될 수** 있을 것이다. 메타포적 적용이 설명의 역할을 대신할 것이다.

단어가 개념을 이끄는 모든 담론을 '시적인'(정말 시적이냐의 가치 판단은 뒤로 하고) 담론이라 부를 수 있을 것이다. 만일 당신이 단어들에 굴복할 정도로 단어들을 사랑한다면, 기의의 법칙에서, 즉 글쓰기로부터 물러나는 것이다. 문자에는 **몽환적인** 담론이 있다(우리의 꿈은 코 밑을 지나가는 단어들을 붙잡아 그것을 가지고 하나의 이야기를 만드는 것이다). 나의 몸 자체도(내 개념과 착상들만 아니라) 단어로 **만들어질 수** 있다. 단어들에 의해 일면 창조될 수 있다. 내 혀에 표피 박리 excorciation 같은 붉은 반점—한데 아프지 않아 혹시 암이면 어떡하지 했는데!—을 발견한 그날 같은. 그러나 가까이서 보니, 이 기호는 혀를 덮고 있는 허연 얇은 막이 살짝 떨어져나온 것에 불과했다. 단언컨대, 암에 걸린 거 아냐 하는 이 강박적 작은 시나리오는 너무 정확한 나머지 맛이 있기까지 한 이 희귀한 단어 **표피 박리**를 사용하면서 생긴 것이었을 게다.

퇴행

이 모든 것에는 퇴행의 위험이 있다. 주체가 그에 대해 말하면서(심리주의의 위험 또는 자기 심취의 위험) 파편들로 발화한다(아포리즘의 위험, 자만의 위험).

이 책은 내가 알지 못하는 것으로 이뤄져 있다. 무의식, 이데올로기, 타자의 목소리로만 말해지는 것. 나는 나를 관통하는 상징과 이데올로기를 **있는 그대로**(텍스트로) 무대에 올릴 수 없다. 그도 그럴 것이 난 맹목적 얼룩이기 때문이다(이 얼룩은 순전히 내게 속해 있다. 그것은 **나의** 상상계이고, 나의 환상이기 때문이다. 이 책의 출처도 그것이다). 정신분석학으로도, 정치적 비평으로도 나는 오르페우스 방식°으로밖에 할 수 없다. 결코 뒤돌아 보아서는 안 된다. 결코 나의 상상을, 환상을 쳐다보아서도 안 되고, 선언해서도 안 된다(혹은 해도 아주 조금만. 상상계의 질주 속에서는 내 해석도 여전히 의문이 제기되기에).

이 컬렉션의 제목(**본인이 말하는 X.**)은 분석적 영역을 갖는다. **나에 의한 나?** 그런데 이건 상상계의 프로그램 그 자체다. 거울 광선이 내게 어떻게 반사되는가? 반영되는가? 이 회절의 지대 너머―내가 시선을 던질 수 있는 유일한 지대이고, 아울러 자신에 대해 말할 것이므로 결코 그 지대에서 그를 배제할 수 없을 것이다―에는, 현실이 있다. 그리고 여전히 상징도 있다. 이 현실에 대해서는 나는 그 어떤 책임도 없다(나는 내 상상계 하나만으로도 벅차다!) 그것은 타자에게, 전이에게, 그러므로 결국 독자에게 속한 것이다.

그리고 이 모든 게 행해진다. 여기서는, 거울 바로 옆에 존재하는, 어머니를 통해서는, 그건 분명 이뤄진다.

구조적 반사

운동선수가 반사 반응을 즐기듯, 기호학자는 계열의 기능을 생생히 포착할 수 있는 걸 좋아한다. 프로이트의 『인간 모세와 유일신교』를 읽으며 그는 의미의 결정적 찰카닥 소리를 기습적으로 포착하며 기뻐한다. 그 순간 감각적 쾌락마저 더욱 강해져 단순한 두 문자의 대립성이 두 종교의 대립성으로 점점 더 이어진다. **아몬**Amon**/**아톤**Aton.*** "m"에서 "t"로의 이동 속에 모든 유대교의 역사가 있다.

(구조주의적 반사는 가능한 한 오랫동안 절대적으로 순수한 차이를 공통의 몸통, 그 끝에 닿을 때까지 뒤로 미는 데 있다. 의미는 그때 터진다. **극히** 순수하며 메마른 상태로. 의미의 승리는 정확함에서 얻어진다. 이것이 이른바 좋은 '스릴'이다.)

---

* 신혼이 얼마 지나지 않아 오르페우스는 아내 에우리디케를 잃는다. 죽은 아내를 되찾겠다며 오르페우스는 하계로 내려간다. 하계의 신 하데스는 오르페우스의 탄원에 감동하여 아내를 지상으로 돌려보내기로 한다. 그러나 그를 뒤따라오는 에우리디케를 절대 뒤돌아 보아서는 안 된다는 조건을 단다. 그러나 오르페우스는 지상 밖으로 나오기 일보 직전, 에우리디케에 대한 불안과 근심 속에 그만 뒤를 돌아 에우리디케를 바라보게 되고, 이로써 에우리디케를 영영 잃는다.

** 유다 왕국의 통치자.

*** 고대 이집트의 태양신.

지배와 승리

사회적 담론이라는 지옥의 수도 pandémonium*에서 위대한 사회적 방언 sociolectes은 분명 거만의 두 변이체를, 기괴한 두 모드를 구분한다. 그것은 바로 **지배** Règne와 **승리** Triomphe이다. 독사는 이런 자신만만한 태도가 없다. 독사는 그저 군림하는 것에 만족한다. 그러나 독사는 만연된다. 끈적끈적한 것을 묻혀 더럽힌다. 법적으로나 자연적으로나 우성인 것도 사실이다. 권력의 은총이 퍼진 넓은 식탁보다. 바로 이런 것이 보편적 담론이다. (어떤 것에 관한) 담론을 '유지하는' 것만이 유일한 실제 사실인, 그리고 그 속에 이미 잠복해 있는 허풍 모드다. 독사적 담론과 라디오 방송의 성격적 친근성이 바로 이것이다. 퐁피두 Pompidou 대통령이 사망했을 때, 3일 내내 이런 게 **흘러넘쳤다**. 즉, **전파되었다**. 반대로 투쟁적이고, 혁명적이고 또는 종교적인 언어(종교가 투쟁을 하던 시기에는)는 승리에 찬 언어다. 각 담론 행위가 고대의 개선식 같다. 승자들과 패배한 적들이 함께 열을 지어 행진해야 한다.**

이로써 정치 체제의 안전 모드가 잘 작동되는지 따질 수 있게 된다. 그리고 그 변화 과정도 명시할 수 있게 된다. 이게 확실하다면, 그들은 (여전히) 승리 중이며 혹은 (이미) 지배 속에 들어가 있을 것이다. 가령, 1793년 혁명***의 자신만만한 태도가 어떻게, 즉 어떤 리듬으로, 어떤 형상으로 서서히 침착하게 진행되고 전파되었는지 연구해야 한다. 어떻게 이런 자신만만한 태도를 '갖게' 되었는지. 그래서 통치 상태(부르주아의 표현이지만)로 넘어갔는지 연구해야 한다.

가치 지배의 폐지

모순: 가치나 가치 평가의 지속적 영향—이는 곧 윤리적이면서 동시에 어의적인 활동에 영향을 미친다—에 관한 글을 줄곧 써나가면서, 이와 동시에, **아니 바로 그 때문에** "가치 지배를

---

* 원래 있던 개념이라기보다 존 밀턴의 『실락원』에 나오는 비유적 신조어로 사탄이 악령들의 의회를 소집하여 권력을 행사하는 지옥의 상상적 수도를 뜻한다.

** 이런 방식은 유명한 일화로 남아 다수의 그림에도 재현되어 있다. 가령, 프랑스 역사의 수치일 수도 있지만 갈리아의 장군 베르킨게토릭스는 알레시아 요새전에서 카이사르의 전술에 막혀 패배한다. 승자 카이사르는 패자 베르킨게토릭스를 수레에 태워 화려한 개선 행사를 하는가 하면, 그를 지하감옥에 가두어 놓고 무려 6년 동안 여러 다른 전승 개선 행사를 할 때마다 그를 패배자의 표본으로 포승줄에 묶고 수레에 태워 데리고 다녔다. 혹자는 프랑스의 역사는 '조롱'으로 시작되었다고도 자조한다.

*** 1793년은 로베스피에르가 주축이 된 자코뱅 당과 이때 결성된 국민공회가 루이 16세의 단두대 처형을 결정한 해다. 온갖 난상토론과 1789년 혁명 초기 동지들 간의 결별까지도 불사하며 왕과 왕비 마리 앙투아네트의 처형을 결정하고 혁명재판소를 설치하였다. 혁명에 저해가 되는 부역자들과 도덕적으로 타락한 정치인들을 처단했다. 1793년과 1794년을 공포정치의 시대라 일컫는다.

남김없이 폐지"(불교적 선Zen의 섭리가 이것이었다)하기를 꿈꾸는 에너지가 생겨난다.

재현의 한계는 무엇인가?

브레히트는 배우의 바구니에 젖은 빨래를 넣게 했다. 그녀의 엉덩이가 세탁 노동자로서의 소외된 움직임을 제대로 보여주도록 하기 위해서였다. 이건 아주 그럴 법하다. 한데 또 바보 같기도 하다, 아닌가? 왜냐하면 바구니가 무거운 것은 빨래 때문이 아니라, 시간 때문이다. 흘러온 시간, 역사 때문이다. 이런 무게를 어떻게 **재현할**représenter **것인가**? 정치를 재현하는 것은 참으로 불가능하다. 항상 훨씬 더 그럴 법하게 만들도록 갖은 애를 쓰되 복사는 하지 말아야 하기 때문이다. 모든 사회주의 예술에 절어 있는 고질적 믿음과 달리 할 때, 정치가 시작되는 곳에서 모방은 멈춘다.

울림

그와 관련된 모든 단어는 그의 내부에서 지극한 울림을 갖는다. 그가 두려워하는 것은 바로 이 울림이다. 그라는 주체에 달라붙어 있을지 모를 모든 담론이 무서워 도망치고 싶을 정도로. 날 추켜세우든 그렇지 않든 다른 사람들의 말도 이런 울림의 원천적 기저에 있을 수 있다. 만일 그가 그에 대해 말한다면, 그런 텍스트를 읽기 위해 그에게 필요한 노력이 무엇인지 재단할 수 있는 것은 오로지 그다. 왜냐하면 그가 그 원천의 출발점을 알고 있기 때문이다. 세계와 관계는 항상 이렇게 두려움에서 출발해 정복된다.

성공한 것/실패한 것

쓴 것을 다시 읽다 보면, 각 글의 결에서 독특한 쪼갬을 본 것 같은 생각도 든다. 그것은 **성공한 것/실패한 것**이다. 뿜어낸 글에서 표현의 행복이 느껴진다. 행복한 해안가도, 이어 습지도, 화산재 찌꺼기 같은 것도 보인다. 심지어 이런 걸 목록화해본 적도 있다. 한데, 어떤 책도 계속해서 성공할 순 없다—일본에 관한 책은 그래도 성공한 것 아닐까. 연속적으로 터져 나오는 환희에 찬 글쓰기의 행복에 아주 자연스럽게 상응하는 것이 행복한 성性이다. **그가 쓴 것에서 각자 자신의 성性을 옹호한다.**

세 번째 범주도 가능하다. 성공한 것도, 실패한 것도 아닌 것. **부끄러운 것**. 상상계라는 백합꽃으로 장식된 듯한, 아니 그런 표시가 난 것.

옷을 고르듯이

로자 룩셈부르크에 관한 TV 영화에서 그녀 얼굴의 아름다움에 대해 말한다. 그녀의 눈을 보자 그녀의 책을 읽고 싶은 욕망

EPREUVES ECRITES

COMPOSITION FRANÇAISE *

Durée : 6 heures

« Le style est presque au-delà [de la Littérature] : des images, un débit, un lexique naissent du corps et du passé de l'écrivain et deviennent peu à peu les automatismes mêmes de son art. Ainsi sous le nom de style, se forme un langage autarcique qui ne plonge que dans la mythologie personnelle et secrète de l'auteur... où se forme le premier couple des mots et des choses, où s'installent une fois pour toutes les grands thèmes verbaux de son existence. Quel que soit son raffinement, le style a toujours quelque chose de brut : il est une forme sans destination, il est le produit d'une poussée, non d'une intention, il est comme une dimension verticale et solitaire de la pensée. [...] Le style est proprement un phénomène d'ordre germinatif, il est la transmutation d'une humeur. [...] Le miracle de cette transmutation fait du style une sorte d'opération supralittéraire, qui emporte l'homme au seuil de la puissance et de la magie. Par son origine biologique, le style se situe hors de l'art, c'est-à-dire hors du pacte qui lie l'écrivain à la société. On peut donc imaginer des auteurs qui préfèrent la sécurité de l'art à la solitude du style. »

R. Barthes, *Le degré zéro de l'écriture*, chap. I.

Par une analyse de ce texte, vous dégagerez la conception du style que propose R. Barthes et vous l'apprécierez en vous référant à des exemples littéraires.

* Rapport de Mme Châtelet

Les candidates ont été placées cette année devant un texte long de Roland BARTHES. On leur demandait : - d'abord de l'analyser pour en dégager les idées de Roland Barthes sur le style,

- puis d'apprécier librement cette conception.

Un grand nombre d'entre elles ayant paru déroutées par l'analyse, nous insisterons sur cet exercice. Nous indiquerons ensuite les principales directions dans lesquelles pouvait s'engager la discussion.

I - L'ANALYSE

L'analyse suppose d'abord une lecture attentive du passage proposé. Or beaucoup de copies révèlent des faiblesses sur ce point. Rappelons donc quelques règles essentielles sur la manière de lire un texte.

Puisqu'il ne peut s'agir ici d'une lecture expressive à voix haute, on conseillerait volontiers une lecture annotée, qui n'hésite pas à souligner les mots importants, les liaisons indispensables, qui mette en évidence les parallélismes ou les reprises d'expression, bref qui dégage par des moyens matériels la structure du texte. Cette première lecture n'a pour objet que de préparer l'analyse qui doit être elle-même élaborée à partir des éléments retenus.

회수

이 일어난다. 그리고 거기서 나는 하나의 픽션을 상상한다. 마르크스주의자가 되기로 결심하고, 자신의 마르크시즘을 선택하게 될 한 지적인 주체의 픽션을. 어떤 마르크시즘? 어떤 주조색? 어떤 상표? 레닌, 트로츠키, 룩셈부르크, 바쿠닌, 마오, 보르디가, 기타등등? 이 주체는 도서관에 간다. 모든 것을 다 읽는다. 마치 옷을 만져보듯 자신에게 가장 잘 어울리는 마르크시즘이라는 옷을 선택한다. 경제학, 곧 자기 몸의 경제학으로부터 출발한 진실의 담론이 생기자 마르크시즘을 잡을 채비는 끝났다.

(이건 아직 나오지 않은 부바르와 페퀴셰의 한 장면일 수 있다. **부바르와 페퀴셰**는 도서관에서 수많은 책들을 탐사하지만 정작 그들의 몸은 바뀌지 않기 때문이다).

리듬

그는 항상 이런 그리스 리듬을 믿었다. 금욕과 축제를 이어가는. 하나가 다른 하나로 풀리면서 대단원에 이르는(**일/여유** 같은 모더니티의 뻔한 리듬 말고). 이것은 미슐레의 리듬이기도 하다. 그의 삶과 글에는 늘 이런 리듬의 순환이 있었다. 죽음과 부활이, 편두통과 활력이, 이야기(그는 특히 루이 11세*

---

* 루이 11세는 백년전쟁 때 잔 다르크의 도움으로 왕권을 회복한 샤를 7세의 아들이다. 아버지의 약점과 수많은 환란을 본 왕세자는 어릴 때부터 현실 정치에 눈을 뜬다. 프랑스 역사를 기

를 쓰면서 '헉헉댔다'*)와 그림(그의 글은 그림에서 만개했다) 이. 이런 리듬은 루마니아에서도 알려진 리듬이다. 슬라브식 또는 발칸식으로 사흘 동안 축제 속에(놀이, 음식, 전야제와 기타. 가령 케프) 주기적으로 '파묻혀 있다.' 이렇게 그도 자신의 삶 속에서 이런 리듬을 항상 찾았다. (덧없긴 하지만) 저녁에 놀고 즐길 목표로 낮에 열심히 일하는 것만 아니라, 상호보완적으로. 그러니까 행복한 저녁 파티를 하다가 거의 끝나갈 무렵이 되면, (글쓰기) 작업을 재개하게 내일이 빨리 왔으면 하는 갈망이 솟구치기도.

(주를 달면, 리듬이 꼭 규칙적일 필요는 없다. 카잘스Pablo Casals**는 이를 아주 잘 말했는데, 리듬은 곧 지체retard라고 했다.)

알려지기를

작가의 모든 발화 내용(가장 거친 것일지라도)은 비밀스러운 조절자를, 표현되지 않은 단어를, 부정문 또는 의문문처럼 원초적 범주에 들어가는 말 없는 형태소를 포함하고 있다. "알려지기를!" 이런 메시지는 누가 쓴 문장이든 문장에 타격을 가한다. 문장에 어떤 분위기가, 소음이, 근육의 긴장이, 후두의 긴장이 있기 때문이다. 특히 이런 긴장은 연극에서 치는 세 번의 타종***이나 랑크Otto Rank****의 종을 생각나게 한다. 심지어 헤테롤로지hétérologique*****의 신인 아르토조차도 자신이 쓴 것

술한 미슐레뿐 아니라 역사가와 소설가, 극작가 등에게 수많은 영감을 줄 만큼 그는 아주 이색적인 캐릭터였다. 기사적, 봉건적 기질이 전혀 없고, 약속을 지키지 않았을 뿐만 아니라 남의 서약도 믿지 않았다. 자신이 약할 때는 굉장히 겸손하면서도 자신이 강할 때는 철저하게 복수하는 사람이었고, 능력 있는 사람을 선호했고, 모든 일에서 정확한 정보를 알고자 했다. 이런 면에서 '거미왕'이라는 별명을 얻었다. 봉건귀족 세력을 장악하면서 강력한 왕권 국가를 구축한 왕으로 평가받는다.

* 바르트가 따옴표를 쳐서 강조한 이 표현의 원어는 ramer 동사이다. 첫 번째 뜻은 노를 젓다. 두 번째 뜻은 날개를 퍼덕이며 날다. 여기서 파생하여 구어적으로는 어떤 일을 헉헉거리며 하다, 애를 쓰다, 갖은 고생을 하다라는 뜻이다.

** 카잘스(1876-1973)는 스페인 카탈루냐 지방 태생의 음악가이자 작곡가, 바이올리니스트이다. 스페인 프랑코 독재체제와 싸우는 투사로도 활동, 1958년 노벨 평화상 후보에도 올랐다.

*** 보통 연극이 시작되기 전 세 번의 종을 울린다. 이런 전통은 앙시앵 레짐 시대까지 거슬러 올라간다고 하는데, 지역이나 시대에 따라 어떤 때는 세 번의 종을 느리게 울리고 이어 아홉 번 또는 열두 번의 종을 좀 빨리 울렸다고 한다. 왜 세 번인지에 대한 설은 분분하다. 보통은 이것이 성부-성자-성령의 삼위일체에서 왔다고도 하고 왕-왕비-대중을 위해 세 번을 쳤다고도 한다. 아니면 연극의 세 가지 필수 요소인 배우, 관객, 스토리를 가리킨다고 하는 등 여러 설이 있다. 아홉 번의 종은 뮤즈의 여신을 상징한다.

**** 랑크(1884-1939)는 오스트리아 태생의 심리학자이자 정신분석학자이다. 프로이트와도 교류했으나 『출생의 트라우마(Das Trauma der Geburt)』라는 저서를 내고 프로이트 정신분석학과 단절한 것으로 알려져 있다.

***** 단어나 문장, 구에서 묘사되지 않았는데도, 그 자체로 뭔가 말해지는 것을 뜻한다.

을 두고 이렇게 말한다. **알려지기를!**

살라망크와 발라돌리드 사이에서

어느 여름 날(1970), 따분함을 덜어내고자 살라망크*와 바야돌리드** 사이를 운전하며, 아니 몽상하던 그는 재미로 새로운 철학을 상상했다. 그리고 곧장 세례명을 지었는데, 그것은 '선호주의'였다. 그때는 자동차 안이라 그 이름이 가볍거나 잘못되었다는 생각까지는 못 했다. 유물론적 배경(가령 바위?)에 관한 선호주의? 이런 선호주의에선 세계가 직조된 천으로만 보이거나, 언어의 혁명을 펼치는 텍스트로만 보이거나, 체계들 간의 전쟁으로만 보인다. 또한 산재되고, 구성되지 않는 주체는 상상계의 대가 속에서만 (정치적, 윤리적) 선택을 할 수 있는데 여기서 주체 비슷한 주체는 창립자로서의 가치를 갖지 않는다. **선택은 중요하지 않다**. 선택을 선언하면서 그 방법이 거창하든, 격렬하든, **기울어진 성향**inclination이 중요하다. 세계의 조각들 앞에서 내가 가진 권한이란 **선호성**을 갖는다는 것, 그것밖에 없다.

연습문제

1. 왜 저자는 이 일화의 날짜를 언급하는가?
2. 장소는 어떻게 '꿈꾸다'와 '지겨워하다'를 정당화하는가?

3. 저자가 환기하는 철학은 왜 '유죄일' 수 있는가?
4. '직조된 천'이라는 메타포를 설명해보아라.
5. '선호주의'의 반대가 될 수 있는 철학들을 예시해보아라.
6. '혁명' '체계' '상상계' '기울어진 성향' 같은 단어들의 의미는?
7. 왜 저자는 어떤 단어들 또는 어떤 표현들에 밑줄을 긋는가?
8. 저자 문체의 특성은 무엇인가?

지식과 글쓰기

진행 중인 몇몇 텍스트를 작업할 때 그는 지식을 얻을 수 있는 책에서 보완할 것이나, 정확히 명시할 것을 찾는 것을 좋아한다. 그에게는 수시로 찾아보는 책들(사전, 백과사전, 교과서 등)이 주로 꽂혀 있는 서재가 있다. 지식은 내 둘레에 원을 그리며 내 사용 가능 한도 내에 있다. 나는 그걸 **참조**만 하면 되는 것이다―그걸 삼켜 소화까지는 하지 않아도―지식은 **글쓰기의 보완제**로서 자기 자리에 있기만 하면 된다.

---

* 스페인 카스티야레온 지방에 있는 도시.

** 스페인 카스티야레온 지방 바야돌리드 주의 주도. 살라망카는 바야돌리드에서 110km 남서쪽에 있다.

가치와 지식

(바타유에 관하여) "요컨대, 지식이 힘이면 견지되고 권태면 논박된다. 지식을 경멸하고, 지식의 절대성을 부인하고, 지식을 거부하는 게 가치가 아니라 지식을 무료하게 하지 않게 하고, 쉽게 하는 것이 가치다. 논쟁적 관점에서는 지식과 가치가 대립되지 않지만, 구조적 의미로서는 대립된다. 지식과 가치는 서로 교대한다. 하나를 위해 다른 하나가 쉬어주는 것이다. 일종의 **사랑에 빠진 리듬**에 따라. 에세이로서의 글쓰기는 약간 이런 거다(그래서 우리가 지금 바타유에 대해 말하는 것이다). 과학과 가치가 사랑에 빠진 리듬을 보인다. 이질학 hétérologie,* 쾌락."52

장면

그는 (부부싸움) '장면'에서 항상 절대적 폭력 경험을 보았다. 싸우는 소리만 들려도, 그는 **무서웠다**. 부모님 싸움에 어린 아이가 완전히 공포에 질린 것처럼(그는 항상 도망쳤다. 별 가책 없이). 만일 그런 장면이 너무나 심각한 파문과 부작용을 일으킨다면, 언어의 암 덩어리가 적나라하게 드러나서다. 언어는 언어를 닫는 데 무력하다. 장면이 보여주는 게 바로 그것이다. 반박은, 가능한 결론을 내지 않고도, 가령 살해로 치닫는 결론, 서로 반박하며 더 커진다. 그리고 바로 이 마지막 폭력을 향해 장면 전체가 잔뜩 긴장되어 있지만, (적어도 '문명화된'

사람들이라면) 그 결말을 실제로 감행하지는 않기에, 장면은 본질적인 폭력, 즉 지속되는 데서 쾌락을 얻는 폭력이 된다. 공상과학 소설에 나오는 자동제어장치 같은 방식의 끔찍하고도 우스꽝스러운 형국이다.

(연극으로 옮아가면서 부부 싸움 장면은 길들여진다. 연극은, 즉 윤기 하나 없는 **불투명함**을 끝낼 것을 강요한다. 언어를 멈추는 것, 이것이 언어의 폭력에 가할 수 있는 가장 큰 폭력이다.)

그는 폭력을 잘 못 참았다. 매 순간 무엇이 검증되든, 이런 재량권은 그에게 수수께끼 같았다. 그러나 이런 불관용의 이유는 이런 측면에서 찾아져야 했다. 폭력은 항상 **장면**으로 구성된다는 것. 이후 그에 따른 가장 타동적인 행위들은(제거하기, 죽이기, 상처내기, **몰아붙이기**, 기타 등등) 또한 가장 연극적이었다. 요컨대 그가 저항하게 되는 이런 종류의 어의론적 추문(의미는 원래 행위와 반대되는 거 아닐까?). 그 모든 폭력성 속에서 그는 문학의 핵을 이상하게 꿰뚫어보지 않을 수 없었다. 얼마나 많은 부부 싸움 장면이 위대한 회화 작품의 모델 아래 정리되어 있는가. 〈내쫓긴 여자 La Femme chassée〉, 아니면 〈일방적

---

* hétéro는 이성(異性), 또는 이종(異種)이라는 뜻으로, 프랑스 현대 구조주의 철학은 비교우열론적 차이가 아닌, '닮은 차이', 또는 언제든 전위될 수 있는 차이, 그래서 같은 것으로 환원될 수 있는 것들에 관심을 갖는다.

이혼La Répudiation〉? 이런 모든 폭력은 한심한 고정관념의 예시이다. 완전히 비현실적인 방식인데, 거북하고 이상한데 이런 폭력적 행위는 이렇게 그려지고 만다―기괴하고 신속한, 적극적인, 그리고 완전히 얼어붙은 방식으로. 폭력에 관한 한 다른 어떤 경우에도 알지 못했던 감정을 그는 느꼈다. 그것은 일종의 예속성, 바로 그것이었다(수도 성직자가 느꼈을 그 순수 반응, 아마도 틀림없이).

극화된 과학

그는 과학을 의심하고, 그의 **아디아포리**adiaphorie(니체의 용어)를, 그러니까 그의 이른바 무-심함in-différence을 비난한다. 학자들은 이런 무신경으로 법을 만들고 또 그 법을 가지고 기소하는 검사들이 된다. 그런데 선고가 떨어지고, 그때마다 매번 과학을 **극화**劇化**하는** 것(텍스트적 효과로 차이를 만들어 무심하지 않게 만드는 것)이 가능해진다. 그는 학자 중에서도 어떤 동요나 떨림, 기벽, 착란, 구부러짐 등을 그가 찾아낼 수 있는 이들을 좋아한다. 그는 소쉬르의 강의를 만끽했다. 그의 **강의**에서 철자 바꾸기 놀이Anagrammes를 정말 미치도록 많이 듣고 난 이후 소쉬르는 그에게 무한히도 소중해졌다. 많은 학자들에게서 그는 이런 종류의 행복한 단층을 간파하곤 했다. 그러나 대부분의 시간, 그는 감히 그것을 가지고 어떤 저작을 만드는 데에 이르진 못했다. 이 학자들의 이런저런 발화들은 그냥 구석에 처박혀 답답하게, 무심하게 있기만 했다.

그러고 보니 이건 그가 격정에 휩싸일 줄 몰라서인 거라는 생각이 들었다. 기호학이라는 학문은 혁혁한 일승을 거두진 못했다. 그냥 이런저런 작업들을 가지고 중얼거리는 정도. 각 작업들은 오브제와 텍스트와 몸을 미분하는 정도에 그쳤다. 하지만 기호학이 의미의 열병과 모름지기 어떤 관련이 있다는 걸 어찌 모르겠는가? 그 종말이면서/또 유토피아라는 것을.

자료집corpus. 얼마나 아름다운 아이디어인가! 단, 이 단어에서 **몸**corps이라는 단어가 보여야. 연구를 위해 모아둔 자료 속에서(이것이 자료집을 만든다) 우리는 구조만 탐색하는 게 아니라, 발화행위의 형상들을 찾는다. 이 전체를 보면, 사랑에 빠진 관계들 같기도 하다(자료집이 단지 과학적 **상상계**에 불과한 게 아니라면).

니체를 항상 생각하기. 우리가 과학적이라면 섬세함이 부족해서다. 유토피아를 난 그 반대로 상상한다. 극적이고도 섬세한 과학은 아리스토텔레스적인 명제를 사육제를 하듯 완전히 전복하는 일이다. 전광석화 속에서 감히 이런 생각을 하기. **차이가 곧 과학이다.**

모험에 가득 찬 아이디어

너무 뜨거워 그 퀄리티를 분간할 수 없다. 바보 같은 아이디어? 아니, 위험한? 무의미한? 우선은 갖고 있을까? 그냥 버릴까? 순결함이라곤 하나도 없나? 아니, 그래도 보호할 만한가?

나는 언어를 본다

나에겐 언어를 보는 병이 있다. 그냥 단순히 헛것을 들었거나 욕망의 대상이 오인된 데서 비롯된 도착적인, 별난 충동은 내게 어떤 '시각적 환영'을 보여준다. 그건 스키피오가 꿈에서 보았던, 음악으로 이루어진 세계의 반구와 비슷한(완전한 비율을 지닌!) 것이었다. 이 최초의 장면에, 즉 보는 것이 아니라 듣는 장면에 도착적인 장면이 이어진다. 경청은 관찰로 변질된다. 언어를 통해 나는 투시자이자 견자가 된 기분이다.

첫 번째 시각적 환영으로 보면, 상상계는 단순하다. 타자의 담론이어도, **내가 보는 대로다**(나는 여기에 따옴표를 치고 싶다). 이어, 나는 내 위에서 X선을 계속해서 돌린다. 나는 내 언어를 보는데, **보여진 대로다**. (따옴표 없이) 완전히 **벗은 그대로**의 내 언어를 본다. 이것은 상상계의 부끄럽고도 고통스러운 시간이다. 이어 세 번째 시각적 환영이 그려진다. 결코 닫히지 않는 괄호 안에 무한히 배열된 언어들의 시각적 환영. 유토피아적 환영은 살살 움직이는, 복수적인 독자 한 사람을 전제한다. 이 독자는 재빨리 따옴표를 치고 뺀다. 그 독자가 나와 함께 글을 쓰기 시작한다.

세드 콘트라*

아주 자주, 그는 고정관념에서, **자신 안에 있는** 진부한 견해에서 출발한다. 왜냐하면 그건 (미학적인 반사 또는 개인적인 반사로) 그가 이를 원치 않고, 전혀 다른 것을 찾기 때문이다. 대개 그는 빨리 지치고, 단순히 상반된 견해, 역설, 또는 편견을 기계적으로 부정하는 데(가령, "과학은 특유한 것에만 존재한다") 멈춘다. 요컨대, 그는 스테레오타입과 대립하면서도 친숙한 관계를 유지한다.

그것은 일종의 지적인 ('스포츠'에서 하는 것이기도 한) '지연'이다. 언어의 견고화, 농도화. 고정화가 있는 곳에서 철저히 버티는 것이다. 경계할 게 많은 조리대에서 그는 분주하다. 언어가 두꺼워지지 않도록, 언어가 뭘 자꾸 **붙이지** 않도록 살핀다. 순수형태를 지닌 이 움직임은, 작품의 나아감과 물러섬을 헤아린다. 이것이 바로 전략적 지평선 너머 **대기 중에서** 펼쳐지는 언어의 순수한 전술이다. 위험은 고정관념이 역사적, 정치적으로 이동할 때, 그것이 어디로 가든 따라가야 한다는 점이다. 만일 스테레오타입이이 **좌로** 이동한다면, 뭘 할 것인가?

오징어와 먹물

나는 이것을 날마다 쓴다. 뭔가 잡힌다, 뭔가 생긴다. 오징어가 먹물을 생산하듯 나는 내 상상계를 (나를 지키면서도, 동시에 나를 내주며) 동여맨다. 책이 끝난 것을 어떻게 알게 될까?

요컨대 항상 그렇듯, 하나의 언어를 공들여 만드는 일이다. 한편, 언어마다 기호들이 되돌아온다. 너무 돌아온 나머지, 어휘―작품이 물릴 정도로 포화된다. 여러 달 동안 이 파편 재료들을 잘라가면서 그 이후 쓴 것들도 이미 이뤄진 발화행위들 아래서 자발적으로(억지로가 아니라) 정리된다. 구조는 서서히 짜여간다. 구조는 자기장 안의 물체처럼 자기磁氣를 띠게 된다. 나에겐 어떤 설계도도 없다. 그렇게 알아서 건축되는 것이다. 언어의 그것처럼 끝이 있으면서 영원한 레퍼토리. 한순간, 아르고호에서 일어난 것보다 더한 변형이 있을 수 있다. 각 파편을 조금씩 바꾸면서. 아니 그렇게만 한다면 나는 책을 아주 오래 간직할 수 있게 될 것이다.

성에 관한 한 권의 책을 기획하며

나와 같은 객차 칸에 자리 잡은 한 젊은 커플이 있다. 여자는 금발 머리고, 화장을 했다. 동그란 검은 안경을 쓰고 「파리 마치Paris-Match」**를 읽고 있다. 손가락마다 반지를 끼고 있는

---

* 라틴어로 Sed는 대립, 반대, 제한이라는 뜻이고, Contra는 -의 반대로, -의 맞은편에라는 뜻으로, 둘을 합하면 '도리어 반대로'라는 뜻이다.

** 2차세계대전 후인 1949년에 창간된 잡지로, 가벼운 읽을거리와 사진, 패션 등을 주로 소개하는 대중잡지이다.

데, 손톱들에는 다 매니큐어가 발라져 있다. 양손의 손톱은 각기 이웃한 손톱과 다른 색으로 칠해져 있다. 특히 중지 손톱은 훨씬 짧다. 진한 양홍洋紅색*이다. 자위행위를 하는 손가락을 은근슬쩍 촌스럽게 가리키는 것일 수 있다. 바로 그때, 나는 **마법에 걸린 듯** 이 커플에 사로잡혔다. 그들에게서 눈을 뗄 수 없었다. 그 순간 책(또는 영화)에 대한 아이디어가 생각났다. (전혀 포르노그래피적이지 않은) 어떤 부차적인 제2의 성적 특성들만 담을 것이다. 아름다운 몸도 아니고 그렇다고 '섹시'한 분위기가 나는 것도 아니다. 각 몸의 성적인 '개성'이라 할 만한 것을 포착하겠다는(아니면 시도라도 해보겠다는) 것이다. 각 성적 특성은 즉각 읽히는 방법을 써야 한다. 왜냐하면 매니큐어를 촌스럽게 바른 그 젊은 금발 머리 여자와 (잘 빗어진 엉덩이에, 부드러운 눈을 한) 젊은 남편은 그들 부부의 **성생활** sexualité을 마치 옷 단춧구멍에 꽂은 레지옹 도뇌르 메달(같은 방식의 공공연한 표명. **성생활**이든 그간의 관록이든)처럼 보여주기 때문이다. 이렇게 가독성 풍부한 **성생활**(이 정도라면 분명 미슐레도 읽어냈을 법한)이 내가 탄 기차의 객차 안을 가득 채웠다. 교태와 아양보다 더 확실한 이 저항할 수 없는 환유.

섹시함

부차적인 제2의 성과는 다른 차원에서, 몸의 **섹시함**은(그것의 아름다움이 아니라) 우리가 마음속으로 그 신체를 어떤 연애적 행위에 종속시킬 때(즉 상상 속에서 그 행위를 떠올릴 때), 그 행위를 정확히 특정하여(다른 어떤 행위가 아닌 바로 그 행위를) 상상할 수 있는 가능성에 있다. 마찬가지로 텍스트에서도 이런 게 정확히 분간된다. 다시 말해 **섹시한** 문장들이 있다고나 할까. 고립되어 있어도 관능을 자극하는 문장들이 있다. 그 문장들은 우리에게 한 약속을 우리 독자들에게도 언어적 실제로서 할 수 있다. 우리가 그런 문장들을 찾는 것은 그 문장들을 읽으면 어떤 성적 쾌락이 느껴져서인데, **원하는 것이 무엇인지 알고 있는 것**, 이것도 쾌락이다.

성의 행복한 종말?

중국인들은 이렇게 말한다. 모두가 요구한다(그리고 내가 제일 먼저). 하지만 도대체 그들의 성性은 어디 있는가? 이런 건 모호한 개념인데(차라리 상상력일 수도), 만일 그게 사실이라면, 이는 이전의 모든 담론을 바꿀 것이다. 안토니오니의 영화*에 대중 관객들이 박물관에서 고대 중국의 야만적인 장

---

* 연지벌레나 꼭두서니풀에서 우려 만든 새빨간 물감. 약품이나, 화장품, 음식물 등에 이런 빛깔을 주로 들인다.

* 이탈리아의 거장 영화감독 미켈란젤로 안토니오니가 중국으로 가서 당시 중국을 지배하고 있던 마오쩌둥주의와 그 사상을 담은 다큐멘터리로, 1972년작이다.

면을 재현한 어떤 축소 모형을 바라보는 장면이 나온다. 군인들이 가난한 농민 가족을 착취하는 장면이다. 그 표현들은 난폭하거나 고통스럽다. 그 모형은 크고 아주 밝은데, 그 몸들은 (밀랍 인형 박물관에서 보는 그 반짝이는 광택 속에서) 고정된 동시에 격앙된 상태로, 육체적이면서도 의미론적인 절정에 이른 듯하다. 스페인의 이른바 진실주의 작가들이 만든 그리스도 조각상이 생각나기도 한다.*

그 날것의 잔인함에 르낭Ernest Renan**은 격분했지만(사실, 그는 그 책임을 예수회파에 돌렸다). 한편, 이 장면은 내게 갑자기 사드풍의 그림처럼 보였다. 그러니까 **성적인 면이 과도하게 부각되어** 보였다. 성은 **우리가 지금 그것을 말하는 대로, 우리가 지금 그것을 말하는 것처럼**, 인간의 나쁜 역사인 사회적 억압의 산물일 거라는 생각이 든다(상상에 그칠 수 있지만). 요컨대 문명화의 결과 우리의 성은 면제되고, 말소되고, 취소되었을 수 있다. 사회적 해방 이후, **억압이 없어지면서**. 발기하지 않는 남근! 기절한 남근! 고대 이교도 식으로 말하면, 그걸 작은 신으로 만든 건 우리다. 유물론적 사유가 성과 **일정한 거리 두기**를 함으로써 성의 추락을 가져온 건 아닐까. 담론 바깥으로, 과학 바깥으로 밀어내버린 건 아닐까?

유토피아로서의 시프터***

그는 한 친구로부터 멀리서 보내온 엽서를 받았다. "**월요일.**

나는 내일 들어가. 장루이."

주르댕과 그의 유명한 산문(푸자드주의****적 세계에 머무는)에서 그는 아주 단순한 발화 내용 중 야콥슨이 분석한 이중 연산자/조작자opérateur 흔적을 발견하고는 놀란다. 왜냐하면 만일 장루이가 그가 엽서를 쓴 날이 언제인지 완벽히 안다고 해도, 그의 메시지가 나에게 도착하는 것은 완전히 불확실하기 때문이다. **어떤 월요일? 어떤 장루이?** 그렇다면 나로선, 어떻게 그걸 아나? 그러니까 내 관점에서는 여러 장루이 중에 하나를, 여러 월요일 중에 하나를 옳게 골라야 한다. 그것이 어떻

---

* 특히 스페인 바로크 예술작품들에서 십자가에 못박힌 예수의 조각상들이 초현실주의적으로 더욱 고통스럽게 표현되어 있다.

** 에르네스트 르낭(1823-1892)은 프랑스의 작가이자 철학가, 역사가이다. 종교에 관한 많은 역사서 및 해설서를 썼다. 특히 예수의 일대기를 쓰기도 했는데, 그는 다른 여타 인간들의 생애와 같은 방식으로 예수의 생애를 다뤄야 한다고 해서, 가톨릭 교회의 분노를 사기도 했다. 과학에 대한 호기심이 많은 르낭은 다윈의 종의 진화나 자연선택설을 지지했다.

*** 로만 야콥슨(Roman Jakobson)이 체계적으로 논의한 개념으로, 언어 표현 중 그 의미가 고정되지 않고 발화 상황(즉 누가, 언제, 어디서 말하는지)에 따라 달라지는 요소를 가리킨다.

**** 1954년 소매상 출신의 정치가 푸자드(Poujade)에 의해 결성된 우익 정당으로, 사회경제 발전을 반대하며 편협한 권리를 주장하기도 했다.

게 부호화되든, 이런 조절 장치 중 가장 잘 알려진 건 일명 **시프터**shifter인데, 내겐 그게 소통을 끊어버리는 교활한 방식—언어 자체로 구비된—으로 보였다. 나는 말한다(달리 말하면, 나의 부호 장악을 봐라). 하지만 난 안개 같은 발화 상황 속에 놓여 있고 그 상황은 당신에게도 알려져 있지 않다. 나는 내 담론 속에다 **대화의 도망 장치**를 설치한다(결국, 우리가 대표적인 시프터인 대명사 '나'를 사용할 때마다 이런 일이 일어나는 것 아닐까?). 그렇다면 다른 시프터도 상상해본다(여기서는 좀 더 확대해 그걸 조작자/연산자라 불러보자. 언어 내에 들어 있는 불확실성의 조작자/연산자는 다음과 같다. **나, 여기, 지금, 내일, 월요일, 장루이**). 이 시프터는 언어로부터는 인정을 받지만, 사회로부터는 공격을 받는 사회적 전복일 수 있다. 사회로부터 주관적 사실이 달아나면 무섭다. 사회는 그래서 날짜(**3월 12일 월요일**)나 부계의 성(**장-루이 B**) 같은 '객관적' 지표를 가지고 조작자/연산자의 이중성을 줄인다. 주관적 사실이 도망가지 못하게 꼭 봉한다. 자유를 상상해보자. 만일 어떤 집단이 이름이나 시프터 같은 것으로만 말을 한다면. 그러니까 각자가 **내일, 나, 거기** 같은 말만 사용한다면. 굳이 법으로 정한 것 같은 것을 참조하지 않고 말을 한다면. 사랑의 액체성과도 유사한 한 집단 내의 유동성을 말해볼 수 있을 것이다. 이런 맥락에서 보면 (분명한 차이에서 미세함이 나오고, 그 미세함에서 끝없는 반향이 나와 차이가 존중받는 것이긴 하지만) **모호한 차이**가 언어의 가장 비싼 가치 아닐까?

의미작용 속의 세 가지

스토아 철학 이후로 착상한 의미작용 속에는 세 가지가 있다. 기표(시니피앙), 기의(시니피에), 지시대상(레페랑). 그런데 지금은 내가 만일 가치로서의 언어학을 상상한다면(하지만 가치 바깥에 자기 자신으로 머무는 언어학을 어떻게 세울 것인가? '과학적으로', '언어학적으로' 어떻게 그런 언어학을 세울 것인가?), 의미작용 속에서의 이 세 가지는 더 이상 같은 게 아니다. 하나는 기왕 알려진 것으로, 고전 언어학에서 일반 분야인 의미작용의 절차와 진행procès de signification이다. 고전 언어학은 딱 그 자리에 멈춰 서서 버티고, 이 분야에서 나가려는 것을 막고 있다. 그러나 다른 것들은 이보다는 덜 알려져 있다. 그것은 바로 **통보**notification(내가 내 메시지를 내뱉고, 내가 내 청자를 지정하는 것이다)와 **서명**signature(내가 나를 게시한다. 나를 게시하는 걸 피할 수 없다)이다. 이런 분석을 통해 동사 '의미하다signifier'의 어원을 하나씩 펼쳐보는 수밖에 없다. 기호를 만들다. (누군가에게) 낌새를 보이다, 기별하다. 상상적으로 자기 고유의 기호로 축소되다. 자기 스스로 승화되다.

간략주의 철학

그는 사회성socialité을 너무 단순한 방식으로 본다는 말을 자주 듣기도 한다. 사회성을 그저 언어(담론, 픽션, 상상계, 이유, 체계, 과학)와 욕망(충동, 상처, 분개감, 기타 등등)의 막막하고도 영원한 접촉과 마찰로 본다는 것이다. 그렇다면 이런 그의 철학에서 '실재'는 무엇이 될까? 그건 부인되는 게 아니라(진보주의 차원에서는 더 자주 원용된다), 요컨대 일종의 '기술'이나 '요리법' '치료제' '대단원' 같은 경험적 이성주의의 근거로 사용되기도 한다(**이렇게 하니까 그게 나오잖아. 이걸 피하려면 합리적으로 이렇게 해봅시다. 좀 기다려봅시다. 어떻게 변하는지 그냥 두고 봅시다. 기타 등등**). 이 철학은 최대한의 간극을 드러낸다. 언어에 관해서는 망상적이고, '실재'에 관해서는 경험적이다(그리고 '진보적'이다).

(항상 헤겔 철학에 대한 프랑스식 거부가 있다.)

원숭이들 사이에 원숭이

유대인 출신인 포르투갈 귀족 아코스타는 암스테르담에 유배되었다. 그는 유대 회당에 가입하였다. 이어 회당을 비판하였다. 그래서 랍비들에 의해 파문당했다. 그렇다면 논리적으로는 히브리 교단과 결별해야 했지만, 그는 다르게 결론지었다. "내가 온갖 불편을 감수하며 평생 분리되어 살겠다고 굳이 고집할 필요 있을까? 어차피 그 언어를 전혀 알아듣지 못하는 낯선 나라에 사는데?" **차라리 원숭이들 사이에 원숭이로 사는 게 낫지 않을까?** (피에르 베일Pierre Bayle, 『역사와 비평 사전Dictionnaire historique et critique』.)

마음대로 사용할 수 있는 언어가 하나도 없을 경우, 옛날에

빵을 훔치듯이 언어 하나를 훔침으로써 그 문제를 해결할 수 있다. (권력 바깥에 있는 자들은—군단과도 같은 다수의 사람들—언어 하나를 훔치지 않으면 안 되었다.)

사회적 분열

사회적 관계의 분열은 분명 실존한다. 그건 실재이다. 그는 그것을 부인하지 않고, 그에 대해 말하는 사람들(너무 많은 수지만)을 신뢰하며 그들이 하는 말을 듣는다. 그의 눈에는, 아마도 그가 언어를 다소 물신화하기 때문에, 이러한 실재적 분열은 상호 대화적 형태로 흡수된다. 분열되고, 소외된 것은 대화 그 자체이다. 그는 이른바 언어의 항들처럼 이 모든 사회적 관계를 살아낸다.

나, 나

한 미국인 학생(또는 실증주의자, 또는 이의제기론자. 나는 이를 분간할 수 없다)은 마치 그게 자명하다는 듯, **주관성**과 **나르시시즘**을 동일시한다. 그는 의심할 바 없이 주관성은 자기 자신에 대해 말하는 것이라고 생각한다. 그리고 그게 좋은 것이라고 생각한다. 그렇다면 그는 한 늙은 쌍이자 오래된 패러다임의 희생자다. 바로 **주관성/객관성**subjectivité/objectivité이라는 쌍. 오늘날 주체는 다른 데서 잡힌다. '주관성'은 나선형의 다른 자리로 돌아올 수 있다. 닻에 묶여 있지 않아 해체되고 떨어져 나와 다른 곳으로 이동할 수 있다. 왜 나$_{je}$는 '**나$_{moi}$**'에 대해 말하지 않을까? 그도 그럴 것이 '나$_{moi}$'는 이제 '나$_{soi}$'가 아니라서?•

인칭대명사라 불리는 것. 모든 건 여기서 작동된다. 나는 대명사라는 울타리 안에 영원히 갇혀 있다. '나'는 상상계를 동원하고, '당신' 그리고 '그'는 편집증paranoïa을 동원한다. 그러나 또한 독자에 따라 일렁이는 반사체들처럼 '나'로 되돌아갈 수 있다. 이 '나'는 이제 카니발•• 방식으로 부러뜨린 '내'가 될 수 없다. 사드의 방식대로, 나에게서 글쓰기의 노동자, 제조자, 생산자, 즉 작품의 주체(저자)를 떼어내면 나는 나를 '당신'이라고 부를 수도 있다. 자신에 대해 말하지 않는 것이 **나는 그에 대해 말하지 않는 그입니다**, 라는 뜻일 수 있다. '그'라고 말하면서 자신에 대해 말하는 것이 나는 **약간 죽은 사람처럼** 나에 대해 말한다는 말일 수 있다. 여기서 약간 죽은 사람은, 얇은 안개 같은 편집증이라는 과장 속에 들어가 있는 사람이다. 혹은 자기가 맡은 배역과 일정한 거리를 둬야 하는 브레히트식의 배우이다. 즉 내가 나에 대해서 말하는 것이다. 구현하는 것이 아니라, 그냥 '제시'하는 것이다. 손가락으로 툭 치듯이 조금씩만 자신을 산출하면, 그 결과로 그의 성명에서 성은 놔두고 이름만 살짝 뜯어낼 수 있을 것이다.•••

또한 자신을 받치고 있는 지지대에서 자기 상image을 떼어내고, 자신을 비쳐보는 거울에서 상상계imaginaire를 떼어낼 수

* 프랑스어에서 Je는 1인칭 대명사이고, Moi는 Je의 강세형으로 쓴다. 주어나 보어로서의 1인칭 대명사를 강조할 때 주로 쓰는데, 발화 주체로서의 '나'가 그 '나'를 좀 더 강조해서 쓰는 효과를 내므로, 철학이나 정신분석학에서는 주체로서의 자신에 대한 자기 의식이나 내면화된 자아 또는 이기심이나 사욕, 혹은 자기 도취성에 빠진 자아를 의미하기도 한다. 더 나아가 라캉의 정신분석학에서는 주체와 타자와의 관계에서 타자를 의식하는 시선이 자신 안에 투영되어 일종의 방어 기제로서 더 강화되는 자아 또는 자의식을 의미하기도 한다. 결국은 자기 자신으로부터 분리되지 않은 자아로, 상상계 속에 함몰된 자아이기도 하다. 이에 비해, Soi는 자신으로부터 분리된 자아, 자신을 타자화해 자신을 객관적으로 보려는 자아를 의미한다. 우리말 번역어 하나로 특정할 수 없어 그대로 번역하고 원어를 병기했다. Soi를 영어의 Self와 등가시켜 자기 자신으로 번역하기도 하지만, 우리말로 통용되는 자기 자신은 오히려 자아를 지나치게 강조하는 moi에 가까워 일부러 그렇게 번역하지 않았다. 바르트의 맥락에서는 moi가 자아라면, soi는 무자아에 가까울 수 있다.

** 카니발(carnaval)은 번역어 사육제(謝肉祭)로도 통용되지만, 거의 폭식과 환락을 부리는 기간인데, 마냥 살을 찌운다기보다 살을 파괴하며 살을 찌운다는 중의적 의미가 있다. '나'라는 인칭대명사를 과잉적으로 쓰면서 '나'를 부러뜨리면서도 나를 살찌우는 이 악순환의 고리를 비유하는 표현으로 쓰였다.

*** 이와 유사한 맥락에서, 바르트는 프루스트 또는 프루스트의 작품을 프루스트주의자가 아닌 마르셀주의자라고 명명하고 싶다고 말하기도 한다. 가족과 집단에 소속된 자기 정체성 또는 저자라는 정체성보다 그저 자기 구원을 위해, 또는 개인적 자구책으로 쓴 문학이 더 매혹적이고 우월할 수 있는 가능성은 이미 프루스트로부터 열렸다.

있을 것이다(브레히트는 배우에게 자신의 모든 역할을 제3의 인물처럼 생각할 것을 주문했다).

이야기라는 중계를 통해 편집증과 소격 효과$_{distanciation}$의 유사성은 이렇게 가능해진다. '그'는 서사시적이다. 다시 말해, 이 '그'는 좀 악독하다. 언어 중에 가장 악독한 단어가 바로 이 비인칭의 대명사다. 왜냐하면 자신을 가리키는 지시 대상을 폐지하고, 죽이기 때문이다. 사랑하는 자를 불편하지 않게 가리킬 순 없다. 누군가를 '그'라고 말하면, 나는 항상 언어를 통한 일종의 살해를 본다. 전체적인 장면은 **험구**지만, 때론 이런 장면이 장엄하고, 거대한 의식을 치르는 것 같다.

그리고 때로는, 일종의 그 모든 것의 조소인 '그'가 '나'에게 자리를 양보한다. 구문론적인 약간의 불편함은 있다. 왜냐하면 약간 긴 문장에서 '그'는 나 말고도 다른 많은 지시 대상들을 별다른 사전 경고 없이 지칭할 수 있기 때문이다.

자, 여기에 이미 유행이 지난 계속 이어지는 절들이 있다(절들이 모순되어 보이지만 아닐 수도 있다). **만일 내가 글을 쓰지 않는다면 나는 아무것도 아닐 것이다. 하지만 나는 내가 쓰는 거기 말고 다른 데 있다. 내가 쓴 것보다 내가 훨씬 낫다.**

나쁜 정치적 주체

미학이 원인과 목표에서 형태를 분리해 그것이 자체로 충분한 가치 체계를 구성하는 예술이라면, 이보다 정치와 더 상충되는 것이 있을까? 한편, 그는 미학적 반응을 스스로 자제할 수 없었고, 미학적으로 마음에 드는 형태(형식적 밀도)를 찾아도 그가 찬성하는 정치적 행동 속에서 찾으려 했다. 그렇지 않으면 다 흉측하고 우스꽝스럽게 여겨졌다. (어떤 더 깊은 이유가 있는지 모르지만) 그는 공갈 협박 같은 건 참을 수 없었는데, 특히나 국가 정치에서 보는 공갈 협박이 그랬다. 뭔가 이건 아니다 싶은 미학적 느낌이 생기면 아까 같은 형태로 인질들은 더 늘어났고, 이런 작용 기제 자체를 그는 혐오하게 되었다. 인질들은 매번 반복되는 불신 속으로 떨어졌다. **또? 지겹다!** 이건 좋은 노래인데 뻔하게 들린다거나 좋은 사람인데 얼굴의 틱 장애가 유독 보이는 것과 비슷했다. 형태, 언어, 반복 같은 것을 어떻게든 **보고 마는** 도착성 때문에 그는 매정하게도 **나쁜 정치적 주체**가 되었다.

과잉결정

『마음의 기쁨Délices des coeurs』의 저자 아마드 알 티파치Ahmad Al Tîfâchî(1184-1255)는 매춘남의 키스를 이렇게 묘사한다. 그는 자신의 혀를 당신의 입술 속에 깊이 박고 돌린다, 아주 집요하게. 이걸 **과잉결정적** 행동의 예시로 볼 수 있을까. 그의 직

세미나 공간은 팔랑스테르* 같다. 다시 말해, 어떤 면에서는 소설적이다. 미묘한 욕망들이, 움직이는 욕망들이 순환하는 공간이기 때문이다. 인위적인 사회성 속에서도, 정합성이 기적적으로 존재하는 듯한 공간. 니체의 말을 빌리면, "사랑의 뒤얽힘".

업적 위상에 그다지 맞지 않는 이 에로틱한 모습에서 알 티파치의 매춘남은 세 가지 이득을 얻기 때문이다. 우선 사랑에 대한 자신의 지식을 과시한다. 그의 남성성에 대한 이미지는 지킨다. 그러면서도 자신의 몸은 위해를 전혀 끼치지 않는다. 이런 공격성으로 그는 자기 몸의 내부를 내주지 않는다. 그렇다면 주요한 테마는 여기서 어디 있나? 이건 복잡한 주제는 아니지만(통념이 짜증을 내며 말하듯이), 복합적인 주제는(푸리에가 말할지도 모를) 된다.

자기 말은 못 듣는

그가 들었던 것은, 그가 듣지 않을 수 없었던 것은, 다른 사람들이 그들 자신의 말은 듣지 못한다는 것이었다. 그가 들은 것은 그들이 알아듣지 못한다는 거였다. 그러면 그는? 그도 자기 말을 못 알아듣는 거는 아닐까? 그는 자신이 한 말을 알아듣기 위해 애를 썼고, 이런 노력 속에 그 어떤 다른 소리 장면, 어떤 다른 픽션을 만들어냈을 뿐이다. 이렇게. 이런 글에 자신을 토로하는 일. 글쓰기란 **마지막 대사**를 만들어내는 것을 포기하고, 다른 이가 당신을 들어주기를 기대하며 살아 숨 쉬는 언어가 아닌가?

---

* 샤를 푸리에식의 공동 생활체

국가라는 상징주의

나는 이것을 1974년 4월 6일 퐁피두 대통령 국장일에 쓴다. 온종일 라디오에서는 (내 귀에) '좋은 음악'이 흘러나왔다. 바흐, 모차르트, 브람스, 슈베르트. '좋은 음악'이란 그러니까 장례곡이다. 죽음과 영혼성과 고전 음악을 하나로 만드는 공식적인 환유(파업일에는 '나쁜 음악'만 연주한다). 내 이웃집 여자는, 보통은 팝 음악을 듣는데, 오늘은 라디오를 아예 켜지 않는다. 이렇게 우리는 국가라는 상징주의로부터 배제된 두 사람이다. 그러면 왜? 그녀는 기표('좋은 음악')을 참지 못하고, 나는 기의('퐁피두의 죽음')를 참지 못한다. 그렇다면 이런 이중의 절단이 조작된 음악을 가지고 또 하나의 억압적 담론을 만들어낸 건 아닌가?

징후적 텍스트

어떻게 해야 이 파편들 각각이 하나의 **징후**에 그칠까? 그건 쉽다. 알아서 가게 내버려두고 **퇴행하기**.

체계/체계적인

실재의 고유성은 **장악할** 수 없게 될까? 체계의 고유성은 실재를 **장악하는** 것 아닌가? 그렇다면 장악을 거부하는 실재 앞에서 무엇을 할 수 있단 말인가? 장치로서의 체계는 돌려보내고, 글쓰기로서의 체계적인 것은 받아들이는 것이다(푸리에가 한 것이 그것이다).[53]

전술/전략

그의 작품 움직임은 전술적이다. 자리를 이동하고 막대기를 쳐서 막는 거지, 정복하려고 하는 일은 아니다. 예를 들어, 텍스트 간 텍스트 개념? 그는 사실 이에 대한 그 어떤 실증성도 없다. 컨텍스트 법칙과 싸우려고 이것을 내세웠을 뿐이다.[54] 확증적 사실은 어느 순간 어떤 가치처럼 주어지나, 객관주의에 열광하는 건 전혀 아니다. 부르주아 예술의 과도한 표현주의가 못 들어오게 막는 것일 뿐이다. 그의 작품이 가지는 모호성은[55] 결코 **신비평** New Criticism에서 오는 게 아니다. 사실 그는 신비평에 별로 관심이 없다. 법처럼 여겨지는 문헌학이나 당연하게 여겨지는 대학의 횡포와 싸우기 위한 작은 기계에 불과하다. 따라서 이 작품은 이렇게 정의될 것이다. **전략 없는 전술**.

나중에

그는 '서문' '소묘' '요소' 같은 것들을 제시하고, '진짜' 책은 나중으로 미루는 버릇이 있다. 이 기벽에 가까운 버릇을 일컫는 수사학 이름이 있는데, 예변법prolepse*(주네트Gérard Genette가 많이 연구한)이 그것이다.

예고한 책들 몇 가지만 들어보자**.《글쓰기의 역사》,56《수사학의 역사》,57《어원학의 역사》,58《새로운 문체론》,59《텍스트의 즐거움에 관한 미학》,60《새로운 언어학》,61《가치의 언어학》,62《사랑의 담론 목록》,63《도시의 로빈슨 개념에 기초한 픽션》,64《프티부르주아에 대전大全》,65 미슐레의 『우리의 프랑스』66 같은 식으로 제목을 붙인《프랑스에 관한 책》기타 등등.

이 예고작들은 대개의 경우, 지식의 대기념비를 패러디한 대전大全 같은 어마어마한 책이지만, 단순한 담론 행위에 불과할 수밖에 없다(이런 게 예변법이다). 이것들은 연기 및 지연 범주에 들어간다. 이 범주는 (구현 가능한) 실재에 대한 부인이기도 하지만, 그렇다고 이게 덜 살아 있는 것도 아니다. 이 계획들은 절대 포기하지 않고 계속 살아간다. 긴장된 유보 상태로, 매 순간 생을 다시 살아가는 식이다. 아니면 어쨌든 그런 강박의 집요한 흔적이 있어, 부분적으로나마, 간접적으로나마 완성되어간다. 마치 어떤 **몸짓처럼,** 테마들과 파편들, 항들이 완성되어간다.《글쓰기의 역사》(1953년에 내보려고 했던)는 20년 후 프랑스적 담론에 관한 세미나에 영감을 주었다.《가치의 언어학》은 멀리서 이 책을 지향한다. **산이 쥐 한 마리를 낳는다.** 약간 경멸투의 이 속담을 긍정적으로 돌려놔야 한다. 산은 쥐를 만드는 데 너무 크지 않다.

푸리에는 그가 나중에 출판하게 될(완벽하게 명징하고, 완벽하게 설득적이고, 완벽하게 복합적인) 완벽한 책의 고지를 위해 그의 책을 냈을 뿐이다. 책의 수태고지(책의 **프로스펙투스** prospectus***)는 이런 지연 조작들 중 하나로, 이것이 우리의 적 유토피아를 조절한다. 나는 상상한다, 나는 환각한다, 나는 채색한다, 나는 내가 할 수 없는 위대한 책을 윤낸다. 이것이 지식의 책이고 글쓰기의 책이며, 체계에 대한 조롱으로서 완벽해지는 체계이다. 지성과 기쁨의 총합, 복수하는 책이면서 다정한 책, 신랄한 책이면서 즐거운 책. (여기, 상상계가 뿜어내는 형용사들의 쇄도). 간단히 말해, 소설의 주인공 같은 모든 자질을 갖고 있다. 그는 오는 자(모험)이며, 이 책은 나를 세례자 요한으로 만든다. 나는 수태고지한다.

---

* 예기되는 반론이나 항의 따위를 미리 반박하여 예방선을 쳐두는 방법.

** 다음 열거되는 책들은 실제로 출판된 책이 아니므로 책 표시 약호를 쓰지 않았다.

*** 라틴어로 바라봄, 조망, 전망, 시계, 일별 등 여러 뜻을 갖는다. 앞으로 튀어나가는 듯한 몸짓이 떠오른다.

만일, 그렇게 자주 그가 쓸 책을 예견한다면(쓰지도 않으면서), 그것은 그를 따분하게 하는 것을 훨씬 나중으로 미루는 것이다. 그러면 오히려 쓰면 기분이 좋아지는 것이 **당장** 쓰고 싶어진다. 다른 건 말고. 미슐레의 경우, 그를 다시 쓰고 싶게 만드는 것은 육체적인 테마, 즉 커피, 피, 용설란, 밀, 기타 등등이다. 따라서 테마 비평이 가능할 것이다. 또 다른 학교—역사, 전기, 기타 등등—를 반대하느라 테마 비평을 이론화할 위험은 피하면서. 왜냐하면 환각은 논쟁적이 되기에는 너무 이기적인 것이기 때문이다. 그건 그냥 **전-비평** 정도라고 선언하면 된다. '진짜' 비평은(다른 것들에 대한 비평) 훨씬 나중에 올 것이다.

항상 시간에 몰리면서(혹은 그렇다고 상상하면서), 마감, 지연 등에 쫓겨, 당신은 당신이 해야 할 것 안에서 순서를 정하면 거기서 빠져나가게 될 거라고 고집스럽게 믿는 것이다. 계획을 세우고 일정표를 짜고 달력에 마감일을 적고. 당신의 책상 위에는, 당신의 서류철에는 얼마나 많은 글과 책들과 세미나 자료들이 있는가. 또 시장 볼 목록, 전화할 목록 들로 가득한가. 불안해서 쓴 것일 뿐, 당신은 의무적으로라도 탁월한 기억력을 가졌으니 이 종이들을 당신은 한 번도 보지 않을 것이다. 그러나 이렇게 써놓는 걸 억제할 수 없는 것이다. 당신에게 부족한 시간을 늘리는 것이다. 이 부족을 기록함으로써 말이다. 이걸 **프로그램 강박**이라 부르자(여기서 경조증을 엿볼 수도 있다). 국가, 집단, 분명, 이들도 예외가 아니다. 얼마나 많은 시간을 **프로**

그램을 만드는 데 허비하냐? 이런 작은 글 하나 쓰려고 해도, 프로그램에 대한 아이디어가 있어야 하고, 그것 자체가 프로그램 강박이다.

    이제 이 모든 걸 뒤집자. 지연 작전, 계획 돌출, 이건 아마도 글쓰기 자체일 것이다. 우선, 작품이란 꼭 다 **써지는 건 아닌** 다가올 작품의 메타-책(예상적인 주석)에 다름 아니다. 프루스트, 푸리에는 오직 '프로스펙투스'만을 썼다. 이어, 작품은 결코 기념비가 아니다. 이는 각자가 원하는 대로, 할 수 있는 대로 채워 넣을 **제안**이다. 나는 당신에게 족제비 놀이처럼 달리면서 기호학적 질료 하나를 건네는 것뿐이다. 마지막으로, 작품은 (연극) 리허설이다. 리베트Jacques Rivette 영화에 나오는 연습처럼. 이 영화에서 연습은 말이 계속되고, 제한이 없으며, 주석과 보충 해설로 잠깐 중단되었다가 다른 것과 다시 엮인다. 한마디로 말해 작품은 일정한 배열이다. 그 존재란 **도**이다. 멈추지 않는 계단이다.

텔켈

그의 「**텔켈**Tel Quel」* 친구들. 그 독창성, 그 진실성(지적인 에너지, 재능 있는 글쓰기를 넘어) 때문에 공통적이고, 일반적이며 비육체적인 언어를, 곧 정치적 언어를 함께 말해보게 했다. 하지만 각자 자기 고유의 몸으로 말하고—그렇다면, 왜 당신도 그렇게 하지 않는가? 바로 그 때문에, 내가 그들과 같은 몸을 갖고 있지 않기 때문에. 나의 몸은 일반화될 수 없기 때문에. 아니 언어 속에 있는 일반성이라는 힘에 미치지 않기 때문에. 그렇다면 여기엔 개인주의적 관점이 있는 건 아닐까? 키에르케고르 같은 기독교인—공공연한 반헤겔주의자—에게도 그런 건 있는데?

몸, 그것은 환원 불가능한 차이이다. 그것은 동시에 모든 구조화의 원칙이다(왜냐하면 구조화, 그것이 구조의 유일무이함이기 때문이다).67 만일 내가 **내 고유의 몸으로** 정치를 말하게 된다면, 나는 구조들 중에서 가장 뻔한 (담론적인) 구조를 가지고 구조화를 할 것이다. 반복을 가지고 나는 텍스트를 산출할 것이다. 문제는 이런 정치적 도구가 얼마나 오래 이런 방식을 인정해줄까 하는 것이다. 강렬하고, 충동적이고, 쾌락적인 내 고유의 유일무이한 몸을 그 세계에 파묻음으로써 이 투쟁적인 그러나 자칫 진부해질 수 있는 세계에서 벗어나려는 나만의 방식 말이다.

날씨

오늘 아침 빵집 여자가 나에게 말한다. **여전히 날씨가 좋네요! 하지만 너무**trop **오래 더워요!** (여기 사람들은 항상 너무 좋다고 보거나, 너무 덥다고 보거나 한다). 내가 덧붙인다. 그리고 빛은 이토록si 아름답네요! 그런데 빵집 여자는 대답하지 않는다.** 이런 쓸데없는 대화 언어의 폐쇄회로를 보면 볼수록, 그 회로가 확실하다. 나는 빛을 어떻게 보느냐가 한 계급의 감수성을 드러낸다고 본다. 혹은, 사회적 계급이 분명 표시되긴 하는 빵집 여자가 느꼈을 '그림처럼 생생한' 빛들은 따로 있을 것이다. 그것은 '모호한' 것, 윤곽선이 없는 것, 오브제가 없는 것, **형상성이 없는 것**, 투명성이 없는 것, 보이지 않은 것을 보는 것(좋은 그림에는 있으나 나쁜 그림에는 없는 비형상적 가치)일 것이다. 요컨대 공기보다 더 문화적인 것은 없다. 날씨보다 더 이데올로기적인 것은 없다.

---

* '있는 그대로'라는 뜻으로, 1960년에 만들어진 문학 잡지이다. 쇠유 출판사를 통해 발행되었다. 바르트를 비롯해 필리프 솔레르스, 미셸 드기, 장 리카르두 등 아방가르드한 글쓰기를 추구하는 작가들이 많이 참여했다.

** 왜 빵집 여자가 대답하지 않았을까. 프랑스어 표현에서 형용사 앞에 붙이는 강조 부사가 다르다. 빵집 여자는 trop(너무)라고 했고, 화자는 si(이토록)라고 했다. 전자가 부정적인 표현이라면, 후자는 긍정적인 표현이다.

약속된 땅

그는 아방가르드한 것을 다 껴안지 못한 것을 후회한다. 주변 가장자리로 밀려난 것들, 한계가 지어진 것들, 너무 얌전한 것들 기타 등등, 이 모든 것들에 이르지 못한 것을 후회한다. 이런 그의 후회는 그 어떤 확실한 분석으로도 밝혀질 수 없었다. 그는 정확히 무엇에 저항했던가? 그는 무엇을 거부했던가(훨씬 가볍게 말하면, 뭐를 그렇게 **툴툴댔던가**)? 스타일? 거만? 폭력? 어리석음?

흐리멍덩해진 내 머리

이런 일, 이런 주제(보통은 논술이나 논문에 관한 것), 이런 인생의 어떤 날 등에 대해 그는 표어 같은 문장으로 말하고 싶어진다. **흐리멍덩해진 내 머리**(이런 언어를 상상해보자. 발화 주체가 가끔은 늙은 여자가 하는 말처럼 사용하는 문법.)

그런데, **몸의 차원에서는,** 내 머리는 절대 흐리멍덩하지 않다. 이건 저주다. 흐리거나 실성한 상태가 전혀 없는 것. 두 번째 저주는 항상 의식이 또렷한 것. 약물로부터 배제되어. 그러나 의식을 꿈처럼 꾸고 싶긴 하다. 몽롱해질 수 있기를 꿈꾼다(당장 아플 정도는 아니게). 그의 인생에서 딱 한 번 절개 수술을 해야 해서 이런 부재를 기대했는데, 거부되었다. 전신 마취는 안 된다고 했다. 매일 아침, 깰 때마다 머리가 약간 빙빙 돈다.

하지만 내부는 여전히 굳건하다(가끔, 걱정을 하며 잠이 들어도 깨어나는 첫 순간 그 걱정은 사라졌다. 잠깐 하얀 순간. 기적적으로 감각을 박탈당한 그 느낌. 그러나 근심이 맹금류처럼 내 위를 도사리고 있다. 나는 완전히 **어제의 나처럼 되어 있다**.)

그는 가끔은 그의 머릿속에, 그의 일 속에, 다른 사람들 속에 있는 이 모든 언어를 쉬게 하고 싶다. 마치 언어가 그 스스로 인간 몸의 피곤한 사지가 된 것처럼. 그래야 언어도 쉴 수 있을 것 같다. 완전히 쉴 수 있을 것 같다. 위기감, 반향과 흥분, 상처, 생각 기타 등등에도 휴가를 주어 그만 생각하게 하고 싶다. 그는 언어가, 피곤에 지친 노파의 형상 아래 있는 걸 보고 싶다(닳고 닳은 손으로 손수 살림하는 옛날 시대의 여자처럼). **은퇴**를 하고 나서야 한숨을 쉴 수 있을 것이다.

연극

그의 모든 작품의 교차점에는 아마도 연극이 있을 거다. 그러나 실제로는 그의 글 중에 연극을 다룬 건 하나도 없다. 연극적 광경이란 세계가 보이는 보편적 범주에 들어간다. 연극에는 분명 그의 글에 흘러 다니는 특별한 테마들이 다 들어 있다. 내포, 히스테리, 픽션, 상상계, 장면, 비너스적인 미, 그림, 동양, 폭력, 이데올로기(베이컨은 이것을 '연극의 환영'이라 불렀다). 연극에서 그의 관심을 끌어당기는 것은 기호라기보다 신호등, 게시판 같은 신호체계였다. 그가 갈망했던 과학, 그것은 기호학이 아니었다. 그것은 **신호체계학**이었다.

정서와 기호, 감정과 연극의 분리를 믿지 않는 그는 신호를 잘못 보낼까 하는 걱정에 감탄, 분노, 사랑을 잘 **표현할 수** 없었다. 그는 감동을 받을수록, 훨씬 흐릿한 무색이 되었다. 이런 그의 '차분함'은 연기를 너무 못할까 봐 무대에 감히 들어서지 못하는 배우의 구속감과도 같았다.

자기가 자기를 납득시키지 못한다는 것은, 타자에 대한 확신이 더 있다는 것일 수도 있었다. 여기서 타자는 그의 눈에 연극적으로 보이는 자, 그래서 그를 매혹하는 자이다. 그는 이런 배우에게 진짜 열정보다는, 차라리 설득된 몸을 보여주길 부탁하고 싶었다. 자, 아마도 그가 본 연극 장면 중 가장 최고의 장면은 이것일 거다. 벨기에의 열차 식당칸에서 공무원들(관세원, 경찰)이 구석 테이블에 앉아 있었다. 그들은 정말 맛있게, 아주 편안하면서도, 정성껏 식사를 하고 있었다(향신료, 고기 조각, 식기 등을 잘 선택하기도 하고, 맛없고 오래된 닭고기보다 스테이크에 더 눈길을 주면서). 그들이 각 음식들을 대하는 태도는 또 너무나 익숙하고 능숙해 보였다(의심스러운 그리비슈 소스를 생선에서 깨끗이 제거하는가 하면, 요거트 뚜껑 꽁지를 열기 위해 요거트를 톡톡 때렸다. 치즈 겉을 벗기는 대신 살살 긁고, 사과 칼을 해부용 칼처럼 사용했다). 쿡의 모든 서

비스가 여기서는 전복되어 있었다. 그들은 우리와 똑같은 것을 먹었는데, 똑같은 메뉴가 아니었다. 따라서 모든 게 식당차 한쪽 끝에서 저 다른 한쪽 끝으로 가면서 완전히 바뀌어 있었다. 그 차이는 단 하나, 바로 **확신**의 차이였다(자기 몸에 대한 확신. 정념이나 영혼과 관련된 몸이 아니라, 쾌락과 관련된 몸).

테마

테마 비평은, 최근 몇 년, 신용을 잃었다. 하지만 이 비평적 개념을 너무 일찍 놓아버려서는 안 된다. 테마란 이런 담론의 장소를 지시하기에 유용한 개념이다. 몸은 자기 고유의 책임하에 앞으로 나아간다. 그리고 바로 그 같은 책임에 의해 기호도 좌절된다. 가령, '울퉁불퉁한'은 기표도 기의도 아니다. 혹은 동시에 둘 다. 그는 그것을 여기서 고정한다. 동시에 더 멀리 보낸다. 테마를 가지고 구조적 개념을 만들기 위해서는 약간 가벼운 어원적 착란만 있으면 된다. 구조적 단위들은 여기저기서 '형태소' '음운소' '기호소' '미각소' '의상소' '에로스소' '전기소' 기타 등등*으로 불리듯, 같은 음운적 공명에 따라 이런 것들을 상상해보자. 테마란 테제(이상적 담론)의 구조적 단위

---

* 각 단어 뒤에 소(素)를 붙여 더 미분하여 쪼갠 개념이다. 모두 신조어다. 즉 우리가 관찰하고 분석하는 모든 대상은 더 낮은 단위로 쪼갤 수 있다는 구조주의적 분석 방법론의 일환이다.

이다. 발화행위에 의해 놓이거나 잘린 것, 앞으로 나가는 것 등이 있지만 의미의 처분 가능성은 남는다(그런 상태가 되기 전에, 가끔은, 화석이 되기도).

가치에서 이론으로의 전향

가치에서 이론으로의 전향(산만한 상태에서, 나는 내 서류철을 읽는다. '전향Conversion'을 '경련convulsion'으로 잘못 읽는다. 한데 이것도 좋다). 촘스키를 패러디하면, 모든 가치는 이론으로, (거기서) **다시 쓰여진다**. 이런 전향—아니, 이런 경련—은 하나의 에너지다(에네르곤이다). 담론은 이런 번역에 의해 생산된다. 상상적 이동, 알리바이적 창조. 가치에 기원을 둔(이 말이 꼭 가치가 기원에서 나온다는 말은 아니다) 이론은 지적인 오브제가 되고, 더 큰 순환계 속으로 들어간다(그는 독자의 또 다른 상상계를 만난다).

몸을 쓰기

피부도, 근육도, 뼈도, 신경줄도 아닌, 그 나머지. 어떤 그거. 우둔하고, 질기고, 잔털 많고, 풀어헤쳐지고, 익살광대가 입은 긴 외투 같은 그거.

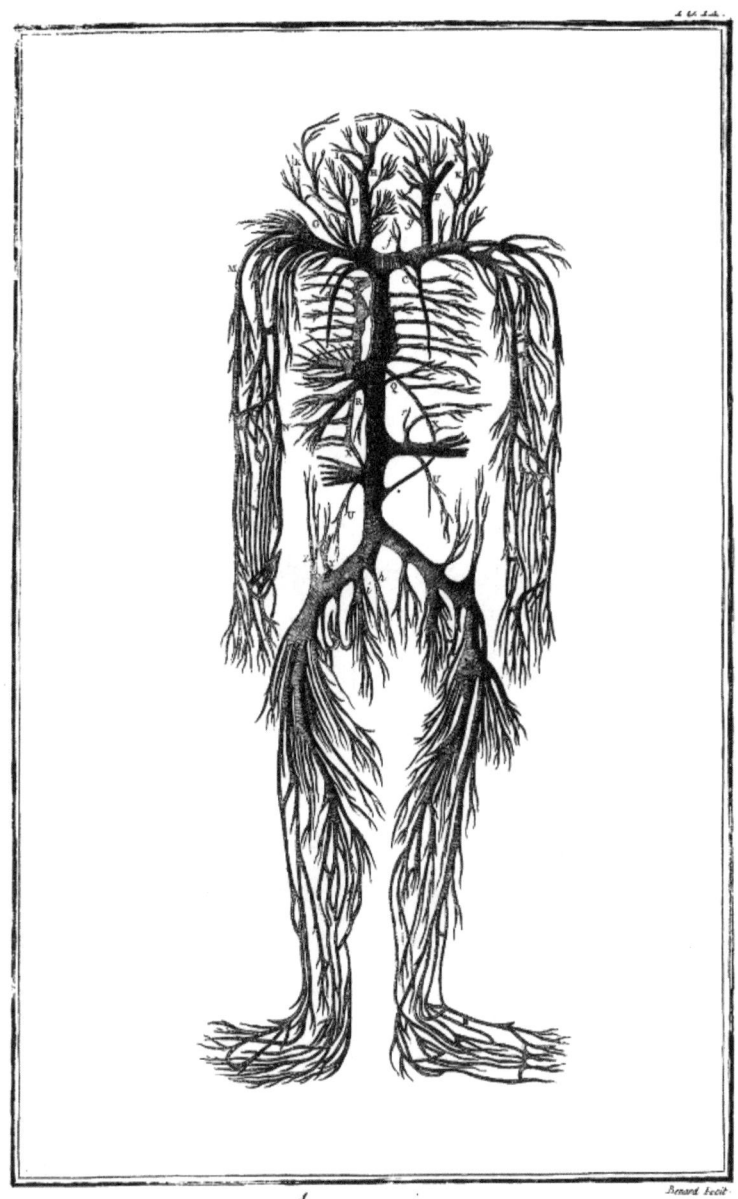

Anatomie.

해부학

격언

그는 이 책 안에 아포리즘 톤을 슬쩍 넣어본다(**우리는, 항상** 같은 말로). 그런데 격언은 인간 본성의 본질주의적인 개념 속에 들어가 있다. 격언은 고전적 이데올로기와 관련된다. 이것은 언어의 형태 중 가장 거만한 것이다(대부분은 가장 바보 같은 것이기도 하고). 그런데 왜 이걸 저버리지 못하나? 그 이유는 항상 그렇지만, 감동적이어서다. 나는 나를 안심시키기 위해 격언들을 쓴다(혹은 격언 느낌만 준다). 갑자기 동요가 되면, 나는 이를 가라앉히기 위해 어떤 고정점을 찾아야 하고 그러면 그 동요가 지나간다. "**사실상, 항상 이런 식이다.**" 격언은 이렇게 탄생한다. 격언은 일종의 문장-명사이다. 명명하기, 그러면 가라앉는다, 진정된다. 게다가 격언은 여전히 격언으로 남는다. 격언은 격언을 쓰면서 자리를 이동할 것 같은 내 두려움을 완화시킨다.

(X.의 전화. 그는 나에게 그의 바캉스를 이야기한다. 그러나 그는 나의 바캉스에 대해서는 전혀 묻지 않는다. 마치 두 달 전부터 내가 그 자리에서 꼼짝도 하지 않았다는 듯이. 나는 거기서 무관심을 보지 않는다. 오히려 방어기제의 발현을 본다. **나는 거기 없었고, 세계는 부동인 상태로 있었다.** 대단한 안전. 불안해 미칠 것 같은 조직들을 안심시켜주는 격언의 부동성, 바로 이런 방식이 우리에게 필요한지 모른다.

전체성이라는 괴물

"(만일 가능하다면) 끝도 없는 옷, 즉 신문에서 이른바 패션mode*을 다룰 때 거기에 나오는 모든 옷으로 엮인 옷을 입은 한 여자를 상상해보자.68 이런 상상력은, 분명 방법론적인 것이다. 그도 그럴 것이, 이런 방법론으로 기호학적 분석('끝없는 텍스트')의 연산 및 작동 개념을 만들 보려는 것이기 때문이다. 그럼으로써 이른바 전체성이라는 괴물(괴물 같은 전체성)을 비판해보려는 것이기 때문이다. 전체성은 웃기면서도 무섭다. 폭력처럼, 그건 항상 **기괴한 것**일까?(사육제의 미학 속에서만 복구 가능한?)

또 다른 담론. 오늘 8월 6일, 시골에서, 눈부신 하루의 아침을 맞는다. 태양, 열기, 꽃, 침묵, 고요, 광선. 어슬렁거리는 그 어떤 것도 없다. 욕망도 없고, 침입도 없다. 오로지 작업. 내 앞에 놓인. 일종의 보편적 존재로서. 모든 것이 충만하다. 그렇다면 이건 자연일까? 부재……일까? **전체성**일까?

1973년 8월 6일 - 1974년 9월 3일

---

* 우리가 흔히 패션이라고 하는 말의 프랑스어는 mode이다. 프랑스어로는 패션이라고는 잘 하지 않는다.

| 옮긴이의 말 |

바르트의 종려나무와 타타타

 내게 일종의 문학적 사건이 있다면, 바르트 그리고 프루스트에 그야말로 '꽂혔다fiché'는 것이다. 우리는 바르트가 프루스트를 얼마나 열정적으로 읽었으며, 정확히 꿰뚫었으며, 자신의 글쓰기 안에 프루스트가 느낀 고통과 기쁨의 황홀경을 거의 동질적으로 찬연히 기입했는지 안다. 프루스트의 '잃어버린 시간'은 바르트의 '스투디움Studium'일 수 있다. 프루스트의 '되찾은 시간'은 바르트의 '푼크툼Punctum'일 수 있다.

 나는 이들을 읽으면 적어도 그 순간만큼은 단순히 머리로 읽는 게 아니라 눈으로 보는 것 같다. 조개, 소라, 고동 같은 극피동물의 소용돌이 나선형 껍질 같은, 그들이 파놓은 복잡하고도 정교한 형상 안으로 나도 모르게 끌려 들어와 어느새 그들 세계 안에 들어와 있다. 포획되었거나, 갈구해서다. figure(형상, 형태, 또는 문형)에 휘말려 들어간 것이다. 그 홈과 그 틀이 비교적 감내할 만하고, 아니 거기에 계속 익숙해지다 보니, 그것만이 자극적이다.

 수년 전 이미 국내에 번역 출간된 이 책을 다시 번역해달라는 의뢰를 받았을 때, 나는 적잖이 놀랐고 기뻤다. 바르트는 내 삶에 있어 어떤 눈금처럼 정확히 새겨진 선이었기 때문이다.

 프랑스 유학 시절, 박사 논문을 마치지 못한 채 잠시 한국에 들어와 있던 2012년 8월 아버지가 돌아가셨다. 삼우제를 마치자마자 다시 프랑스로 돌아가는 비행기를 타야 했다. 그런데 출국 전날, 『애도일기』를 번역 출간한 출판사에서 메일을 보내왔다. 역자 후기 내용을 프랑스어로 번역해달라는 것이었다 (나의 이 후기 또한 또 누군가에 의해 번역될 것이다). 나는 내 사정을 말하고, 다른 분을 소개해주었다. 경황이 없던 터라, 첨부파일을 열어보지도 않았다. 출국 당일, 무엇에 이끌린 듯, 원고를 급히 출력했다. 탑승 수속을 밟는 순간까지도, 『애도일기』를 어떻게 해야 할지 판단이 서지 않았다. 이런 와중에 글을 읽고 독서를 한다는 것이, 아버지 상을 당한 자식으로서 할 도리가 아니라는 생각이 들어서였다. 하지만 난 그 원고를 기내 수화물 가방 안에 집어넣었다. 비행기가 이륙하고 서너 시간이 흘러서야, 용기를 내어 바르트의 『애도일기』 첫 장을 폈다.
 나탈리 레제Nathalie Léger가 쓴 서문 첫 문장에서부터 나는 무너지고 말았다. 거기에는 이렇게 쓰여 있었기 때문이다. "어머니가 돌아가신 다음 날부터 롤랑 바르트는 『애도일기』를 쓰기 시작했다. 일반 노트를 사등분해서 만든 쪽지 위에 바르트는 주로 잉크로, 그러나 때로는 연필로 일기를 써나갔다." '사등분한 노트.' 그때 왜 그랬는지 정확히 설명할 순 없었지만, 이 종이 형상에 난 울컥했다. 실제로 바르트는 어느 날에는 딱 한 줄밖에 쓰지 못한다. "애도. 꼼짝도 할 수 없는 상태. 그 어떤 방어 수단도 없는 상황." 할 말이 있어 무엇을 쓰려는 것이 아니다. 그저 쓰려는 것이다. 이 '사등분한 노트'가 일종의 지지물, 보강물étayage이었을까? 겨우 버티는, 바르트가 말하는 진짜 '구조structure'?

나는 아버지를 애도하면서, 바르트의 『애도일기』를 읽었다. 논문을 쓰다 길을 잃으면 바르트의 글을 부여잡았다. 이렇게, 바르트는 내게 특별한 작가가 되었고, 기회만 생기면 나는 바르트 원문 강독을 하며 그의 글을 공유하려 했다. 처음에는 어렵고 낯설어하지만, 이내 매우 진지한 표정으로, 영롱한 눈빛을 띠어가며, 바르트의 사유에 빨려들어간다. 바르트의 글은 세세하고 정교해서 일견 현학적으로 보일 수도 있지만, 솔직하기에, 집요하기에, 도착적이기에, 그렇게 홈을 파듯 깊숙이 파고드는 자세로 글을 쓴다는 걸 알게 된다. 바르트의 말마따나 글은 '머리'로가 아니라, ça!로, 그거!로, 타타타tathātā로 읽어야 한다. '몸'으로 읽어야 한다.

바르트는 '나'를, '자아'를, '주체'를 강조하지 않는다. 도리어 그것을 지우려고 한다. 그런데 어떻게? 바르트는 '나'를 지시하되, 지시하지 않기 위해 'Imaginaire(상상계)'를 언급하거나, 그것조차 너무 명명한 것이라고 본다면, ça!를 외치기도 한다. '가족' 및 '가계도'를 지시하되, 지시하지 않기 위해 또한 'Imagerie(전체상)'를 언급한다. 여러 개의 이미지가 조합된 전체상. 그런데 신기하게도 이것이 더 실상에 가까운 '나'를 우회적으로 보여준다.

'나$_{moi}$'란 실상의 자기라기보다, 자신이 만든 상, 즉 '자아상 Image de soi'에 가까울 수 있다. 더 근본적으로 말하면, '나'라고 규정할 만한 건 그 어디에도 없는데, 우리는 그 상을 '나'로 착각한다. 내 얼굴, 내 키, 내 머리, 내 코, 내 이빨, 내 입술……. 이런 나의 자화상조차 "꼭 내 것은 아닌데, 그렇다고 나 아닌 다른 사람의 것이라고도 할 수 없는" 것이다. 불가사의한 다양한 조합 방식으로 유전 형질은 계승된다. 바르트는 이것을 '불안한 친숙함'이라고 말하거나, '나라는 주체의 틈새'를 엿보았다고도 말한다. 이 책을 읽는 내내 우리가 느끼는 것도 어쩌면 이런 '주체의 틈새', '불안한 친숙함'일지 모른다.

'롤랑 바르트'가 쓴 '롤랑 바르트'에서 전자의 바르트는 누구이고, 후자의 바르트는 누구일까? 전자가 작가이고, 후자가 작품일까? 저자명과 작품명이 동일한 이 기이한 제목은 자서전의 본질 자체를 너무 싱겁게, 아니 너무 쉽고 명료하게 표현해버리고 만 기호일까? 텅빈 기표로써 충만한 기의?

이 미스터리한 제목 아래 200여 개의 짧은 제목들이 연달아 나온다. 그 아래 기록된 여러 파편적 단상들. 바르트는 지나치게 명명하는 것, 형용사로 수식하는 것들 모두를 힘겨워한다. 불연속적이고, 단속적이고, 파편적이고, 간헐적인 글들을 좋아하고, 그렇게 쓸 수밖에 없다.

바르트는 독사$_{doxa}$를 만들거나, 일반화, 개념화, 보편화하는 것을 싫어한다. '전체성'을 괴물로 명명할 정도다. 습관처럼 자기 반복, 자기 지시, 자기 순환이 이어져도 자기 정체성으로 구축되지는 않는다. 거의 병적이고도 매혹적인 숱한 시뮬라크들의 향연이다. 자신의 글이 독사나 도그마가 되지 않게 하는 유일한 방법이 이런 파편적 글쓰기였는지도 모른다.

그런데 한 작가가 자신의 삶에 대해 글을 쓰는 이유는 무엇일까? 자신의 삶에 대해 말하려는 게 아닌가? Bio-graphie는 숱한 의심과 공격을 받았다. 혹자는 Graphi-bio라는 신조어를 만들어내기도 했다. 거의 태생적이고 기벽적인 자기 고유의 불능성 때문에 무한에 가까운 의심으로 계속해서 모종의 형상(사유와 기호, 문형들의 조각과 층위들)을 만듦으로써 자신의 실체에 다가서는 도저한 리얼리즘? 비실상을 통해 실상을 찾아 들어가는 역행 방식?

바르트는 어느 강의에서 "나는 프루스트주의자가 아니라, 마르셀주의자입니다"라고도 말하는데, 작가라는 영웅이 작품을 생산해내는 것이 아니라, 글쓰기 의지를 실현함으로써 작가 자신이 비로소 새로운 주체이자 영웅이 되는 차원을 피력하기 위해서다. 글쓰기가 철학하기 위해서가 아니라, 차라리 솔직하고도 정직한 개인의 자구책('구원'이라고도 말하지만, 너무 거창한 표현이므로 차라리 '자구책'!)이 되면서, 작품 자체가 되는 것이다. 자유로워지고 단단해지기 위해 과거의 나를 뒤집어야 하지만, 또 과거의 나를 더 강화하기 위해 자기 자체에 순응하고, 있는 그대로의 자신을 편안하게 사랑해야 한다.

'쓰는 자'가 아니라 '쓰기 행위' 자체가 자신의 정체성이 되는 것이다. 바르트는 글을 쓸 때, 어떻게 해야 글이 잘 진행될까에만 관심이 있다고 스스로 밝히고도 있다. 바르트의 글쓰기에 자주 나타나는 양가적 모호법, 역설법, 여러 도$_{degré}$와 층위들로 이뤄진 이른바 '바트몰로지' 속에 나타나는 수많은 열거법과 점층법, 바퀴 또는 회전문 식의 순환법. 이 모든 기법들은 그 자체가 진리가 아니라 진리에 다가가기 위한 고육지책의 방편, 그 흔적과 형상들에 불과하다.

'나'에 대해 말하되, '자아의 올가미'에 빠지지 않기 위해, 이토록 철저하게 열정적으로, 실천적으로 쓰는 것은, 자기중심주의에 매몰되지 않기 위해서다. 글쓰기가 수 세기 동안 부르주아적 교환 행위 또는 증명 행위, 대표 서명 따위를 위한 것이었다면(오늘날까지도, 아니 오늘날 더 목도하는 너무 많은 저자들, 너무 많은 책들, 너무 많은 '작가 아무개입니다'의 통성명), 이젠 그것을 포기하고 글을 쓰는 방향으로 나아가야 한다고 바르트는 역설한다. 너무나 사적인, 너무나 상상적인, 더 나아가 변태적이고 도착적인 의미의 극단을 향해 나아가면 나아갈수록, 글은 서명하는 '저자'를 떠나 '텍스트' 자체를 향해 나아간다. 이 200여 편의 파편이 이를 증명하고 있다.

바르트의 종려나무 또한 이것이다. 나무-문자. 분수처럼 솟구치고 흘러넘치면서도, 정확히 떨어지는 글쓰기. 누구는 분출을 갈구하고, 누구는 낙하를 갈구한다. 바르트는 분출과 낙하를 동시에 갈구한다. 일견 상반된 것이 서로 전제될 때 서로 수행된다. 이로써 제3의 길이 열린다.

우리는 편안하고 행복한가 하면, 침울하고, 고독하다. 우울질 혹은 담즙질에 가까운 바르트는 '권태'를 지니고 태어났다고 말하지만, 이를 타개할 마땅한 방안은 없다. 자신의 기질 안에서 그 감정적, 심리적 구조의 요소요소들을 바꿔 배치하고 거기 새롭게 적응하는 일을 통해서만 겨우 이 권태의 늪에서 빠져나온다.

오디세우스가 이끄는 '아르고호'가 하나의 신화, 하나의 이야기, 하나의 문학, 하나의 체계라면, 그 이야기의 신선함은 매번 달라지는 선실 배치와 선원 구성에 있다. 세상의 모든 책은 매번 같은 이야기이다. 그러나 책은 또한 매번 새롭다. 나는 나의 기질에서 결코 빠져나오지 못한다. 나의 기질과 성격은 잘 바뀌지 않는다. 차라리, 지도학cartographie 또는 위세학topologie으로 인간학을 한다면, 인간이 변한다기보다 인간 구조의 층위와 구조상의 자리바꿈과 배치 변형, 또는 변동과 추이 같은 교차

이동이 있다고 보는 편이 나을 것이다.

바르트의 비평을 신비평이라고 명명하는 이유도 그래서다. 바르트의 용어가 지극히 익숙하고 통념적이면서도 새롭고 신선한 것들을 돌연 파생시켰기 때문이다. 매번 익숙한데, 매번 전혀 다른 새로운 것을 창출하는 발동기. 새로운 영역, 새로운 위상, 제3의 상징적 영역에서 그의 언어가 만들어내는 생각이 신선한 이유는, 생각 자체가 새로워서가 아니라 낡고 상투적인 관습과 관념의 언어를 가지고 시작하여 그것을 발동기처럼 계속해서 돌리기 때문이다. 우리가 읽은 이 파편적 글들은 끝날 듯 끝나지 않는다. 바다의 무한한 물결과 그 파고, 또 잔잔한 너울. 글을 쓰기 위해서? 아니 살기 위해서.

이 같은 작동 원리를 갖는 게 언어의 광기이다. 학문적으로 발화된 수많은 광기. 실상, 어떤 발언이나 담론은 자기 열정과 자기 심취에서 나온 발열 또는 발화행위일 테고, 그런데 이에 안착하고자 한다면 학문은 자기 오만으로 위기에 처할지 모른다고 보는 것이다. 바르트는 이성, 과학, 도덕 같은 안전 장치 홈을 제거하고 차라리, 자신의 발화행위가 마구 도는 바퀴에 매달려 있는 편을 선호한다. 바르트는 양항론을 제시하고, 어느 한쪽의 선호성을 암시하되, 그 선호성을 주장하지는 않는다. 양가적이거나 다의적인 의미를 띠는 단어나 그런 삶이 덜 권태로울 뿐이다. 고도로 지성적이면서도, 언제든 다 내려놓을 듯 가볍게 글을 쓰는 연습.

「일과표」 또는 「잠시 휴식, 기왕증」에서 바르트는 어떤 생각을 심화해 쓰지 않고, 본 것만을, 혹은 그 기억만을 짧게 쓴다. 하이쿠처럼. 바르트의 용어대로라면, 비오그라펨. 이른바 자서전이되, 사소하거나 세부적인 요소들을 비정합적으로, 파편적으로 쓰는 일.

신화소神話素, 전기소傳記素, 의미소意味素처럼, 소素를 붙여, 원료로, 근원으로 더 소분하고 미분해 들어가는 방식. 추억을, 생각을 너무 확대하지 않고, 과장하지 않고 쓰기. 요컨대 덜 생각하기, 차라리 더 보기.

원심적이지도 않고, 구심적이지도 않고, 안착하지도 않고, 표류 상태로 살짝 이동하며 살아가기. 『롤랑 바르트가 쓴 롤랑 바르트』. 우리는 그의 수많은 견해와 번뇌를 만나면서도, 궁극엔 '하되' '함이 없는', 바로 그렇기에 바른 지위를 획득한 것만 같은 너무나 인간적이고 꾸밈 없는 바르트를 만난다. 내가 무엇을 정초하려는 야망을 벗어나, 거대하고 큰 진리의 수레바퀴에 매달려 그저 살아가기. 그렇게 타타타…….

|주*|

* 저서나 글 앞에 저자를 따로 표기하지 않은 경우는 모두 바르트의 것이다.

1. *OEuvres complètes*, Paris, Éd du Seuil, 1971, I, 763.
2. "Réquichot", in *L'OEuvre de Bernard Réquichot*, Bruxelles, Éd. de la Connaissance, 1973, 394.
3. *Critique et vérité*, Paris, Éd. du Seuil, "Tel Quel", 1966, 792, II.
4. *OEuvres complètes*, II
5. *Sade, Fourier, Loyola*, Paris, Éd. du Seuil, "Tel Quel", 1971, 777, III.
6. *Le Plaisir du texte*, Paris, Éd. du Seuil, "Tel Quel", 1973, 238, IV.
7. *S/Z*, Paris, Éd. du Seuil, "Tel Quel", 1970, 129, III.
8. Bertolt Brecht, *Écrits sur la politique et la société*, 57, Paris, L'Arche Éditeur, 1970.
9. *Mythologies*, Paris, Éd. du Seuil, "Pierres vives", 1957, 700, I.
10. *Sade, Fourier, Loyola*, 726, III.
11. *Nouveaux essais critiques*, Paris, Éd. du Seuil, "Points", 1972, 80, IV.
12. *Sade, Fourier, Loyola*, 780, II.
13. *Michelet par lui-même*, Paris, Éd. du Seuil, "Ecrivains de toujours", 1954, 313, I.
14. *Le Plaisir du texte*, 234, IV.
15. *L'Empire des signes*, Genève, Skira, "Sentiers de la création", 1970, 436, III.
16. *Le Plaisir du texte*, 228, IV.
17. *Sade, Fourier, Loyola*, 818, III.
18. "L'esprit et la lettre"(sur La Lettre et l'image, de Massin), *La Quinzaine littéraire*, 1er juin 1970, I.

19. *Drame, poème, roman(sur Drame de Ph. Sollers)*, in *Théorie d'ensemble*, Paris, Éd. du Seuil, 1968, I.
20. *Nouveaux essais critiques*, 60, IV.
21. *Le Plaisir du texte*, 220, IV.
22. *Le Plaisir du texte*, 252, IV.
23. *Sade, Fourier, Loyola*, 782, III.
24. *Mythologies*, 739, I.
25. *S/Z*, 255, III.
26. "Style and its Image", at the *Symposium: The Languages of Criticism and the Sciences of Man*, Cambridge University, 1971.
27. *Mythologies*, 680, I.
28. *Mythologies*, 803, I.
29. "La tour Eiffel", in *La Tour Eiffel*(images d'André Martin), Paris, Delpire, *Le Génie du lieu*, 1964, 536, II.
30. *Sade, Fourier, Loyola*, 256, III.
31. *Sade, Fourier, Loyola*, 706, III 참조.
32. "Sur La Bruyère", in *Essais critiques*, Paris, Éd. du Seuil, "Tel Quel", 1964, 484, II.
33. *L'Empire des signes*, 405, III.
34. *Sade, Fourier, Loyola*, 750, III.
35. *Critique et vérité*, 788, II.
36. Bertolt Brecht, *Écrits sur la politique et la société*, 244.
37. *Essais critiques*, 467, II.
38. *S/Z*, 126, III.
39. *Le Plaisir du texte*, 244, IV.
40. Karl Marx, Zur Kritik der politischen Ökonomie, Berlin, Franz Duncker, 1859.
41. *OEuvres complètes*, I.
42. "A propos de deux ouvrages de Cl. Lévi-Strauss", *Information sur les sciences sociales*, 1, 4, 1962.
43. *Erté*, Parme, Franco-Maria Ricci, 1970, 937, III.
44. "Un cas de critique culturelle"(sur les Hippies), *Communications*, 14, 1969.
45. *Sur Racine*, Paris, Éd. du Seuil, "Pierres vives", 1963, 101, II.
46. *S/Z*, 140, III.
47. *Mythologies*, 774, I.

48. *Le Plaisir du texte*, 249, IV.
49. "Sur le Criton", *L'Arc*, no. 54, 1974..
50. *L'Empire des signes*, 355, III.
51. *Michelet par lui-même*, 315, I.
52. "Les sorties du texte", in *Bataille*, Paris, Union générale d'éditions, "10/18", 1973, 370, IV.
53. *Sade, Fourier, Loyola*, 785, III.
54. *OEuvres complètes*, II.
55. *Critique et vérité*, 786, II.
56. *Le Degré zéro de l'écriture*, Paris, Éd. du Seuil, "Pierres vives", 1953, 181, I.
57. "L'ancienne rhétorique. Aide-mémoire", *Communications*, 16, 1970, pp. 172-223.
58. "Aujourd'hui, Michelet", *L'Arc*, 52, 1973.
59. *S/Z*, 202, III.
60. *Le Plaisir du texte*, 260, IV.
61. *Le Plaisir du texte*, 261, IV.
62. "Les sorties du texte", 376, IV.
63. *S/Z*, 267, III.
64. *OEuvres complètes*, I.
65. *OEuvres complètes*, II.
66. *OEuvres complètes*, II.
67. "La peinture est-elle un langage?" (Sur J.-L. Schefer), *La Quinzaine littéraire*, 15 mars 1968, II.
68. *Système de la Mode*, Paris, Éd. du Seuil, 943, II.

| 롤랑 바르트 연보*|

* 더 상세한 연보는 「Réponses」, Tel Quel, 47, 1971에 수록되어 있다.-원주

1915년 11월 12일	셰르부르에서 해군 장교인 아버지 루이 바르트와 어머니 앙리에트 뱅제 사이에서 태어남.
1916년 10월 26일	아버지 루이 바르트, 프랑스 북부 바다에서 해전 중 사망함.
1916-1924년	바욘에서 어린 시절을 보냄. 이 도시에서 소학교를 다님.
1924년	파리에 정착. 마자린가, 자크-칼로가 등에서 삶. 이때부터, 방학이 되면 바욘에 내려가 조부모님 댁에서 지냄.
1924-1930년	몽테뉴 학교(중고등과정, 8학년에서 4학년)를 다님.
1930-1934년	루이르그랑 학교(중고등과정, 3학년에서 1933/34년 '대학 입학자격 철학반'까지)를 다님.
1934년 5월 10일	객혈함. 좌측 폐 손상됨.
1934-1935년	피레네 산맥 산간 마을 브두스의 아스프 계곡에서 요양함.
1935-1939년	소르본 대학에서 학사 학위 받음(고전문학). 고전 연극반 활동함.
1937년	병역 면제됨. 여름 학기에 데브레센(헝가리)에서 강의함(강사).
1938년	고전 연극반과 함께 그리스를 여행함.
1939-1940년	비아리츠 신설 고등학교에서 4학년과 3학년을 가르침(임시교원).
1940-1941년	파리 볼테르 고등학교와 카르노 고등학교에서 가르침. 임시교원(복습 교사 및 강의 담당). 그리스 비극에 관한 연구로, 고등전문연구과정(석사) 학위 받음.

1941년 10월	폐결핵 재발함.
1942년	폐결핵 치료를 위해 이제르 지방 생틸레르뒤투베에 있는 학생 전용 전지轉地 요양소에 첫 입소함.
1943년	파리, 카트르파주가에 있는 후後치료 기관에서 요양함. 문법학 및 문헌학 최종 학사 학위를 취득함.
1943년 7월	우측 폐결핵 재발됨.
1943-1945년	학생 전용 전지轉地 요양소에 두 번째 입소함. 침묵 요법, (머리를 아래쪽으로 기울게 하는) 하강 요법 등 병행함. 이 요양소에 있는 동안, 정신의학을 공부해보기 위해, PCB(물리-화학-생물학 수료증서, 의학 진학에 필수) 시험 준비함. 결핵 다시 재발함.
1945-1946년	레쟁에 있는 스위스 대학 병원 소속의 알렉상드르 클리닉에서 치료를 이어감.
1945년 10월	우측 흉막외 공간에 인공기흉법 수술함.
1946-1947년	파리에서 회복기를 보냄.
1948-1949년	도서관 사서의 보조로 일함. 부카레스트에 있는 프랑스 어학연수원 강사 및 부카레스트 대학의 강사로 일함.
1949-1950년	알렉산드리아 대학(이집트)에서 강사로 일함.
1950-1952년	교육부 산하, 문화교류 담당관직을 수행함.
1952-1954년	국립과학연구센터(CNRS) 연수생(어휘론)으로 있음.
1954-1955년	아르슈 출판사의 문학 기획 및 자문을 해줌.
1955-1959년	국립과학연구센터(CNRS) 연구원직(사회학)을 수행함.
1960-1962년	고등과학연구소 6분의 연구주임을 맡음. 경제사회과학.
1962년	고등과학연구소 연구교수("기호, 상징, 표상의 사회학")로 있음.
1976년	콜레주 드 프랑스 교수(문학 기호학)로 있음.

(어떤 인생: 연구, 질병, 보직. 그럼, 나머지 인생은? 만남, 우정, 사랑, 여행, 독서, 기쁨, 겁, 신념, 쾌락, 행복, 분노, 스트레스. 한마디로, 반향들? 텍스트 안에는 있다. 그러나 작품 안에는 없다.)

롤랑 바르트 저작물(1942-1995)[*]

[*] 1974년 이후의 단행본 저작은 옮긴이가 추가하였다. 각 제목은 번역문과 원문을 함께 실었으며, 국내 번역 출간된 것은 해당 도서의 제목을 따랐다.

단행본

『글쓰기의 영도(Le Degré zéro de l'écriture)』, Paris, Éd. du Seuil, "Pierres vives", 1953.
- En livre de poche, avec les *Eléments de sémiologie*, Paris, Gonthier, "Médiations", 1965; avec les *Nouveaux essais critiques*, Paris, Éd. du Seuil, "Points", 1972.

『미슐레 그 자신에 의해(Michelet par lui-même)』, Paris, Éd. du Seuil, "Ecrivains de toujours", 1954.

『현대의 신화(Mythologies)』, Paris, Éd. du Seuil, "Pierres vives", 1957. – En livre de poche, Paris, Éd. du Seuil, "Points", 1970, avec un avant-propos nouveau.

『라신론(Sur Racine)』, Paris, Éd. du Seuil, "Pierres vives", 1963.

『비평 에세이(Essais critiques)』, Paris, Éd. du Seuil, "Tel Quel", 1964. 6e édition avec un avant-propos nouveau.

『기호학 요소들(Eléments de sémiologie)』, en livre de poche avec *Le Degré zéro de l'écriture*, Paris, Gonthier, 1965.

『비평과 진실(Critique et vérité)』, Paris, Éd. du Seuil, "Tel Quel", 1966.

『모드의 체계(Système de la Mode)』, Paris, Éd. du Seuil, 1967.

『S/Z』, Paris, Éd. du Seuil, "Tel Quel", 1970.

『기호의 제국(L'Empire des signes)』, Genève, Skira, "Sentiers de la création", 1970.

『사드, 푸리에, 로욜라(Sade, Fourier, Loyola, Paris)』, Éd. du Seuil, "Tel Quel", 1971.

『고대 수사학(La Retorica antiqua)』, Milan, Bompiani, 1973(version française dans: *Communications*, 16, 1970).

『신비평 에세이(Nouveaux essais critiques)』, en livre de poche avec *Le Degré zéro de l'écriture*, Paris, Éd. du Seuil, "Points", 1972.

『텍스트의 즐거움(Le Plaisir du texte)』, Paris, Éd. du Seuil, "Tel Quel", 1973.

『롤랑 바르트가 쓴 롤랑 바르트(Roland Barthes par Roland Barthes)』, Paris, Éd. du Seuil, "Écrivains de toujours", 1975.

『사랑의 단상(Fragments d'un discours amoureux)』, Paris, Éd. du Seuil, "Tel Quel", 1977.

『강의(Leçon)』, Paris, Éd. du Seuil, 1978.

『작가 솔레르스(Sollers écrivain)』, Paris, Éd. du Seuil, 1979.

『밝은 방(La Chambre claire. Note sur la photographie)』, Paris, Cahiers du cinéma; Gallimard; Seuil, 1980.

『목소리의 낟알(Le Grain de la voix. entretiens, 1962-1980)』, Paris, Éd. du Seuil, 1981.

『명백한 것과 무딘 것(L'Obvie et l'Obtus. Essais critiques III)』, Paris, Éd. du Seuil, 1982. Rééd. en coll. de poche, Paris, Éd. du Seuil "Points", 1992.

『언어의 살랑거림(Le Bruissement de la langue. Essais critiques IV)』, Paris, Éd. du Seuil, 1984.

『기호학적 모험(L'Aventure sémiologique)』, Paris, Éd. du Seuil, 1985. Rééd. en coll. de poche, Paris, Éd. du Seuil, "Points" 1991.

『사건(Incidents)』, Paris, Éd. du Seuil, 1987.

『롤랑 바르트 전집(Oeuvres complètes)』, tomes I-V, Paris, Éd. du Seuil, 1993~1995.

서문, 기고, 논설[*]

[*] 이 부분은 발췌한 것에 지나지 않는다. 1973년 말까지 정리된 논문들의 완전한 참고문헌은 Stephen Heath의 『Vertige du déplacement, lecture de Barthes』(Fayard, 'Digraphe', 1974)에서 찾을 수 있다.-원주

1942년 「앙드레 지드와 그의 일기에 대한 노트(Notes sur André Gide et son Journal)」, *Existences*(revue du Sanatorium des étudiants de France, Saint-Hilaire-du-Touvet).

1944년 「그리스에서(En Grèce)」, *Existences*.

「『이방인』의 문체에 대한 고찰(Réflexions sur le style de *L'Etranger*)」, *Existences*.

1953년 「고대 비극의 힘(Pouvoirs de la tragédie antique)」, *Théâtre populaire*, 2.

1954년 「전-소설(Pré-romans)」, *France-Observateur*, 24 juin 1954.

「주요 극장(Théâtre capital)」(sur Brecht), *France-Observateur*, 8 juillet 1954.

1955년 「네크라소프, 자신의 비평을 평가하다(Nekrassov juge de sa critique)」, *Théâtre populaire*, 14.

1956년 「어떤 연극의 아방가르드에 서 있는가?(A l'avant-garde de quel Théâtre?)」, *Théâtre populaire*, 18.

「미셸 비나베르의 『오늘 또는 한국인』(*Aujourd'hui ou les Coréens*, de Michel Vinaver)」, *France-Observateur*, 1er novembre 1956.

1960년 「영화에서의 의미작용의 문제(Le problème de la signification au cinéma)」와 「영화에서의 트라우마적 단위(Les unités traumatiques au cinéma)」, *Revue internationale de filmologie*, X, 32-33-34.

1961년 「현대 식생활의 심리사회학을 위하여(Pour une psychosociologie de l'alimentation contemporaine)」, Annales, 5. 「사진적 메시지(Le message photographique)」, *Communications*, I.

1962년 「클로드 레비스트로스의 두 저작에 대하여: 사회학과 사회-논리학 (A propos de deux ouvrages de Cl. Lévi-Strauss : sociologie et socio-logique)」, *Information sur les sciences sociales*, 1, 4.

1964년 「에펠탑(La tour Eiffel)」, in *La Tour Eiffel*(images d'André Martin), Paris, Delpire,『장소의 정신(Le Génie du lieu)』, 1964.

「이미지의 수사학(Rhétorique de l'image)」, *Communications*, 4.

1965년 「그리스 연극(Le Théâtre grec)」, in *Histoire des spectacles*, Paris, Gallimard,『플레야드 백과사전(Encyclopédie de la Pléiade)』, p. 513-536.

1966년 「평행적인 삶(Les vies parallèles)」(G. 페인터의 『프루스트』에 대하여 (sur le Proust de G. Painter)), *La Quinzaine littéraire*, 15 mars 1966.

「내러티브의 구조 분석 서설(Introduction à l'analyse structurale des récits)」, *Communications*, 8.

1967년   「앙투안 갈리엥의 『초록』 서문(Préface à Verdure d'Antoine Gallien)」, Paris, Éd. du Seuil, "Ecrire", 1967.

「언어 활동의 즐거움(Plaisir au langage)」(세베로 사르두이에 대하여 (sur Severo Sarduy)), *La Quinzaine littéraire*, 15 mai 1967.

1968년   「극, 시, 소설(Drame, poème, roman)」(필립 솔레르스의 『극』에 대하여(sur *Drame* de Ph. Sollers)), in *Théorie d'ensemble*, Paris, Éd. du Seuil, 1968.

「현실 효과(L'effet de réel)」, *Communications*, II.

「저자의 죽음(La mort de l'auteur)」, Mantéia, V.

「회화는 하나의 언어인가?(La peinture est-elle un langage?)」(J-L. 셰퍼에 대하여(Sur J.-L. Schefer)), *La Quinzaine littéraire*, 15 mars 1968.

1969년   「문화 비평의 한 사례(Un cas de critique culturelle)」(히피족에 대하여(sur les Hippies)), *Communications*, 14.

1970년   「기표에 일어난 것(Ce qu'il advient au signifiant)」, préface à *Eden, Eden, Eden*, de Pierre Guyotat, Paris, Gallimard, 1970.

『에르테(*Erté*)』 서문(이탈리아어), Parme, Franco-Maria Ricci, 1970 (version française en 1973).

「음악 연습(Musica practica)」(베토벤에 대하여(sur Beethoven)), *L'Arc*, 40.

「이방인(L'Etrangère)」(줄리아 크리스테바에 대하여(sur Julia Kristeva)), *La Quinzaine littéraire*, 1er mai 1970.

「정신과 문자(L'esprit et la lettre)」(마생의 『글자와 이미지』에 대하여 (sur La Lettre et l'image, de Massin)), *La Quinzaine littéraire*, 1er juin 1970.

「제3의 의미, S. M. 에이젠슈타인의 일부 사진에 대한 연구 노트(Le troisième sens, notes de recherche sur quelques photogrammes de S. M. Eisenstein)」, *Cahiers du cinéma*, 222.

「옛 수사학, 비망록(L'ancienne Rhétorique, aide-mémoire)」, *Communications*, 16.

1971년   「문체와 그 이미지(Style and its images)」in *Literary Style: a Symposium*, éd. S. Chatman, Londres et New York, Oxford University Press, 1971.

「탈선(Digressions)」, *Promesses*, 29.

「작품에서 텍스트로(De l'oeuvre au texte)」, *Revue d'esthétique*, 3.

「작가, 지식인, 교수(Ecrivains, intellectuels, professeurs)」, *Tel Quel*, 47.

「응답(Réponses)」, Tel Quel, 47.

「평화로운 문화 속의 전쟁 중인 언어활동(Languages at war in a culture at peace)」, *Times Literary Supplement*, 8 octobre 1971.

1972년 「목소리의 낟알(Le grain de la voix)」, *Musique en jeu*, 9.

1973년 「텍스트의 이론(Théorie du Texte)」(article "Texte"), *Encyclopaedia Universalis*, tome XV.

「텍스트의 출구(Les sorties du texte)」 in *Bataille*, Paris, Union générale d'éditions, "10/18", 1973.

「디드로, 브레히트, 에이젠슈타인(Diderot, Brecht, Eisenstein)」, in *Cinéma, théorie*, lectures(numéro spécial de la Revue d'esthétique), Paris, Klincksieck.

「소쉬르, 기호, 민주주의(Saussure, le signe, la démocratie)」, *Le Discours social*, 3-4.

「레키쇼와 그의 몸(Réquichot et son corps)」, in *L'OEuvre de Bernard Réquichot*, Bruxelles, Éd. de la Connaissance, 1973.

「오늘, 미슐레(Aujourd'hui, Michelet)」, *L'Arc*, 52.

「어깨 너머로(Par-dessus l'épaule)」(필립 솔레르스의 『H』dp 대하여 (*sur H de Ph. Sollers*)), Critiques, 318.

「작가는 어떻게 일하는가(Comment travaillent les écrivains)」, (interview), *Le Monde*, 27 septembre 1973.

1974년 「첫 텍스트(Premier texte)」(『크리톤』의 모작(pastiche du Criton)), L'Arc, 56.

「세미나에서(Au séminaire)」, *L'Arc*, 56.

「이제 중국인가?(Alors la Chine?)」, *Le Monde*, 24 mai 1974.

롤랑 바르트에게 헌정된 저서 및 학술지 특집호

Mallac(Guy de) et Eberbach(Margaret), *Barthes*, Paris, Éditions universitaires, "Psychothèque", 1971.

Calvet(Louis-Jean), *Roland Barthes, un regard politique sur le signe*, Paris, Payot, 1973.

Heath(Stephen), *Vertige du déplacement, lecture de Barthes*, Paris, Fayard, "Digraphe", 1974.

Numéro spécial de la revue *Tel Quel*, 47, automne 1971.

Numéro spécial de la revue *L'Arc*, 56, 1974.

아무것도 아닌 문양……

…… 혹은 기의 없는 기표

찾아보기

ㄱ

감상주의	108
개인주의	188-189
객설	272
격언	326
고유명사	76-78
고전적(고전적 글쓰기)	162-164
과잉결정	65-66, 309
관찰	295
괄호	187-188
기호	238
기호학	293
꾸밈	217
(책을) 끝내다	314-315

ㄴ

나선	115, 156
남성성(항의)	184
남성적인/남성적이지 않은	242-243

ㄷ

대명사	89-92, 300-302, 305-308
대화	105
더듬거림	257
도덕성(모럴리티)	105-107, 265-266
(언어의) 도둑질	161-162, 253
독사	68, 114-115, 119, 126, 141-142, 153-154, 162, 174-175, 219-221, 241, 242, 252, 253, 272, 280, 333
독솔로지	69
독자	188
동성애	116, 242, 276
두려움(공포)	72, 167, 203-204
드래그	121
디드로	263
따옴표	157-158, 187-188, 295

ㄹ

로맨스	160

ㅁ

마라크	218
마르크스주의	285
매혹	78
메두사	219-221
모드	226, 230
모호어법	102, 109, 122-125
목소리	112-113, 124, 126, 142, 144, 248, 272, 278
몸 (그리고 정치)	318

묘사	113
문장	110, 266-267, 326

ㅂ

바욘	75, 76, 191-195, 248
받아쓰기	65, 248
받아들일 수 있는	211
배제	148-149, 174, 175, 219-221
배치(배열)	109, 171, 186-188, 295, 317
백과사전	269
부름	64
(언어의) 분열	205, 224, 305
브레히트	81, 282, 306, 308
비오그라펨	195
비판	204

ㅅ

사랑	102, 108, 151-152, 161-162, 200-202
사생활	141-142
사소한 사건들	273
사자(사자들의 텍스트)	272
상상계	64, 90, 107, 120, 128, 141, 142, 151, 169, 181-182, 186-188, 195, 203-204, 214-215, 227, 228, 278, 289, 293, 295, 306, 324
상징적인	90, 278
상호 모순	261
색인	165-166
서명	87, 303
서정	151
성(섹슈얼리티)	283, 297-298
섹시함	298-299
셀린과 플로라	151-152
소격화(거리 두기)	305-308
소동	274
소설	214-215
소수	238
수다	85, 276
수사	168-169
순서	262
시각적 이미지(환영)	97, 295
신호체계	86, 322

ㅇ

아르고	66-68, 202, 297, 335
아방가르드	84, 181, 190, 206, 214, 238, 320
아연실색	17, 219-221
아이러니	63
안티테제	253-254
알고리즘	178-179
알레고리	222-223
알파벳	267-268
약물	320
어원학(과학)	253
에로티시즘	92
연사	82
열광	196
영향	189-191
요약	92-93
우선적 관계	108

우화	155, 158, 275
위반	108
유흥장	258
(최후의) 응수	76, 167
의식	103
이데올로기	70, 84, 87, 142, 156-157, 163, 185, 216, 273, 278, 319, 321, 326
인종주의	116

ㅈ

자료집	293
자유주의	208
(단어의) 작업	202-203
(환상으로서의) 작가	134, 141
저속함	155, 228
정치	81-83, 228-230, 252, 267, 280, 309, 318
좋아하다	206-208
주체(지시 대상이 없는)	90
중국	71, 299
중립	174, 223, 240-242
지드	134, 164-165, 169-170, 178
지식인	183-184
진부함	251
찌푸린 얼굴	228

ㅊ

충만함	202
친구	72, 105-107
(검은) 칠판	64-65

ㅌ

토픽	105
(격언의) 톤	326
투명성	252
투쟁적	185, 280-281

ㅍ

파편	164-168, 267
편두통	97, 98, 224-225
표피 박리	277
표현	152, 201, 283
(언어의) 피로	156-158, 321
프로스펙투스	315
프루스트	152, 212, 213, 248

ㅎ

하이네	202
험구	308
헤겔	173, 180, 217, 304, 318
형용사	61-62, 89, 112, 113, 147, 204, 315, 333
호감	250
(언어의) 효과	134
확신	323
히스테리	245, 250, 321

| 본문 도판 설명*|

* 특별한 언급이 없는 한 여기 있는 모든 자료는 작가 소유이다.―원주

5쪽 〈쥐앙-레-팽을 추억하며Souvenir de Juan-les-Pins〉, 여름, 1974.
9쪽 랑드 지방 비스카로스Biscarosse, 1932년경. 화자의 어머니.
16쪽 바욘 포르-뇌프 가rue Port-Neuf 혹은 아르소 가rue des Arceaux(사진은 로제 비올레Roger-Viollet).
21쪽 바욘, 마라크, 1923년경, 어머니와 함께.
22, 23쪽 바욘(엽서, 자크 아장자Jacques Azanza 컬렉션),
25쪽 바욘 포미 로allées Paulmy에 있는 조부의 집.
26쪽 어린 시절의 모습. 조부의 집 정원에서.
27쪽 화자의 아버지 쪽 조모.
28쪽 뱅제Binger 대위(동판화). "루이-커스타브 뱅제Louis-Gustave BINGER(jé) 프랑스 장교 겸 관료. 스트라스부르에서 1856년 출생, 1956년 릴-아당L'Isle-Adam에서 사망. 니제르Niger의 만곡 지방에서부터 기네Guinée 만과 코트디부아르côte d'Ivoire에 이르기까지 탐험했음(라루스 사전)."
29쪽 레옹 바르트Léon Barthes.
31쪽 레옹 바르트, 베르트Berthe 및 딸 알리스Alice.
31쪽 노에미 레블랭Noémi Révelin.
32쪽 화자의 고모, 알리스 바르트Alice Barthes.
33쪽 루이 바르트트Louis Barthes.
34쪽 바욘, 1925년경, 포미 로(엽서).
35쪽 바욘, 마린 로Allées marines(엽서).
36쪽 삼촌에 대한 레옹 바르트의 차용증서.

353

37쪽	바르트의 증조부모와 그 자식들.
38쪽	바욘, 루이 바르트와 그의 어머니(위), 파리 S. 가, 화자의 어머니와 동생(아래).
39쪽	셰르부르, 1916년.
40쪽	오늘날은 사라져버린 시부르Ciboure의 작은 해수욕장에서, 1918년경.
41쪽	바욘, 마라크, 1919년경.
42쪽	바욘, 마라크, 1923년.
43쪽	도쿄, 1966년(위), 밀라노, 1968년경(아래)(사진은 카를라 세라티 Carla Cerati).
44쪽	U.의 집(사진은 미리암 드 라비냥Myriam de Ravignan).
45쪽	랑드andes 지방 비스카로스Biscarosse, 어머니, 동생과 함께.
46쪽	랑드 지방, 비스카로스, 1932년경.
47쪽	파리, 1974년(사진은 다니엘 부디네Daniel Boudinet).
48쪽	앙다이Hendaye, 1929년.
49쪽	1932년, 루이-르-그랑Louis-le-Grand 고등학교를 나서며, 생 미셸 거리에서 두 친구와 함께.
50쪽	1933년, 제1학년의 숙제.
51쪽	1936년 소르본 대학 고대연극 그룹 소속 학생들이 소르본 뜰에서 공연하고 있는 〈페르시아인Perses〉.
52쪽	1937년, 불로뉴 숲에서.
53쪽	학생요양원 체온 기록 용지(1942~1945년).
55쪽	1942년 요양원에서(위), 1970년(아래)(사진은 제리 바우어Jerry Bauer).
56쪽	파리, 1972년.
57쪽	파리, 1972년(위), 쥐앙-레-팽Juan-les-Pins에 있는 다니엘 코르디에 Daniel Cordier의 집, 1974년 여름(아래)(위와 아래 사진은 모두 유세프 바쿠슈Youssef Baccouche).
58쪽	모로코의 종려나무(사진은 알랭 뱅샤야Alain Benchaya).
60쪽	파리, 1974년(사진은 다니엘 부디네).
88쪽	롤랑바르트, 샤를 도를레앙Charles d'Orléans의 시에 직접 작곡한 악보, 1939년.
130쪽	롤랑 바르트, 작업 메모장.
150쪽	롤랑 바르트, 〈컬러 마커Markers de couleur〉, 1971년.
176쪽	롤랑 바르트, 손으로 쓴 단장 원고.
197쪽	롤랑 바르트, 〈컬러 마커〉, 1972년.
232쪽	「인터내셔널 해럴드 트리뷴International Herald Tribune」, 1974년 10월 12-

	13일자.
270쪽	모리스 앙리Maurice Henry의 데생, 푸코, 라캉, 레비-스트로스 그리고 바르트(「La Quinzaine littéraire」)
284쪽	중등교육교원 인정시험CAPES, 근현대문학(여성) 부문, 1972년 심사위원회 보고서.
294쪽	롤랑 바르트의 메모지
310쪽	에콜 데 조트-제튀드École des Hautes-Études에서의 세미나, 1974년(사진은 다니엘 부디네).
325쪽	디드로의 『백과사전』, 해부학, 해부된 성인 신체의 대정맥과 핏줄들.
348쪽	롤랑 바르트, 먹, 1971년.
349쪽	롤랑 바르트, 그래피, 1972년.

> *Et après ?*
>
> — Qu'ai-je à écrire, maintenant ? Pourrez-vous encore écrire quelque chose ?
> — On écrit avec son désir, et je n'en finis pas de désirer.

그러면 그 다음에는?

이제 무엇을 쓸 수 있을까? 당신은 아직도 어떤 것을 쓸 수 있을 것 같나?
글은 자기 욕망으로 쓰는 거다. 나는 그 욕망을 끝내지 않을 것이다.

나를 쓰다,
나를 읽다

아포리아 14
롤랑 바르트가 쓴 롤랑 바르트

1판 1쇄 인쇄 2025년 9월 1일
1판 1쇄 발행 2025년 9월 29일

지은이 롤랑 바르트
옮긴이 류재화
펴낸이 김영곤
펴낸곳 (주)북이십일 21세기북스

정보개발팀장 이리현 **정보개발팀** 이수정 현미나 이지윤 양지원
외주편집 신혜진 **디자인** 표지 강혜림 본문 김수미
마케팅 김설아
영업팀 정지은 한충희 장철용 강경남 황성진 김도연 이민재
제작팀 이영민 권경민

출판등록 2000년 5월 6일 제406-2003-061호
주소 (10881) 경기도 파주시 회동길 201(문발동)
대표전화 031-955-2100 **팩스** 031-955-2151 **이메일** book21@book21.co.kr

ⓒ 롤랑 바르트, 2025
ISBN 979-11-7357-472-6 (03860)
KI신서 13762

(주)북이십일 경계를 허무는 콘텐츠 리더

21세기북스 채널에서 도서 정보와 다양한 영상자료, 이벤트를 만나세요!
페이스북 facebook.com/21cbooks **블로그** blog.naver.com/21c_editors
인스타그램 instagram.com/jiinpill21 **홈페이지** www.book21.com
유튜브 youtube.com/book21pub

책값은 뒤표지에 있습니다.
이 책 내용의 일부 또는 전부를 재사용하려면 반드시 (주)북이십일의 동의를 얻어야 합니다.
잘못 만들어진 책은 구입하신 서점에서 교환해드립니다.